78

문장 암기로

획득하는

진짜녀석들

OPIc

IM2 중급

진짜녀석들 OPIc IM2

2쇄 발행   2023. 01. 02

지은이   박영진
펴낸이   박영진
기획팀   진짜녀석들 기획팀
편집팀   진짜녀석들 편집팀
관리팀   진짜녀석들 관리팀
주 소   서울시 송파구 법원로 4길 5, 226호
전 화   (02) 6956 0549
홈페이지   www.jinjja-eng.com
email   cs@jinjja-eng.com
ISBN   979-11-970507-6-3 (13740)

저작권자   박영진

www.jinjja-eng.com

78

문장 암기로
획득하는

진짜녀석들
OPIc

IM2

Contents

OPIc 의 이해

OPIc이란?

OPIc이란?

- OPIc(Oral Proficiency Interview computer)은 iBT 기반의 외국어 말하기 평가입니다.
- OPIc은 개인 맞춤형 평가로서, 응시자가 수십가지 항목 중에서 일정 개수를 선택한 후, 응시자의 실력에 따른 난이도를 선택합니다.
- 여러가지 다양한 토픽의 질문들을 듣고 음성을 녹음하여 채점자가 평가를 하는 시스템입니다.
- 단순히 문법 및 어휘만을 측정하는 시험이 아닌, 해당되는 질문에 명확하고 풍부한 답변을 얼마나 유창하게 하는가에 집중이 되어 있는 시험입니다.

OPIc 시험 구성

- OPIc은 총 1시간의 시험으로 Orientation(20분) & 실제 시험시간(40분)으로 구분되어 있습니다.
- 실제 시험시간은 40분이며, 40분을 모두 채우지 않아도 괜찮습니다.
- 또한 OPIc은 답변의 제한 시간이 없기에 15개 문제를 모두 마치면 종료 후, 퇴실하시면 됩니다.

Orientation 20분

Background Survey
- 평가문항을 위한 사전 질문

Self Assessment
- 시험의 난이도 결정을 위한 자기평가

Overview of OPIc
- 화면구성, 청취 및 답변방법 안내

Sample Question
- 실제 답변 방법 연습

시험시간 40분

1st Session
- 개인 맞춤형 문항
- 질문 청취 2회
- 문항별 답변시간 제한 無
- 약 7문항 출제

난이도 재조정
- Self Assessment (2차 난이도 선택)
- 쉬운질문/비슷한 질문 /어려운 질문 中 선택

2nd Session
- 개인 맞춤형 문항
- 질문 청취 2회
- 문항별 답변시간 제한 無
- 약 7문항 출제

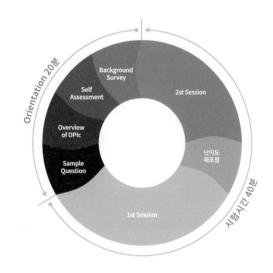

OPIc 평가 영역

OPIc은 아래의 5가지 영역이 충족되어야 보다 더 높은 등급을 획득할 수 있습니다.

Language Control	Function Global Tasks	Text Type	Contents Contexts	Comprehen -sibility
Grammar Vocabulary Fluency Pronunciation	일관적으로, 편하고 꾸준하게, 즉흥적으로 대처할 수 있는 언어 과제 수행 능력	어문의 길이와 구성능력 (단위 : 단어, 구, 문장, 접합된 문장들, 문단)	주제와 상황에 대한 표현 능력	질문 의도 파악 (Interviewer의 질문을 제대로 파악하였는가?)
출중한 영어 실력!	**탁월한 센스!**	**든든한 암기량!**	**짱짱한 훈련!**	**리스닝 파악!**
꾸준하게 학습한 영어실력이 바탕이 되어야 해요!	어떤 문제가 나와도 순발력 있게 대처 할 수 있는 센스가 바탕이 되어야 해요!	다양한 문제 답변을 대비한 탄탄한 암기가 바탕이 되어야 해요!	다양한 상황의 문제들의 답변에 대비한 연습이 바탕이 되어야 해요!	문제를 제대로 알아들을 수 있도록 수도 없이 질문을 듣는 리스닝이 바탕이 되어야 해요!

OPIc 등급

OPIc은 총 9개의 등급으로 나누어져 있습니다.

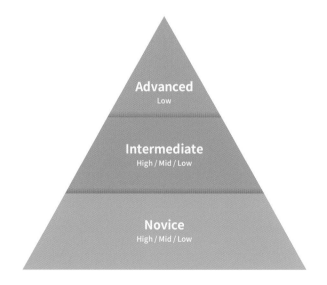

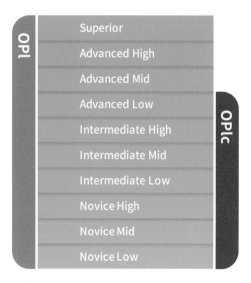

Background Survey 설정

OPIc은 개인 맞춤형 평가입니다. 응시자가 수십가지의 설문 항목에서 일정 개수의 주제를 선택하게 됩니다. 출제 주제와 질문을 최대한 예상하고 그에 맞는 답변을 제공하기 위해서 **진짜녀석들 OPIc**은 아래와 같은 Background Survey 선택을 추천합니다.

1. 현재 귀하는 어느 분야에 종사하고 계십니까?

- ☐ 사업/회사
- ☐ 가사
- ☐ 교사/교육자
- ☐ 군복무
- ■ 일 경험 없음

'사업/회사, 재택 근무/재택 사업' 선택 시 추가 질문

1.1. 현재 귀하는 직업이 있으십니까?

- ☐ 네
- ☐ 아니오

'네' 선택 시 추가 질문

1.1.1. 귀하의 근무 기간은 얼마나 되십니까?

- ☐ 첫 직장 – 2개월 미만
- ☐ 첫 직장 – 2개월 이상
- ☐ 첫 직장 아님 – 경험 많음

'첫 직장 – 2개월 이상, 첫 직장 아님 – 경험 많음' 선택 시 추가 질문

1.1.1.1. 귀하는 부하 직원을 관리하는 관리직을 맡고 있습니까?

- ☐ 네
- ☐ 아니오

2. 현재 귀하는 학생이십니까?

- ☐ 네
- ■ 아니오

'아니오' 선택 시 추가 질문

2.2. 예전에 들었던 강의 목적은 무엇입니까?

- ☐ 학위 과정 수업
- ☐ 전문 기술 향상을 위한 평생 학습
- ☐ 어학 수업
- ■ 수강 후 5년 이상 지남

3. 현재 귀하는 어디에서 살고 계십니까?

- ■ 개인 주택이나 아파트에 홀로 거주
- ☐ 친구나 룸메이트와 함께 주택이나 아파트에 거주
- ☐ 가족(배우자/자녀/기타 가족 일원)과 함께 주택이나 아파트에 거주
- ☐ 학교 기숙사
- ☐ 군대 막사

4. 귀하는 여가 활동으로 주로 무엇을 하십니까?
(두 개 이상 선택)

- ☐ 영화보기
- ☐ 클럽/나이트클럽 가기
- ☐ 공연 보기
- ■ 콘서트 보기
- ☐ 박물관 가기
- ■ 공원 가기
- ☐ 캠핑하기
- ■ 해변 가기
- ☐ 스포츠 관람
- ☐ 주거 개선
- ■ 술집/바에 가기
- ■ 카페/커피전문점 가기
- ☐ 게임하기 (비디오, 카드, 보드, 휴대폰 등)
- ☐ 당구 치기
- ☐ 체스 하기
- ☐ SNS에 글 올리기
- ☐ 친구들에게 문자 보내기
- ☐ 시험대비과정 수강하기
- ☐ TV 보기
- ☐ 리얼리티 쇼 시청하기
- ☐ 뉴스를 보거나 듣기
- ☐ 요리 관련 프로그램 시청하기
- ■ 쇼핑하기
- ☐ 차로 드라이브하기
- ☐ 스파/마사지 샵 가기
- ☐ 구직 활동하기
- ☐ 자원봉사하기

5. 귀하의 취미나 관심사는 무엇입니까?
(한 개 이상 선택)

- ☐ 아이에게 책 읽어 주기
- ■ 음악 감상하기
- ☐ 악기 연주하기
- ☐ 글쓰기 (편지, 단문, 시 등)
- ☐ 그림 그리기
- ☐ 요리하기
- ☐ 애완동물 기르기
- ☐ 독서
- ☐ 춤추기
- ☐ 주식투자 하기
- ☐ 신문 읽기
- ☐ 여행 관련 블로그나 잡지 읽기
- ☐ 사진 촬영하기
- ☐ 혼자 노래 부르거나 합창하기

6. 귀하는 주로 어떤 운동을 즐기십니까?
(한 개 이상 선택)

- ☐ 농구
- ☐ 야구/소프트볼
- ☐ 축구
- ☐ 미식축구
- ☐ 하키
- ☐ 크리켓
- ☐ 골프
- ☐ 배구
- ☐ 테니스
- ☐ 배드민턴
- ☐ 탁구
- ☐ 수영
- ☐ 자전거
- ☐ 스키/스노우 보드
- ☐ 아이스 스케이트
- ■ 조깅
- ■ 걷기
- ☐ 요가
- ☐ 하이킹/트레킹
- ☐ 낚시
- ☐ 헬스
- ☐ 태권도
- ☐ 운동 수업 수강하기
- ☐ 운동을 전혀 하지 않음

7. 귀하는 어떤 휴가나 출장을 다녀온 경험이 있습니까?
(한 개 이상 선택)

- ☐ 국내 출장
- ☐ 해외 출장
- ■ 집에서 보내는 휴가
- ■ 국내 여행
- ■ 해외 여행

Self Assessment 선택

OPIc은 개인 맞춤형 평가입니다. 6개의 난이도 중, 한 가지를 선택하시게 됩니다. 실제 시험에서는 각 난이도의 샘플 답변을 들어 보실 수 있습니다. 단, 실력과 무관하게 너무 높은 난이도를 선택 시, 등급의 불이익을 받을 수 있음을 알려드립니다.

희망 등급	난이도
IL	**난이도 1** 나는 10단어 이하의 단어로 말할 수 있습니다. **난이도 2** 나는 기본적인 물건, 색깔, 요일, 음식, 의류, 숫자 등을 말할 수 있습니다. 나는 항상 완벽한 문장을 구사하지 못하고 간단한 질문도 하기 어렵습니다.
IM1	**난이도 3** 나는 나 자신, 직장, 친한 사람과 장소, 일상에 대한 기본적인 정보를 간단한 문장으로 전달할 수 있습니다. 간단한 질문을 할 수 있습니다.
IM2	**난이도 4** 나는 나 자신, 일상, 일/학교와 취미에 대해 간단한 대화를 할 수 있습니다. 나는 이 친근한 주제와 일상에 대해 쉽게 간단한 문장들을 만들 수 있습니다. 나는 또한 내가 원하는 질문도 할 수 있습니다.
IM3 – AL	**난이도 5** 나는 친근한 주제와 가정, 일 학교, 개인과 사회적 관심사에 대해 자신 있게 대화할 수 있습니다. 나는 일어난 일과 일어나고 있는 일, 일어날 일에 대해 합리적으로 자신 있게 말할 수 있습니다. 필요한 경우 설명도 할 수 있습니다. 일상 생활에서 예기치 못한 상황이 발생하더라도 임기응변으로 대처할 수 있습니다. **난이도 6** 나는 개인적, 사회적 또는 전문적 주제에 나의 의견을 제시하여 토론할 수 있습니다. 나는 다양하고 어려운 주제에 대해 정확하고 다양한 어휘를 사용하여 자세히 설명할 수 있습니다.

OPIc 시험 화면

OPIc은 질문을 듣고, 답변을 녹음하는 스피킹 시험입니다. 시험 화면과 익숙해져야 실전에서 당황하지 않습니다. **진짜녀석들 OPIc**은 시험 화면과 흡사한 이미지를 지속적으로 보여주며 시험에 익숙하도록 도와줍니다.

1 총 문항 수를 표시해주며, 응시자가 몇 번 문제를 풀고 있는지 확인 할 수 있습니다.

2 각 문항마다 'Play' 버튼을 눌러 질문을 들을 수 있으며, 질문은 두 번 들을 수 있습니다.

3 시험 화면 오른쪽 상단에 'Recording' 표시로 녹음이 되고 있음을 알 수 있습니다.

4 'Next' 버튼을 클릭하여, 답변을 종료하며 자동으로 다음 문제로 넘어갑니다.

유형별 문제 설명

OPIc은 난이도 설정에 따라 Background Survey에서 응시자가 선택한 주제 및 선택하지 않아도 나오는 '돌발 주제'가 Random으로 12-15개의 문제가 출제됩니다. 각 주제는 콤보(2-3문제)로 출제되며, 콤보의 유형을 미리 파악하는 것이 중요합니다. **진짜녀석들 OPIc**은 난이도 설정에 따른 콤보 유형을 파악하고 답변 준비를 보다 더 효율적으로 할 수 있는 방법을 제공합니다. 유형은 크게 3가지로 묘사, 경험, 롤플레이 유형으로 나누어져 있습니다.

묘사 유형

일반 묘사
장소, 사람, 사물, 일상, 업무 등 콤보 문제의 첫 문제에 해당!
[현재 시제 사용!]

세부 묘사
앞의 묘사 문제의 세부적인 질문!
[루틴, 비교, 장단점, 전과 후, 이슈 등]

경험 유형

일반 경험
최근, 최초, 인상 깊었던 경험은 일반 경험으로 정리!
[무조건 과거 시제 사용!]

문제 해결 경험
해결점을 필히 제시해줘야 하는 경험!
[정확한 스토리 전개와 본인 감정 이입 필수]

롤플레이 유형

정보 요청
특정 상황 제시 후 추가 정보를 묻는 문제!
[인사말 ➡ 질문 1~3 ➡ 마무리 Format 사용]

문제 해결
특정 상황 제시 후 대안을 제시하는 문제!
[상황설명 ➡ 대안 1~3 ➡ 마무리 Format 사용]

단순 질문
면접관 'Eva'에게 3~4개 질문하는 문제!
[인사말 ➡ 질문 1~3 ➡ 마무리 Format 사용]

난이도 **1** & **2** 선택 시 콤보 유형

1	2	3	4	5	6	7	8	9	10	11	12
자기소개	묘사	세부묘사	묘사	세부묘사	묘사	세부묘사	묘사	세부묘사	정보요청	묘사	단순질문

난이도 **3** & **4** 선택 시 콤보 유형

1	2	3	4	5	6	7	8	9	10	11	12	13	14	15
자기소개	묘사	세부묘사	경험	묘사	세부묘사	경험	묘사	경험	경험	정보요청	문제해결	경험	묘사	단순질문

난이도 **5** & **6** 선택 시 콤보 유형

1	2	3	4	5	6	7	8	9	10	11	12	13	14	15
자기소개	묘사	세부묘사	경험	묘사	경험	경험	묘사	경험	경험	정보요청	문제해결	문제해결경험	세부묘사	세부묘사

OPIc 기출 문제 샘플

난이도 4 선택 시, 아래와 같은 유형으로 총 5개 주제(Background Survey에서 선택한 주제, 돌발 주제)로 출제됩니다. 어떤 주제가 출제되는지 미리 알 순 없지만, 질문 순서 별 유형은 정해져 있습니다.

1번: 자기소개
Let's start the interview now. Please tell me a little bit about yourself.

주제 1

2번: 묘사 – 공원 묘사
You indicated in the survey that you go to the parks. Please tell me about the parks that you like to visit. What are they like and what is special about them?

3번: 세부묘사 – 공원에서 주로 하는 일
Now, tell me about your typical visit to the park. Who do you usually go to the park and what do you do there? Please tell me everything you do when you go to the park.

4번: 경험 – 최근 공원에서 있었던 경험
I want to ask you about the last time you went to the park. What was the name of the park? Who did you go there with? What did you do there? Please tell me about that day from the beginning to the end.

주제 2

5번: 묘사 – 우리나라 휴일 묘사
I would like to ask you about a holiday in your country. Where do people spend that holiday? What is so special about that holiday?

6번: 세부묘사 – 사람들이 휴일에 하는 행동 및 먹는 음식
Now, please tell me how people celebrate that holiday. What are some activities people usually do during that holiday? And what kinds of food do they eat?

7번: 경험 – 어렸을 적 보냈던 휴일 경험
Please tell me about a holiday you spent when you were little. Where were you and who were you with? How did you celebrate that holiday? Please tell me everything that you remember.

주제 3

8번: 묘사 – 해변 묘사
You indicated in the survey that you like to go to the beach. Describe your favorite beach for me. Where is it? What does it look like? Tell me in detail.

9번: 경험 – 최근 방문한 해변의 경험
Please tell me about the beach that you went to recently. Who did you go there with? What did you do? What did you like about that beach? Please tell me everything you remember.

10번: 경험 – 인상 깊었던 해변의 경험
Please tell me about a MEMOrable trip to the beach. Who were you with? What did you do there? What made this trip to the beach so MEMOrable? Please tell me everything about this trip.

주제 4

11번: 롤플레이 – MP3 player 구매 질문
I'd like to give you a situation and ask you to act it out. You want to buy an MP3 player, but you do not know what to buy. Call a store and ask about the MP3 player that you want to buy. Ask three to four questions about an MP3 player.

12번: 롤플레이 – 친구 MP3 player 고장 낸 상황 대안 제시
I'm sorry, but there is a situation that you need to solve. You borrowed an MP3 player from your friend but unfortunately, you broke it. Call your friend, explain the situation and offer two to three alternatives to resolve this matter.

13번: 경험 – 기기 고장 후 해결 경험
That's the end of the situation. Please tell me about the time when a piece of equipment broke. When was it and what happened? How did you handle the situation? Please tell me everything about that experience in detail.

주제 5

14번: 묘사 – 자주가는 해외 여행지 묘사
You indicated in the survey that you go on vacations internationally. I would like you to describe one of the countries or cities you usually visit. What does the place look like? Tell me in detail.

15번: 롤플레이 – 왜 여행을 좋아하는지 질문
I also enjoy traveling abroad. Ask me three to four questions about why I like traveling around the world.

교재 구성

진짜녀석들 OPIc IM2은 보다 더 효과적으로 학습할 수 있도록 교재의 구성 및 학습 순서에 대해 알려드립니다.

1. 유형별 답변 Format 숙지

OPIc은 면접에 의거한 스피킹 시험으로 각 유형별 필요 Format이 존재합니다.

단순 서론, 본론, 결론의 Format이 아닌, 유형별로 필요한 구조가 필요합니다.

답변 Format만 제대로 숙지한 후, 답변하신다면 답변의 길이가 길지 않아도 학습자의 생각이 명확히 전달됩니다.

진짜녀석들 OPIc IM2를 통해서 3가지 유형(묘사, 경험, 롤플레이)의 답변 Format을 먼저 익히길 바랍니다.

2. 유형별 핵심 문장 암기

OPIc은 다양한 주제의 질문들에 맞는 답변을 준비해야 하는 스피킹 시험입니다.

문장의 난이도(Text Type)를 높여 주기 위해서 여러 문법과 어휘가 포함된 핵심 문장의 암기는 필수입니다.

다만 모든 주제의 답변에 필요한 많은 양의 암기가 아닌, 필요한 만큼의 암기만으로도 충분합니다.

진짜녀석들 OPIc IM2의 핵심 문장으로 어떤 주제의 질문에도 답변이 가능하도록 암기하시기 바랍니다.

교재 구성

진짜녀석들 OPIc IM2은 보다 더 효과적으로 학습할 수 있도록 교재의 구성 및 학습 순서에 대해 알려드립니다.

3. 유형별 암기문장 활용법

OPIc은 여러 문제의 답변을 위해서 필수적으로 암기해야하는 문장이 존재합니다.

하지만 단순히 암기를 한다면 자신의 문장이 아니기 때문에 시험 도중 생각이 나지 않을 수가 있습니다.

또한, 해당 암기문장의 활용법을 모른다면 어떻게 사용해야 하는지도 몰라 답변을 못하는 경우가 발생합니다.

진짜녀석들 OPIc IM2에서 암기한 문장들의 활용법을 배워 보다더 자연스럽게 암기를 합니다.

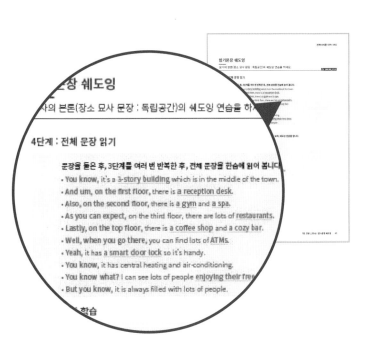

4. 유형별 암기문장 쉐도잉

OPIc은 원어민스러운 답변을 해야 보다 더 점수 획득에 도움을 받습니다.

채점자가 원어민이기에 무작정 암기한 문장만 나열한다면 답변의 전달이 안 될 염려가 있습니다.

그다지 발음이 좋지않아도 실제로 나의 답변처럼 말하는 방법을 배워야 합니다.

진짜녀석들 OPIc IM2의 암기문장 쉐도잉으로 보다 더 자연스럽게 스피킹하는 방법을 획득하시기 바랍니다.

교재 구성

진짜녀석들 OPIc IM2은 보다 더 효과적으로 학습할 수 있도록 교재의 구성 및 학습 순서에 대해 알려드립니다.

5. 유형별 질문 리스닝 훈련

OPIc은 지문이 나오지 않기 때문에 질문을 알아듣지 못하면 답변을 할 수 없는 시험입니다.

리스닝 실력 향상에는 클래식한 방법이 정답입니다. 많이 듣고, 따라 읽는 것이 가장 직접적이면서 가시적인 효과가 있습니다.

다만, 무수히 많은 주제의 질문들을 기점으로 듣기 훈련을 하신다면 너무 긴 시간이 걸릴 것입니다.

따라서 **진짜녀석들 OPIc IM2**를 통해서 3가지 유형(묘사, 경험, 롤플레이)의 질문을 듣고 키워드 캐치 능력을 키우시기 바랍니다.

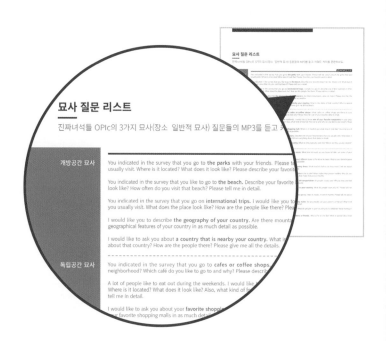

6. 유형별 답변 훈련

유형별 질문을 듣고 키워드를 캐치합니다.

답변의 한글 해석 또한 단락별로 나누어 제공하므로 보다 더 답변 Format에 익숙해질 수 있습니다.

답변 Format에 의거하여 핵심 문장과 본인 실력 문장을 사용하여 답변 훈련을 생성합니다.

유형별 핵심 암기 문장, 강조해야 할 키워드, 즉흥적으로 생성 가능한 문장들을 매 답변마다 제공합니다.

면접의 답변처럼 명확한 의미 전달에 중점을 두어 답변 훈련을 합니다.

추가로 학습 가능한 어휘 및 표현을 제공합니다.

교재 구성

진짜녀석들 OPIc IM2은 보다 더 효과적으로 학습할 수 있도록 교재의 구성 및 학습 순서에 대해 알려드립니다.

7. 유형별 모의고사

유형별 실제 시험에서 출제되는 질문 순서의 화면으로 시험에 익숙해집니다.
질문의 순서에 맞춰 실제 답변을 연습한 후, 모의 답변으로 자신의 실력을 확인합니다.

8. APPENDIX

MP3 질문 리스트 : 유형별 질문들로 다양한 방법으로 훈련을 할 수 있습니다.
핵심 암기 문장 리스트 : 유형별 암기해야 할 문장들을 모아둔 자료를 제공합니다.
어휘 및 표현 리스트 : 추가 학습 가능한 어휘 및 표현 리스트를 취합하여 제공합니다.

학습 가이드

진짜녀석들 OPIc IM2 교재 + 온라인 강의 시청 의 학습 가이드를 제공합니다.

1강 이론	**유형1_묘사: 이론** 묘사 유형 이론 파악 묘사 암기문장(36줄) 암기	
2강 이론	**유형 1_묘사: 암기문장 활용** 묘사 암기문장별 문법 이해 묘사 암기문장 활용법 학습	
3강 훈련	**유형 1_묘사: 암기문장 쉐도잉** 묘사 암기문장 끊어 읽기 방법 묘사 암기문장 발음,억양 연습	
4강 훈련	**유형 1_묘사: 리스닝 훈련** 묘사 유형 질문 키워드 캐치 훈련 묘사 유형 답변 준비 연습	
5강 훈련	**유형 1_묘사(장소): 스크립트 훈련1** 묘사 유형(장소) 예시 스크립트 제공 나만의 문장 추가 요령	
6강 훈련	**유형 1_묘사(일반): 스크립트 훈련2** 묘사 유형(일반) 예시 스크립트 제공 나만의 문장 추가 요령	
7강 이론	**유형2_세부묘사: 이론** 세부묘사 유형 이론 파악 세부묘사 암기문장(5줄) 암기	
8강 이론	**유형 2_세부묘사: 암기문장 활용** 세부묘사 암기문장별 문법 이해 세부묘사 암기문장 활용법 학습	
9강 훈련	**유형 2_세부묘사: 암기문장 쉐도잉** 세부묘사 암기문장 끊어 읽기 방법 세부묘사 암기문장 발음,억양 연습	
10강 훈련	**유형 2_세부묘사: 리스닝 훈련** 세부묘사 유형 질문 키워드 캐치 훈련 세부묘사 유형 답변 준비 연습	
11강 훈련	**유형 2_세부묘사: 스크립트 훈련** 세부묘사 유형 예시 스크립트 제공 나만의 문장 추가 요령	
12강 훈련	**유형1,2_묘사, 세부묘사: 모의고사** 묘사, 세부묘사 질문 및 답변 (총 10개 질문)	
13강 이론	**유형3_경험: 이론** 경험 유형 이론 파악 경험 암기문장(22줄) 암기	
14강 이론	**유형 3_경험: 암기문장 활용** 경험 암기문장별 문법 이해 경험 암기문장 활용법 학습	

15강 훈련	**유형 3_경험: 암기문장 쉐도잉** 경험 암기문장 끊어 읽기 방법 경험 암기문장 발음,억양 연습
16강 훈련	**유형 3_경험: 리스닝 훈련** 경험 유형 질문 키워드 캐치 훈련 경험 유형 답변 준비 연습
17강 훈련	**유형 3_경험(최초/최근): 스크립트 훈련1** 경험 유형(최초/최근) 예시 스크립트 제공 나만의 문장 추가 요령
18강 훈련	**유형 3_경험(인상/문제): 스크립트 훈련2** 경험 유형(인상/문제) 예시 스크립트 제공 나만의 문장 추가 요령
19강 훈련	**유형3_경험: 모의고사** 경험 질문 및 답변 (총 10개 질문)
20강 이론	**유형4_롤플레이: 이론** 롤플레이 유형 이론 파악 롤플레이 암기문장(15줄) 암기
21강 이론	**유형4_롤플레이: 암기문장 활용** 롤플레이 암기문장별 문법 이해 롤플레이 암기문장 활용법 학습
22강 훈련	**유형4_롤플레이: 암기문장 쉐도잉** 롤플레이 암기문장 끊어 읽기 방법 롤플레이 암기문장 발음,억양 연습
23강 훈련	**유형4_롤플레이: 리스닝 훈련** 롤플레이 유형 질문 키워드 캐치 훈련 롤플레이 유형 답변 준비 연습
24강 훈련	**유형4_롤플레이: 스크립트 훈련1** 정보요청/문제해결 롤플레이 유형 예시 스크립트 제공 나만의 문장 추가 요령
25강 훈련	**유형4_롤플레이: 스크립트 훈련2** 단순질문 롤플레이 유형 예시 스크립트 제공 나만의 문장 추가 요령
26강 훈련	**유형4_롤플레이: 모의고사** 롤플레이 질문 및 답변 (총 10개 질문)
27강 훈련	**돌발의 이해 및 훈련** 돌발 질문 및 답변 (총 12개 질문)
28강 이론	**시험 전 정리** Background Survey / Self Assessment 15개 문제 준비

학습 완료 시

시험 응시를 준비합니다.

추가 학습 플랜

MP3 질문 듣기

유형별, MP3를 들으시며 질문의 키워드 캐치에 집중합니다.
(MP3 질문은 학습하시는 내내(이동 시, 업무 중, 자기 전) 들어야 익숙해집니다.)

유형별 답변 스피킹 훈련

4가지 유형의 답변을 지속적으로 훈련하여 보다 더 자연스러운 답변을 구사합니다.

본인 실력 문장 추가

보다 더 풍부한 답변을 만들기 위하여 본인 실력 문장을 추가하는 훈련을 합니다.

시험 신청

준비가 되었다고 생각하시기 2 – 3일 전에 시험 신청을 합니다.

시험 신청	시험 신청은 OPIc 홈페이지(www.opic.or.kr)에서 할 수 있습니다. OPIc은 연중 상시 시행 시험입니다. (일부 공휴일 제외) 다만 지역/센터별로 차이가 있을 수 있습니다. 신분증(주민등록증, 운전면허증, 공무원증, 기간만료 전 여권)을 필히 지참해야 합니다.
시험 재 응시 규정	시험 응시 후 재 응시 규정은 최소 25일 이후에 가능합니다. 다만 'Waiver' 제도를 사용하여 재 응시 규정을 무시하고 1번의 시험을 추가 응시 할 수 있습니다. 'Waiver' 제도는 150일에 한 번씩 사용이 가능합니다.
시험 결과	시험 결과는 응시일로부터 일주일 후 OPIc 홈페이지에서 성적 확인이 가능합니다. (일반적으로 오후 1시 발표) 취업 시즌 등의 경우 학습자 편의를 위해 성적 조기 발표(시험일로부터 3~5일)를 시행합니다.

OPIc IM2

1강

유형 01 (묘사)

이론

묘사의 이해

OPIc 질문들은 콤보 형태로 나온다고 했죠?

난이도에 따라 질문의 유형도 달라진다고 했습니다.(OPIc의 이해 – 유형별 문제 설명 p13 참조)

각 콤보 문제의 첫 질문은 대부분 묘사로 시작합니다.

묘사는 흔히 장소, 사람, 사물, 일상, 업무 등을 묘사하게 됩니다.

묘사가 나오는 질문 번호를 외우세요!

묘사가 나오는 질문 번호를 외우세요!

IM2 등급 목표 시, 난이도 4으로 설정하시면, 묘사는 총 4문제 출제!

1	2	3	4	5	6	7	8	9	10	11	12	13	14	15
자기소개	묘사	세부묘사	경험	묘사	세부묘사	경험	묘사	경험	경험	정보요청	문제해결	경험	묘사	단순질문

묘사의 종류

Background Survey에서 선택한 모든 주제 & 모든 출제 가능한 돌발 주제의 묘사를 모두 암기하는 것은 불가능합니다. 따라서 진짜녀석들 OPIc은 3가지 묘사 종류로 분류합니다.

개방 공간 묘사	➡	밖을 묘사(평화롭고 조용하고 아름다운 풍경 표현)
독립 공간 묘사	➡	안을 묘사(5층 건물로 각 층의 묘사 표현)
일반적 묘사	➡	밖 & 안을 제외한 모든 주제 묘사

 문제를 집중하여 듣고, 키워드를 캐치한 후, 3가지 묘사 종류 중 택일!

묘사의 답변 Format

묘사는 정확한 '팩트 전달'이 중요한 질문으로 체계적인 답변 Format이 필요합니다.

시작 문장

- 질문에서 물어본 부분(키워드 포함)의 포괄적인 답변 1 – 2줄!
- 면접관에게 답변을 시작한단 느낌을 전달!

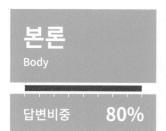

단락 별 핵심 문장

- 질문에 부합하는 진짜녀석들 OPIc 묘사 암기문장 (4-5문장)
- 암기문장 뒷받침 하는 본인 실력 문장 (4-5문장)
- 질문의 '키워드' 필수 포함

마무리 문장

- 질문의 키워드를 필히 포함하여 깔끔하게 한 줄!
- 면접관에게 답변을 끝낸다는 느낌을 전달!

묘사의 암기문장 – 서론 & 결론

정확한 묘사의 답변을 위하여 서론과 결론에 필요한 암기문장을 제공합니다.

서론 - 시작문장

MP3 IM2_1~3

• 좋은 질문이야, <u>내가 좋아하는 커피숍</u>? 그래 알겠어.
That's a good question, <u>my favorite coffee shop</u>? Sure, I got it.

• 음, <u>음악</u>? 있잖아, 난 <u>음악 듣는 걸 좋아해 쉬는 시간에</u>.
Well, <u>music</u>? You know, I <u>listen to music in my free time</u>.

• 오 예, <u>휴가</u>? 있잖아, 난 좋아해 <u>우리 나라 여행하는 것을</u>.
Oh yeah, <u>vacation</u>? You know, I love <u>traveling around my country</u>.

결론 - 마무리문장

MP3 IM2_4~6

• 알겠어 에바, 이정도면 <u>내가 좋아하는 해변</u>에 대한 이야기로 될 것 같아. 고마워.
Alright Eva, this is all I can say about <u>my favorite beach</u>. Thank you.

• 음, 오케이 에바, 이 정도면 충분한 것 같아.
Well, okay Eva, this is pretty much about it.

• 음, 그래~ 이게 <u>내가 좋아하는 공원</u>이야.
Um, yeah, this is about <u>my favorite park</u>.

 암기문장 중, 밑줄 표시가 되어있는 부분은 주제별, 상황별로 학습자가 자유롭게 변형가능한 부분입니다.

묘사의 암기문장 – 본론(단락 별 핵심 암기 문장)

정확한 묘사의 답변을 위하여 본론에 필요한 암기문장을 제공합니다.

본론 - 단락 별 핵심 문장

🎧 MP3 IM2_7~16

개방공간 묘사 문장

• **있잖아**, 내 생각에 <u>200미터</u> 정도야 <u>우리 집</u>에서.
  You know, I think it's about <u>200m</u> from <u>my place</u>.

• **게다가**, <u>20분</u> 정도야 걷는 거리로.
  Moreover, it's like <u>20</u> minutes walking distance.

• **밤에 가면**, 전적으로 아무도 없어.
  When you go at night, there is absolutely nobody around.

• **내 말은**, 잘 알려진 곳이야 <u>편하게 앉아서 쉬기</u>.
  I mean, it's a well-known spot for just <u>sitting and relaxing</u>.

• **또한**, 언제든 내가 <u>그곳</u>에 갈 때, 날 만들어 <u>기분 좋게</u>.
  Plus, whenever I go <u>there</u>, it makes me feel <u>so great</u>.

• **또한**, 큰 <u>러닝 트랙</u>이 있어.
  Also, there is a huge <u>running track</u>.

• **있잖아**, 사람들은 많은 것 들을 해 예를 들어~
  You know, people do all kinds of things such as~

• **그리고 음**, 사람들은 나와서 <u>운동하거나</u>, <u>음악 듣거나</u> 그런 것들을 해.
  And um, people come out to <u>play sports</u>, <u>listen to music</u> and stuff like that.

• **추가로**, <u>해변</u>은 너무 아름다워.
  In addition, <u>the beach</u> is undeniably beautiful.

• **사실**, <u>모래사장</u>은 편안해 <u>걷기</u>.
  Actually, <u>the sand</u> is very comfortable to <u>walk on</u>.

 암기문장 중, 밑줄 표시가 되어있는 부분은 주제별, 상황별로 학습자가 자유롭게 변형가능한 부분입니다.

묘사의 암기문장 – 본론(단락 별 핵심 암기 문장)

정확한 묘사의 답변을 위하여 본론에 필요한 암기문장을 제공합니다.

본론 - 단락 별 핵심 문장

🎧 MP3 IM2_17~26

독립공간 묘사 문장

- 있잖아, 그건 **3층 건물**이야 도시 중앙에 있는.
  You know, it's a **3-story building** which is in the middle of the town.

- 그리고 음, 1층에는, 리셉션 데스크가 있어.
  And um, on the first floor, there is **a reception desk.**

- 또한, 2층에는 헬스장과 스파가 있어.
  Also, on the second floor, there is **a gym** and **a spa.**

- 네가 예상하듯, 3층에는 많은 **레스토랑들**이 있어.
  As you can expect, on the third floor, there are lots of **restaurants.**

- 마지막으로, 마지막 층에는, 커피숍과 아늑한 바가 있어.
  Lastly, on the top floor, there is **a coffee shop** and **a cozy bar.**

- 음, 그곳에 가면, 넌 볼 수 있어 많은 **ATM들**을.
  Well, when you go there, you can find lots of **ATMs.**

- 맞아, **스마트 도어락**이 있어 그래서 굉장히 편리해.
  Yeah, it has **a smart door lock** so it's handy.

- 있잖아, 중앙난방과 에어컨 시스템이 있어.
  You know, it has central heating and air-conditioning.

- 그거 알아? 난 볼 수 있어 많은 사람들을 **그들의 자유시간을 즐기는**.
  You know what? I can see lots of people **enjoying their free time.**

- 하지만 있잖아, 그곳은 항상 많은 사람들로 붐벼.
  But you know, it is always filled with lots of people.

 암기문장 중, 밑줄 표시가 되어있는 부분은 주제별, 상황별로 학습자가 자유롭게 변형가능한 부분입니다.

묘사의 암기문장 – 본론(단락 별 핵심 암기 문장)

정확한 묘사의 답변을 위하여 본론에 필요한 암기문장을 제공합니다.

본론 - 단락 별 핵심 문장

🎧 **MP3 IM2_27~36**

일반적 묘사 문장

- **있잖아,** 난 **활동적**이고, **사교적**이야.
  You know, I'm <u>an outgoing</u> person, and like <u>socializing</u>.

- **사실,** 그건 좋은 방법 중 하나야 **친구를 사귀기**.
  Actually, it's one of the best ways to <u>make friends</u>.

- **그리고 음,** 난 **운동하는 것**을 좋아해 왜냐하면 날 건강하게 해줘.
  And um, I enjoy <u>working out</u> cuz it keeps me fit.

- **음,** 난 재활용을 해 **종이**, **유리**, **플라스틱** 그리고 등등을.
  Well, I recycle trash such as <u>paper</u>, <u>glass</u>, <u>plastic</u> and so on.

- **있잖아,** 난 할인 받을 수 있어 왜냐하면 난 **멤버십 카드가 있거든**.
  Hey, I can get a discount since I <u>have a membership card</u>.

- **실은,** 난 좋아해 **보는 것**을 모든 종류의 **영화**를.
  In fact, I love <u>watching</u> all kinds of <u>movies</u>.

- **이봐,** 난 **운동해야 해** 왜냐하면 난 다이어트해야 하거든.
  Look, I need to <u>work out</u> because I need to lose weight.

- **음, 음악을 듣는 것**은 도와줘 스트레스 풀도록.
  Well, <u>listening to music</u> helps me release stress.

- **케이팝이라 하자** 왜냐하면 정말 유명해지고 있거든.
  Let's say <u>K-POP</u> since it's getting increasingly popular.

- **있잖아,** 난 선호해 **택시 타는 것**을 **버스**보다.
  You know, I prefer <u>taking the cab</u> over the <u>bus</u>.

 암기문장 중, 밑줄 표시가 되어있는 부분은 주제별, 상황별로 학습자가 자유롭게 변형가능한 부분입니다.

묘사 답변 준비 – 시험화면

난이도 4 설정 시, 묘사가 나오는 번호를 실제 시험화면으로 익숙해져야 합니다.

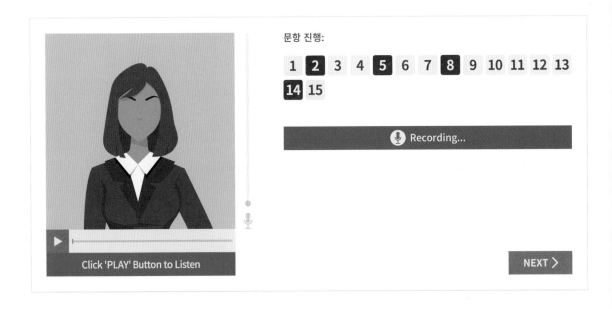

난이도 4 설정 시, 묘사 질문은 총 4문제(2, 5, 8, 14번)가 출제됩니다.

1. 묘사 질문의 'Play' 버튼 클릭 전, 묘사임을 인지합니다.

2. 진짜녀석들 OPIc 묘사 종류(개방, 독립, 일반)을 생각합니다.

3. 'Play' 버튼 클릭 후, 첫 번째 문제에서 묘사의 키워드를 집중해서 듣습니다.

4. 'Replay' 버튼 클릭 후, 두 번째 문제는 듣지 않고 사용할 묘사 문장을 생각합니다.

5. 오른쪽 상단의 'Recording' 버튼 생성 시, '묘사 답변 Format' 대로 답변합니다.

 문제를 집중하여 듣고, 키워드를 캐치한 후, 3가지 묘사 종류 중 택일!

묘사 질문 파악 전략 – 예시

질문 듣기 전, 이미 유형을 알기에 키워드 캐치에 집중 하셔야 합니다.

예시 질문 - 해변, 카페, 여가

• You indicated in the survey that you like to go to **the beach.** Describe your favorite beach for me.
Where is it? What does it look like? Tell me in detail.

① beach 키워드 캐치 → ② 묘사 종류 선택 → ③ 답변 Format 준비 → ④ 답변

• You indicated in the survey that you go to **cafes.** What cafes or coffee shops are there in your neighborhood?
Which café do you like to go to and what does that place look like? Describe the place in detail.

① cafes 키워드 캐치 → ② 묘사 종류 선택 → ③ 답변 Format 준비 → ④ 답변

• I would like to ask you about your **free time.** How much free time do you have?
Who do you usually meet and what do you usually do in your free time? Please tell me in detail.

① free time 키워드 캐치 → ② 묘사 종류 선택 → ③ 답변 Format 준비 → ④ 답변

정확한 키워드 캐치를 위한 리스닝 방법을 훈련합니다.

ⓐ **첫 번째 문제에서 무조건 키워드 캐치**
이미 묘사 유형임을 알고 있기에 키워드 단어에만 집중합니다.

ⓑ **묘사 종류 선택**
알맞은 진짜녀석들 OPIc의 3가지 묘사 종류 중 하나를 선택합니다.

ⓒ **두 번째 문제 'Replay' 하며 답변 준비**
두 번째 문제는 듣지 않고, 묘사 답변 Format에 맞추어 답변을 준비합니다.

묘사 답변 전략 – 예시

OPIc은 면접과 흡사한 시험으로 서론, 본론, 결론을 명확하게 지키며 답변합니다.

Q

You indicated in the survey that you like to go to **the beach.** Describe your favorite beach for me. Where is it? What does it look like? Tell me in detail.

당신은 해변에 가는 것을 좋아한다고 했습니다. 좋아하는 해변에 대해 묘사해 주세요. 어디에 있나요? 어떻게 생겼습니까? 자세히 설명해주세요.

예시 답변 – 해변 묘사

서론
시작문장/10%

- <u>That's</u> a good question, *my favorite beach?* Sure, I usually go to HAEWOONDAE beach.

본론
단락별 핵심문장/80%

- **You know,** I think it's about <u>200m</u> from my place.
  - And I <u>usually</u> swim or read a book at the <u>beach</u>.

- In **addition,** the beach is undeniably <u>beautiful</u>.
  - And I think I go there like <u>3</u> times a week.

- **When you go there at <u>night</u>,** there is <u>absolutely</u> nobody around.
  - So I <u>usually</u> go there at night with my <u>friends</u>.

결론
마무리문장/10%

- Um, <u>yeah,</u> this is about *my favorite beach.*

묘사 답변의 고득점을 향한 스피킹 방법을 훈련합니다.

ⓐ 부사 사용(녹색 색상 단어 참고)
단락의 시작은 항상 부사(접속부사, 부사절 등) 및 추임새를 사용하여 간결함과 연결성을 전달해줍니다.

In addition, the beach is undeniably beautiful.

ⓑ 암기 문장(파란 색상 문장 참고)
진짜녀석들 OPIc에서 제공하는 핵심 암기 문장을 사용하여 높은 점수를 받을 수 있는 표현들을 사용합니다.

You know, I think it's about 200m from my place.
- And I usually swim or read a book at the beach.

ⓒ 본인 실력 문장(빨간 색상 문장 참고)
핵심 암기 문장의 추가 설명으로 풍부한 답변이 되도록 본인 실력문장을 더해줍니다. (문법적인 오류가 있어도 자신 실력문장이 추가되어야 실제 본인 답변처럼 들립니다.) 제공하는 핵심 암기문장을 자신의 실력을 추가하여 변형하기도 합니다.

When you go there at night, there is absolutely nobody around.
- So I usually go there at night with my friends.

ⓓ 강세 전달(밑줄 단어 참고)
영어 말하기에서 강세는 의미를 전달하는 핵심 역할이므로 보다 더 자연스러운 답변을 위하여 강세 전달을 합니다.

Sure, I usually go to HAEWOONDAE beach.

ⓔ 답변 키워드 강조(기울어진 단어 참고)
답변의 키워드(ex. beach)는 강조하여 읽어줍니다.

Um, yeah, this is about *my favorite beach.*

2강

유형 01 (묘사)

암기문장 활용

부사

복합관계사

전치사

stuff like that

연결어

복합형용사

유도부사 수 일치

접속부사

주어 , 동사 수 일치

수동태

형용사

to부정사

enjoy + 동명사

접속사

I need to

I prefer~

묘사의 암기(장소 묘사 문장)　부사

장소 묘사 암기문장의 문법을 정확히 배우고 응용해 보세요.

When you go at night, there is absolutely nobody around.

• [부사] absolutely : 전적으로, 틀림없이

01. **부사는 동사, 형용사, 문장 전체 및 다른 부사를** 수식
02. **형용사 + ly** 형태가 보편적이나, 불규칙적인 표현도 다양
03. **'~하게' '~히'** 등으로 해석
04. 부사의 위치는 자유롭게!

사용 방법

형용사+ly 형태

= 불규칙 형태도 다양하니 해석에 주의

활용 및 응용

• There is absolutely nobody around.

• The beach is incredibly beautiful.

• She is extremely busy on Monday.

MEMO

묘사의 암기(장소 묘사 문장) 복합관계사

장소 묘사 암기문장의 문법을 정확히 배우고 응용해 보세요.

Plus, whenever I go there, it makes me feel so great.

• [복합관계사] whenever : ~할 때마다

01.   '의문사 + ever' 두 단어가 결합되면 새로운 의미를 생성

02.   'whenever'은 when과 ever가 결합되어 '~할 때마다' '언제든지' 등의 의미를 가짐

03.   문장을 읽고 자연스러운 의미로 판단하는 것이 중요

04.   이 외에 'why'를 뺀 모든 의문사에 ever를 결합하여 복합관계사를 사용할 수 있음

사용 방법

의문사 + ever

* why 제외

활용 및 응용

• Whenever I go there, it makes me feel so great.

• They go shopping whenever they have free time.

• You can choose whatever you want.

MEMO

묘사의 암기(장소 묘사 문장)　전치사

장소 묘사 암기문장의 문법을 정확히 배우고 응용해 보세요.

You know, people do all kinds of things such as~

• [전치사] such as : ~와 같은

01.　'such as'는 두 단어가 하나의 **phrase**를 만드는 **'복합전치사'**

02.　**'~와 같은'** 이라는 의미를 가지며 앞에 나온 내용의 예시를 나열

03.　전치사이므로 **반드시 뒤에는 명사/동명사**를 취함

04.　동일한 표현으로는 **'like'** 사용

사용 방법

such as + 명사/동명사

활용 및 응용

• People do all kinds of things such as running and jogging.

• I recycle trash such as paper, glass, plastic and so on.

• I love all kinds of music such as hip-hop, jazz and classic.

MEMO

묘사의 암기(장소 묘사 문장)　stuff like that

장소 묘사 암기문장의 문법을 정확히 배우고 응용해 보세요.

And um, people come out to play sports, listen to music and stuff like that.

• [stuff like that] : 그런 것들

01. 문장에서 **예시를 나열할 때** 같은 분류의 내용을 기타 등등, 혹은 **하나로 묶어서 말하고 싶을 때** 자주 사용되는 회화 표현

02. 이 외에 **things like that, and so on, et cetera** 등이 있음

03. 예시를 나열하고 가장 마지막에 위치

사용 방법

예시 나열 후 가장 마지막에 위치

= things like that, and so on, et cetera

활용 및 응용

• people come out to play sports, listen to music and stuff like that.

• You can do all kinds of activities like swimming, snorkeling, scuba diving and stuff like that.

• I love pizza, pasta, steak, French fries and so on.

MEMO

묘사의 암기(장소 묘사 문장) 연결어

장소 묘사 암기문장의 문법을 정확히 배우고 응용해 보세요.

In addition, the beach is undeniably beautiful.

• [연결어] In addition : 추가적으로

01. 답변의 흐름을 매끄럽게 이어주는 **연결어**
02. 적재적소에 사용할 수록 답변의 전달력을 높여줄 수 있음
03. 'In addition'은 앞 내용과 비슷한 성격의 **추가적인 내용을 전달**할 때 사용하는 접속사
04. 동일한 표현으로는 'additionally', 'plus', 'moreover' 등

사용 방법

문장 앞 내용과 비슷한 성격의 추가 내용을 전달할 시 사용

= additionally, plus, moreover

활용 및 응용

• In addition, the beach is undeniably beautiful.

• Plus, you can find lots of people swimming.

• Moreover, it's the perfect place for sitting and relaxing.

MEMO

묘사의 암기(장소 묘사 문장) 복합형용사

장소 묘사 암기문장의 문법을 정확히 배우고 응용해 보세요.

You know, it's a 3-story building which is in the middle of the town.

• [복합형용사] 3-story : 3층 짜리의

01. **'복합형용사'**란 **두 개 이상의 단어가 하나로 결합**하여 형용사의 역할
02. 이 때 반드시 단어 사이에 **하이픈 (-)** 필요
03. 앞에 숫자가 나온 복합형용사의 경우, 하이픈 뒤에 나오는 **'명사'**는 반드시 **원형 취급**
    (2-story house, 7-year-old girl, 100-dollar bill)
04. 앞에 숫자가 나오는 경우 보통 **'~짜리의'** 라고 해석

사용 방법

두 개 이상의 단어를 하이픈 (-) 결합

= 숫자의 경우 뒤에 나오는 명사는 반드시 원형 취급

활용 및 응용

• It's a 3-story building which is in the middle of the town.

• I found a 100-dollar bill on the floor!

• This place is well-known for just sitting and relaxing.

MEMO

묘사의 암기(장소 묘사 문장) 유도부사 수 일치

장소 묘사 암기문장의 문법을 정확히 배우고 응용해 보세요.

And um, on the first floor, there is a reception desk.

• [유도부사 수 일치] there is/are : ~가 있다

01. 유도부사 'there' 과 'here' 뒤에 위치하는 동사의 수일치에 주의

02. 이 경우 앞에 유도 부사는 주어 역할을 하지 않으며, 막연하게 '~이 있다'로 해석

03. there (here) is + 단수명사 / there (here) are + 복수명사

04. 단, 명사가 나열되어 개수가 하나 이상 이어도 반드시 '동사 바로 다음의 명사만'으로 수 일치 형태를 유지

사용 방법

there is + 단수명사

there are + 복수명사

* 단, 명사가 여러 개로 나열될 경우 가장 앞에 위치한 명사로 수 일치

활용 및 응용

• There is a reception desk.

• There is a gym and a spa.

• There are lots of restaurants.

MEMO

묘사의 암기(장소 묘사 문장) 접속부사

장소 묘사 암기문장의 문법을 정확히 배우고 응용해 보세요.

Lastly, on the top floor, there is a coffee shop and a cozy bar.

• [접속부사] Lastly : 마지막으로

01. '**접속부사**'는 <u>**문장과 문장을 연결**</u>해주는 연결어의 역할
02. '**Lastly**'는 하고자 하는 말의 <u>**마지막을 강조**</u>할 때 쓰임
03. 같은 표현으로는 '**finally**', '**at last**', '**in conclusion**' 등

사용 방법

Lastly, 주어 + 동사

= **finally, at last, in conclusion**

활용 및 응용

• Lastly, on the top floor, there is a coffee shop and a cozy bar.

• Finally, you can find a beautiful garden in front of the house.

• At last, people play sports at the park to release stress.

MEMO

묘사의 암기(장소 묘사 문장) 주어, 동사 수 일치

장소 묘사 암기문장의 문법을 정확히 배우고 응용해 보세요.

Yeah, it has a smart door lock so it's handy.

• [주어, 동사 수 일치] : 3인칭 단수 주어 + 동사s(es)

01. 영어 문법에서 **가장 실수가 많은 부분 중 하나!**

02. 현재시제에서 주어 뒤에 일반동사는 주어에 따라 변형될 수 있음

03. 주어가 **3인칭 단수**일 경우 동사는 반드시 **동사-s(es)** 형태

04. 단, 불규칙으로 변형하는 동사에 주의! (have has)

    a. 자음 + y로 끝나는 동사: y > i + es (cry cries, try tries)

    b. 자음 + y로 끝나는 동사: y + s (pay pays, say says)

사용 방법

현재시제 3인칭 단수 주어 + **동사s(es)**

* 불규칙 형태에 주의

활용 및 응용

• It has a smart door lock so it's handy.

• It has central heating and air-conditioning.

• My friend John tries hard to study English.

MEMO

묘사의 암기(장소 묘사 문장) 수동태

장소 묘사 암기문장의 문법을 정확히 배우고 응용해 보세요.

But you know, it is always filled with lots of people.

• [수동태] is ~ filled : ~ 로 채워져 있다

01. '수동태'는 **be동사 + 과거분사** 형태로 '**~되어지다**'로 해석

02. 다른 무언 가에 의해 상태나 동작이 '**당해 짐**'을 의미

03. 전치사 '**by**' 다음에는 명사로 '**행위자**'를 나타내지만 때에 따라 생략

04. 불규칙 과거분사에 주의하여 사용

사용 방법

be동사 + 과거분사 (+by)

활용 및 응용

• It is always filled with lots of people.

• All the seats are taken by the customers.

• The café is located next to my house.

MEMO

묘사의 암기(일반적 묘사 문장)　형용사

일반적 묘사 암기문장의 문법을 정확히 배우고 응용해 보세요.

You know, I'm an outgoing person, and like socializing.

• [형용사] outgoing : 활발한

01. 형용사는 **명사를 수식하는 역할**로 **명사 앞**에 위치하거나, **be동사 뒤** '보어' 자리에 위치하여 주어를 설명함
02. 사람을 묘사하는 다양한 형용사를 숙지하면 다채로운 표현 가능
03. 사람을 묘사하는 형용사

　　a. 성격 묘사:　outgoing, easy going, nice, friendly, mean 등

　　b. 외형 묘사:　good-looking, tall, fit, muscular, chubby 등

사용 방법

주어 (사람) + be동사 + a/an 형용사 (사람 묘사) + 명사

주어 (사람) + be동사 + 형용사 (사람 묘사)

활용 및 응용

• I'm an outgoing person, and like socializing.

• Jason is tall and good-looking, so he's popular.

• Sally is pretty easy going, so she has lots of friends.

MEMO

묘사의 암기(일반적 묘사 문장)　to부정사

일반적 묘사 암기문장의 문법을 정확히 배우고 응용해 보세요.

Actually, it's one of the best ways to make friends.

• [to부정사] to make : ~만들 수 있는, ~만드는

01.　**to 부정사**는 '**to + 동사원형**'형태로 각 용법에 따라 의미가 달라짐

02.　여기서는 '**형용사적 용법**'으로 앞에 나온 '**명사**'를 수식해주는 의미로 사용되어 '**~할**', '**~하는**'으로 해석

03.　간혹 동사와 함께 쓰이는 전치사가 올 경우 **to + 동사원형 + 전치사** 형태를 그대로 유지

　　(I live in a house ＞ I have a house to live in)

사용 방법

명사 + **to** + 동사원형

* 동사와 함께 쓰이는 전치사의 경우 to부정사 뒤에 위치

활용 및 응용

• It's one of the best ways to make friends.

• I always get something to drink at a café.

• People listen to music to release stress.

MEMO

묘사의 암기(일반적 묘사 문장)　enjoy + 동명사

일반적 묘사 암기문장의 문법을 정확히 배우고 응용해 보세요.

And um, I enjoy working out cuz it keeps me fit.

• [enjoy + 동명사] : ~하는 것을 즐기다

01.　동사 'enjoy' 다음에는 목적어로 반드시 **동명사**만 취급

02.　동명사는 **동사 + ing** 형태로, '**~하는 것**'이라고 해석

03.　그 외에 동명사만 취급하는 동사는 'keep', 'suggest', 'quit' 등

사용 방법

enjoy + 동명사

활용 및 응용

• I enjoy working out cuz it keeps me fit.

• She enjoys watching movies on weekend.

• They enjoy talking about all kinds of music.

MEMO

묘사의 암기(일반적 묘사 문장) 접속사

일반적 묘사 암기문장의 문법을 정확히 배우고 응용해 보세요.

Hey, I can get a discount since I have a membership card.

• [접속사] since : ~때문에

01. **'접속사'는 문장과 문장을 이어주는 다리** 역할

02. **'since'는 보통 '~이후로'라는 뜻의 어느 사건의 시점을 나타내기도 하지만 '~때문에'와 같이 'because'의 의미도 가짐**

03. 'since' 뒤에 시기나 시점에 대한 내용이 아닐 경우 **'이유'**를 나타냄

사용 방법

주어 + 동사 **since** 주어 + 동사

* since가 앞에 나올 경우 = since 주어 + 동사, 주어 + 동사

활용 및 응용

• I can get a discount since I have a membership card.

• I love going to the park since I can release stress.

• Since it is warm outside, people love outdoor sports.

MEMO

묘사의 암기(일반적 묘사 문장) I need to

일반적 묘사 암기문장의 문법을 정확히 배우고 응용해 보세요.

Look, I need to work out because I need to lose weight.

• [I need to ~] : 나는 ~을 해야한다

01. '**의무**'의 의미를 전달하는 '**need to**'는 회화에서 정말 자주 활용됨

02. 'need to' 다음에는 반드시 **동사 원형**

03. 동일한 표현으로는 '**have to**', '**should**' 등이 있으며, 좀 더 강한 의무를 전달할 때는 '**must**'를 사용

사용 방법

need to + 동사원형

= have to, should 등

활용 및 응용

• I need to work out because I need to lose weight.

• You need to check the hotel and ask about the price.

• We should always recycle for the environment.

MEMO

묘사의 암기(일반적 묘사 문장)　I prefer~

일반적 묘사 암기문장의 문법을 정확히 배우고 응용해 보세요.

You know, I prefer taking the cab over the bus.

• [I prefer ~] : 나는 ~ 을/를 (더) 선호한다

01. 'prefer'은 보통 두 가지의 대상 중 한가지를 선택할 때 사용

02. '더 좋아하다', '더 선호하다'라는 의미를 전달

03. 'prefer'다음에 목적어는 명사로 **동명사, to부정사** 모두 사용 가능!

04. 단, 비교 대상의 형태는 항상 통일 (동명사 to 동명사, to부정사 to to부정사)

　　이 때 비교 대상을 나타낼 때는 전치사 'to'를 사용 : ex.) prefer coffee to tea : 차보다 커피를 선호하다

사용 방법

prefer + 명사/동명사/to부정사 **to** + 명사/동명사/to부정사

* **to 앞과 뒤의 형태는 항상 통일**

활용 및 응용

• I prefer taking the cab over the bus.

• She prefers salad to pasta.

• I prefer going to beaches to (going to) mountains.

MEMO

3강

유형 01 (묘사)

암기문장 쉐도잉

1단계 : 사전학습

2단계 : 딕테이션

3단계 : 문장 끊어 읽기

4단계 : 전체 문장 읽기

5단계 : 반복 학습

암기문장 쉐도잉

암기문장 쉐도잉은 총 5단계로 나누어져 있습니다.
진짜녀석들 OPIc의 암기문장을 반복듣기 하면서 쉐도잉을 진행합니다.

1단계 사전학습	문장을 들은 후, 주어진 암기문장을 억양, 강세를 고려하여 큰소리로 읽습니다. ex.) Actually, **It** is incredibly **beautiful** and **peaceful.**

2단계 딕테이션	문장을 들은 후, 밑줄 친 부분을 적습니다. ex.) Actually, ___ is incredibly _____ and _____.

3단계 문장 끊어 읽기	문장을 들은 후, 청크 단위로 끊어 읽어 봅니다. ex.) Actually, / **It** is incredibly **beautiful** / and **peaceful.**

4단계 전체 문장 읽기	문장을 들은 후, 3단계를 여러 번 반복한 후, 전체 문장을 한숨에 읽어 봅니다. ex.) Actually, **It** is incredibly **beautiful** and **peaceful.**

5단계 반복학습	위 단계를 반복하여, 영어의 어순으로 된 한글 해석을 보며, 쉐도잉 연습을 합니다. ex.) 사실, **그곳은** 숨막히게 **아름다워** 그리고 **평화로워.**

암기문장 쉐도잉

묘사의 서론(시작문장)의 쉐도잉 연습을 하세요.

🎧 MP3 IM2_1~3

1단계 : 사전학습

문장을 들은 후, 주어진 암기문장을 억양, 강세를 고려하여 큰소리로 읽습니다.

🎧 **IM2_1** • That's a good question, <u>my favorite coffee shop</u>? Sure, I got it.
🎧 **IM2_2** • Well, <u>music</u>? You know, I <u>listen to music in my free time</u>.
🎧 **IM2_3** • Oh yeah, <u>vacation</u>? You know, I love <u>traveling around my country</u>.

2단계 : 딕테이션

문장을 들은 후, 밑줄 친 부분을 적습니다.

• That's a good question, _____ Sure, I got it.
• Well, _____? You know, I _____.
• Oh yeah, _____? You know, I love _____.

3단계 : 문장 끊어 읽기

문장을 들은 후, 청크 단위로 끊어 읽어 봅니다.

• That's a good question, / <u>my favorite coffee shop</u>? / Sure, I got it.
• Well, <u>music</u>? / You know, / I <u>listen to music</u> / <u>in my free time</u>.
• Oh yeah, <u>vacation</u>? / You know, / I love <u>traveling around</u> / <u>my country</u>.

4단계 : 전체 문장 읽기

문장을 들은 후, 3단계를 여러 번 반복한 후, 전체 문장을 한숨에 읽어 봅니다.

• That's a good question, <u>my favorite coffee shop</u>? Sure, I got it.
• Well, <u>music</u>? You know, I <u>listen to music in my free time</u>.
• Oh yeah, <u>vacation</u>? You know, I love <u>traveling around my country</u>.

5단계 : 반복 학습

위 단계를 반복하여, 영어의 어순으로 된 한글 해석을 보며, 쉐도잉 연습을 합니다.

• 좋은 질문이야, <u>내가 좋아하는 커피숍</u>? 그래 알겠어.
• 음, <u>음악</u>? 있잖아, 난 <u>음악 듣는 걸 좋아해 쉬는 시간에</u>.
• 오 예, <u>휴가</u>? 있잖아, 난 좋아해 <u>우리 나라 여행하는 것을</u>.

암기문장 쉐도잉

묘사의 결론(마무리문장)의 쉐도잉 연습을 하세요.

🎧 **MP3 IM2_4~6**

1단계 : 사전학습

문장을 들은 후, 주어진 암기문장을 억양, 강세를 고려하여 큰소리로 읽습니다.

🎧 IM2_4 • Alright Eva, this is all I can say about <u>my favorite beach</u>. Thank you.

🎧 IM2_5 • Well, okay Eva, this is pretty much about it.

🎧 IM2_6 • Um, yeah, this is about <u>my favorite park</u>.

2단계 : 딕테이션

문장을 들은 후, 밑줄 친 부분을 적습니다.

• Alright Eva, this is all I can say about _____. Thank you.

• Well, okay Eva, this is pretty much about it.

• Um, yeah, this is about _____.

3단계 : 문장 끊어 읽기

문장을 들은 후, 청크 단위로 끊어 읽어 봅니다.

• Alright Eva, / this is all I can say about / <u>my favorite beach</u>. / Thank you.

• Well, okay Eva, / this is pretty much about it.

• Um, yeah, / this is about / <u>my favorite park</u>.

4단계 : 전체 문장 읽기

문장을 들은 후, 3단계를 여러 번 반복한 후, 전체 문장을 한숨에 읽어 봅니다.

• Alright Eva, this is all I can say about <u>my favorite beach</u>. Thank you.

• Well, okay Eva, this is pretty much about it.

• Um, yeah, this is about <u>my favorite park</u>.

5단계 : 반복 학습

위 단계를 반복하여, 영어의 어순으로 된 한글 해석을 보며, 쉐도잉 연습을 합니다.

• 알겠어 에바, 이정도면 <u>내가 좋아하는 해변</u>에 대한 이야기로 될 것 같아. 고마워.

• 음, 오케이 에바, 이 정도면 충분한 것 같아.

• 음, 그래~ 이게 <u>내가 좋아하는 공원</u>이야.

암기문장 쉐도잉

묘사의 본론(장소 묘사 문장 : 개방공간)의 쉐도잉 연습을 하세요.

🎧 MP3 IM2_7~16

1단계 : 사전학습

문장을 들은 후, 주어진 암기문장을 억양, 강세를 고려하여 큰소리로 읽습니다.

- 🎧 IM2_7 • **You know,** I think it's about <u>200m</u> from <u>my place</u>.
- 🎧 IM2_8 • **Moreover,** it's like <u>20</u> minutes walking distance.
- 🎧 IM2_9 • **When you go at night,** there is absolutely nobody around.
- 🎧 IM2_10 • **I mean,** it's a well-known spot for just <u>sitting and relaxing</u>.
- 🎧 IM2_11 • **Plus,** whenever I go <u>there</u>, it makes me feel <u>so great</u>.
- 🎧 IM2_12 • **Also,** there is a huge <u>running track</u>.
- 🎧 IM2_13 • **You know,** people do all kinds of things such as~
- 🎧 IM2_14 • **And um,** people come out to <u>play sports</u>, <u>listen to music</u> and stuff like that.
- 🎧 IM2_15 • **In addition,** <u>the beach</u> is undeniably beautiful.
- 🎧 IM2_16 • **Actually,** <u>the sand</u> is very comfortable to <u>walk on</u>.

2단계 : 딕테이션

문장을 들은 후, 밑줄 친 부분을 적습니다.

- **You know,** I think it's about _____ from _____.
- **Moreover,** it's like _____ minutes walking distance.
- **When you go at night,** there is absolutely nobody around.
- **I mean,** it's a well-known spot for just _____.
- **Plus,** whenever I go _____, it makes me feel _____.
- **Also,** there is a huge _____.
- **You know,** people do all kinds of things such as~
- **And um,** people come out to _____, _____ and stuff like that.
- **In addition,** _____ is undeniably beautiful.
- **Actually,** _____ is very comfortable to _____.

3단계 : 문장 끊어 읽기

문장을 들은 후, 청크 단위로 끊어 읽어 봅니다.

- **You know,** / I think it's about / <u>200m</u> from <u>my place</u>.
- **Moreover,** / it's like / <u>20</u> minutes walking distance.
- **When you go at night,** / there is absolutely / nobody around.
- **I mean,** / it's a well-known spot for just / <u>sitting and relaxing</u>.
- **Plus,** / whenever I go <u>there,</u> / it makes me feel <u>so</u> / <u>great</u>.
- **Also,** / there is a / huge <u>running track</u>.
- **You know,** / people do all kinds of things such as~
- **And um,** / people come out to / <u>play sports,</u> / <u>listen to music</u> and / stuff like that.
- **In addition,** / <u>the beach</u> is undeniably beautiful.
- **Actually,** / <u>the sand</u> is very comfortable to / <u>walk on</u>.

암기문장 쉐도잉

묘사의 본론(장소 묘사 문장 : 개방공간)의 쉐도잉 연습을 하세요.

🎧 **MP3 IM2_7~16**

4단계 : 전체 문장 읽기

문장을 들은 후, 3단계를 여러 번 반복한 후, 전체 문장을 한숨에 읽어 봅니다.

- **You know,** I think it's about <u>200m</u> from <u>my place</u>.
- **Moreover,** it's like <u>20</u> minutes walking distance.
- **When you go at night,** there is absolutely nobody around.
- **I mean,** it's a well-known spot for just <u>sitting and relaxing</u>.
- **Plus,** whenever I go <u>there</u>, it makes me feel <u>so great</u>.
- **Also,** there is a huge <u>running track</u>.
- **You know,** people do all kinds of things such as~
- **And um,** people come out to <u>play sports</u>, <u>listen to music</u> and stuff like that.
- **In addition,** <u>the beach</u> is undeniably beautiful.
- **Actually,** <u>the sand</u> is very comfortable to <u>walk on</u>.

5단계 : 반복 학습

위 단계를 반복하여, 영어의 어순으로 된 한글 해석을 보며, 쉐도잉 연습을 합니다.

- 있잖아, 내 생각에 <u>200미터</u> 정도야 <u>우리 집</u>에서.
- 게다가, <u>20분</u> 정도야 걷는 거리로.
- 밤에 가면, 전적으로 아무도 없어.
- 내 말은, 잘 알려진 곳이야 <u>편하게 앉아서 쉬기</u>.
- 또한, 언제든 내가 <u>그 곳</u>에 갈 때, 날 만들어 <u>기분 좋게</u>.
- 또한, 큰 <u>러닝 트랙</u>이 있어.
- 있잖아, 사람들은 많은 것 들을 해 예를 들어~
- 그리고 음, 사람들은 나와서 <u>운동하거나</u>, <u>음악 듣거나</u> 그런 것들을 해.
- 추가로, <u>해변</u>은 너무 아름다워.
- 사실, <u>모래사장</u>은 편안해 <u>걷기</u>.

암기문장 쉐도잉

묘사의 본론(장소 묘사 문장 : 독립공간)의 쉐도잉 연습을 하세요.

🎧 MP3 IM2_17~26

1단계 : 사전학습

문장을 들은 후, 주어진 암기문장을 억양, 강세를 고려하여 큰소리로 읽습니다.

🎧 IM2_17 • You know, it's a **3-story building** which is in the middle of the town.
🎧 IM2_18 • And um, on the first floor, there is **a reception desk**.
🎧 IM2_19 • Also, on the second floor, there is **a gym** and **a spa**.
🎧 IM2_20 • As you can expect, on the third floor, there are lots of **restaurants**.
🎧 IM2_21 • Lastly, on the top floor, there is **a coffee shop** and **a cozy bar**.
🎧 IM2_22 • Well, when you go there, you can find lots of **ATMs**.
🎧 IM2_23 • Yeah, it has **a smart door lock** so it's handy.
🎧 IM2_24 • You know, it has central heating and air-conditioning.
🎧 IM2_25 • You know what? I can see lots of people **enjoying their free time**.
🎧 IM2_26 • But you know, it is always filled with lots of people.

2단계 : 딕테이션

문장을 들은 후, 밑줄 친 부분을 적습니다.

• **You know,** it's a _____ which is in the middle of the town.
• **And um, on the first floor,** there is _____.
• **Also, on the second floor,** there is _____ and _____.
• **As you can expect,** on the third floor, there are lots of _____.
• **Lastly, on the top floor,** there is _____ and _____.
• **Well, when you go there,** you can find lots of _____.
• **Yeah,** it has _____ so it's handy.
• **You know,** it has central heating and air-conditioning.
• **You know what?** I can see lots of people _____.
• **But you know,** it is always filled with lots of people.

3단계 : 문장 끊어 읽기

문장을 들은 후, 청크 단위로 끊어 읽어 봅니다.

• **You know,** / it's a **3-story building** / which is in the middle of the town.
• **And um, on the first floor,** / there is **a reception desk**.
• **Also, on the second floor,** / there is **a gym** and / **a spa**.
• **As you can expect,** / on the third floor, / there are lots of **restaurants**.
• **Lastly, on the top floor,** / there is **a coffee shop** and / **a cozy bar**.
• **Well, when you go there,** / you can find lots of **ATMs**.
• **Yeah,** / it has **a smart door lock** so / it's handy.
• **You know,** / it has central heating and / air-conditioning.
• **You know what?** / I can see lots of people **enjoying** / **their free time**.
• **But you know,** / it is always filled with / lots of people.

암기문장 쉐도잉

묘사의 본론(장소 묘사 문장 : 독립공간)의 쉐도잉 연습을 하세요.

🎧 **MP3 IM2_17~26**

4단계 : 전체 문장 읽기

문장을 들은 후, 3단계를 여러 번 반복한 후, 전체 문장을 한숨에 읽어 봅니다.

- **You know,** it's a **3-story building** which is in the middle of the town.
- **And um, on the first floor,** there is **a reception desk.**
- **Also, on the second floor,** there is **a gym** and **a spa.**
- **As you can expect,** on the third floor, there are lots of **restaurants.**
- **Lastly, on the top floor,** there is **a coffee shop** and **a cozy bar.**
- **Well, when you go there,** you can find lots of **ATMs.**
- **Yeah,** it has **a smart door lock** so it's handy.
- **You know,** it has central heating and air-conditioning.
- **You know what?** I can see lots of people **enjoying their free time.**
- **But you know,** it is always filled with lots of people.

5단계 : 반복 학습

위 단계를 반복하여, 영어의 어순으로 된 한글 해석을 보며, 쉐도잉 연습을 합니다.

- **있잖아,** 그건 **3층 건물**이야 도시 중앙에 있는.
- **그리고 음, 1층에는,** **리셉션 데스크**가 있어.
- **또한, 2층에는** **헬스장**과 **스파**가 있어.
- **네가 예상하듯,** 3층에는 많은 **레스토랑들**이 있어.
- **마지막으로, 마지막 층에는,** **커피숍**과 **아늑한 바**가 있어.
- **음,** 그곳에 가면, 넌 볼 수 있어 많은 **ATM들**을.
- **맞아,** **스마트 도어락**이 있어 그래서 굉장히 편리해.
- **있잖아,** 중앙난방과 에어컨 시스템이 있어.
- **그거 알아?** 난 볼 수 있어 많은 사람들을 **그들의 자유시간을 즐기는.**
- **하지만 있잖아,** 그곳은 항상 많은 사람들로 붐벼.

암기문장 쉐도잉

묘사의 본론(일반적 묘사 문장)의 쉐도잉 연습을 하세요.

🎧 MP3 IM2_27~36

1단계 : 사전학습

문장을 들은 후, 주어진 암기문장을 억양, 강세를 고려하여 큰소리로 읽습니다.

🎧 IM2_27 • **You know,** I'm <u>an outgoing</u> person, and like <u>socializing</u>.
🎧 IM2_28 • **Actually,** it's one of the best ways to <u>make friends</u>.
🎧 IM2_29 • **And um,** I enjoy <u>working out</u> cuz it keeps me fit.
🎧 IM2_30 • **Well,** I recycle trash such as <u>paper, glass, plastic</u> and so on.
🎧 IM2_31 • **Hey,** I can get a discount since I <u>have a membership card</u>.
🎧 IM2_32 • **In fact,** I love <u>watching</u> all kinds of <u>movies</u>.
🎧 IM2_33 • **Look,** I need to <u>work out</u> because I need to lose weight.
🎧 IM2_34 • **Well,** <u>listening to music</u> helps me release stress.
🎧 IM2_35 • **Let's say** <u>K-POP</u> since it's getting increasingly popular.
🎧 IM2_36 • **You know,** I prefer <u>taking the cab</u> over the <u>bus</u>.

2단계 : 딕테이션

문장을 들은 후, 밑줄 친 부분을 적습니다.

• **You know,** I'm _____ person, and like _____.
• **Actually,** it's one of the best ways to _____.
• **And um,** I enjoy _____ cuz it keeps me fit.
• **Well,** I recycle trash such as _____, _____, _____ and so on.
• **Hey,** I can get a discount since I _____.
• **In fact,** I love _____ all kinds of _____.
• **Look,** I need to _____ because I need to lose weight.
• **Well,** _____ helps me release stress.
• **Let's say** _____ since it's getting increasingly popular.
• **You know,** I prefer _____ over the _____.

3단계 : 문장 끊어 읽기

문장을 들은 후, 청크 단위로 끊어 읽어 봅니다.

• **You know,** / I'm <u>an outgoing</u> person, and / like <u>socializing</u>.
• **Actually,** / it's one of the best ways to / <u>make friends</u>.
• **And um,** / I enjoy <u>working out</u> cuz / it keeps me fit.
• **Well,** / I recycle trash such as / <u>paper, glass, plastic</u> and / so on.
• **Hey,** / I can get a discount since / I <u>have a membership card</u>.
• **In fact,** / I love <u>watching</u> all kinds of / <u>movies</u>.
• **Look,** / I need to <u>work out</u> because / I need to lose weight.
• **Well,** / <u>listening to music</u> helps me / release stress.
• **Let's say** <u>K-POP</u> since / it's getting increasingly popular.
• **You know,** / I prefer <u>taking the cab</u> / over the <u>bus</u>.

암기문장 쉐도잉

묘사의 본론(일반적 묘사 문장)의 쉐도잉 연습을 하세요.

🎧 MP3 IM2_27~36

4단계 : 전체 문장 읽기

문장을 들은 후, 3단계를 여러 번 반복한 후, 전체 문장을 한숨에 읽어 봅니다.

- **You know,** I'm **an outgoing** person, and like **socializing**.
- **Actually,** it's one of the best ways to **make friends**.
- **And um,** I enjoy **working out** cuz it keeps me fit.
- **Well,** I recycle trash such as **paper, glass, plastic** and so on.
- **Hey,** I can get a discount since I **have a membership card**.
- **In fact,** I love **watching** all kinds of **movies**.
- **Look,** I need to **work out** because I need to lose weight.
- **Well, listening to music** helps me release stress.
- **Let's say K-POP** since it's getting increasingly popular.
- **You know,** I prefer **taking the cab** over the **bus**.

5단계 : 반복 학습

위 단계를 반복하여, 영어의 어순으로 된 한글 해석을 보며, 쉐도잉 연습을 합니다.

- 있잖아, 난 **활동적**이고, **사교적**이야.
- 사실, 그건 좋은 방법 중 하나야 **친구를 사귀기**.
- 그리고 음, 난 **운동하는 것**을 좋아해 왜냐하면 날 건강하게 해줘.
- 음, 난 재활용을 해 **종이, 유리, 플라스틱** 그리고 등등을.
- 있잖아, 난 할인 받을 수 있어 왜냐하면 난 **멤버십 카드가 있거든**.
- 실은, 난 좋아해 **보는 것**을 모든 종류의 **영화**를.
- 이봐, 난 **운동해야 해** 왜냐하면 난 다이어트 해야 하거든.
- 음, **음악을 듣는 것**은 도와줘 스트레스 풀도록.
- **케이팝이라 하자** 왜냐하면 정말 유명해지고 있거든.
- 있잖아, 난 선호해 **택시 타는 것**을 **버스**보다.

4강

유형 01 (묘사)

리스닝 훈련

묘사 질문 리스트

진짜녀석들 OPIc의 3가지 묘사(장소, 일반적 묘사) 질문들의 MP3를 듣고 키워드 캐치를 훈련하세요.

🎧 MP3 IM2_Q_1~20

개방공간 묘사

You indicated in the survey that you go to **the parks** with your friends. Please tell me about one of the parks that you usually visit. Where is it located? What does it look like? Please describe your favorite park in detail.

You indicated in the survey that you like to go to **the beach.** Describe your favorite beach for me. Where is it? What does it look like? How often do you visit that beach? Please tell me in detail.

You indicated in the survey that you go on **international trips.** I would like you to describe one of the countries or cities you usually visit. What does the place look like? How are the people like there? Please tell me in detail.

I would like you to describe **the geography of your country.** Are there mountains, lakes or rivers? Please describe the geographical features of your country in as much detail as possible.

I would like to ask you about **a country that is nearby your country.** What is the name of that country? What is special about that country? How are the people there? Please give me all the details.

- -

독립공간 묘사

You indicated in the survey that you go to **cafes or coffee shops.** What cafes or coffee shops are there in your neighborhood? Which café do you like to go to and why? Please describe one of your favorite cafes in detail.

A lot of people like to eat out during the weekends. I would like to know **one of your favorite restaurants** in your area. Where is it located? What does it look like? Also, what kind of food do they serve and why do you like to visit there? Please tell me in detail.

I would like to ask you about your **favorite shopping mall.** Where is it located and what does it look like? Describe one of your favorite shopping malls in as much detail as possible.

You indicated in the survey that you go to **the bars.** Describe one of your favorite bars that you usually visit. What does it look like? Why do you like to visit that bar? Please tell me everything about that place in detail.

I would like to ask you about **the banks in your country.** What do they typically look like? Where are they usually located? Please tell me about the banks in your country.

- -

일반적 묘사

You indicated in the survey that you like **listening to music.** What kind of music do you listen to? Who are some of your favorite musicians or composers?

What kind of **furniture** do you have at home? Tell me about different types of furniture at home. What is your favorite piece of furniture and why? Tell me in as much detail as possible.

I would like to ask you about **how people in your country dress.** What kind of clothes do they wear? Tell me about fashion styles in your country in as much detail as possible.

I'd like you to describe **a healthy person you know of.** Who is he or she? What makes that person healthy? Why do you think that way? Please tell me everything about the things that make that person healthy.

How do people in your country move around? What **kind of transportation** do people usually use? Why do they use that type of transportation? Please tell me how people move around.

I would like to ask you about **how recycling is practiced in your country.** What do people especially do? Please tell me about all the different kinds of items that you recycle.

What do people normally **do on the Internet?** Do they play games, listen to music, or watch movies? Please tell me about the things people do online.

I would like to ask you about **phone calls that you usually make.** Do you usually call your parents or friends? What kind of topics do you talk about with them? Please tell me in detail.

Please tell me about **some holidays in your country.** What do people in your country do to celebrate these holidays? Please tell me about some holidays in your country.

I would like you to **describe one of your family members or friends.** What is he or she like? What is special about that person?

장소 묘사 - 개방공간

진짜녀석들 OPIc의 3가지 묘사(장소, 일반적 묘사) 질문들의 MP3를 듣고 키워드 캐치를 훈련하세요.

서베이 / 공원

MP3 IM2_Q_1

자주가는 공원 묘사

You indicated in the survey that you go to the parks with your friends. Please tell me about one of the parks that you usually visit. Where is it located? What does it look like? Please describe your favorite park in detail.

/ KEYWORD

서베이 / 해변

MP3 IM2_Q_2

자주가는 해변 묘사

You indicated in the survey that you like to go to the beach. Describe your favorite beach for me. Where is it? What does it look like? How often do you visit that beach? Please tell me in detail.

/ KEYWORD

서베이 / 해외여행

MP3 IM2_Q_3

자주가는 해외여행지 묘사

You indicated in the survey that you go on international trips. I would like you to describe one of the countries or cities you usually visit. What does the place look like? How are the people like there? Please tell me in detail.

/ KEYWORD

돌발 / 지리

MP3 IM2_Q_4

한국의 지리적 특징 묘사

I would like you to describe the geography of your country. Are there mountains, lakes or rivers? Please describe the geographical features of your country in as much detail as possible.

/ KEYWORD

돌발 / 이웃국가

MP3 IM2_Q_5

이웃 국가 묘사

I would like to ask you about a country that is nearby your country. What is the name of that country? What is special about that country? How are the people there? Please give me all the details.

/ KEYWORD

장소 묘사 - 독립공간

진짜녀석들 OPIc의 3가지 묘사(장소, 일반적 묘사) 질문들의 MP3를 듣고 키워드 캐치를 훈련하세요.

🎧 MP3 IM2_Q_6

서베이 / 커피숍

자주가는 커피숍 묘사

You indicated in the survey that you go to cafes or coffee shops. What cafes or coffee shops are there in your neighborhood? Which café do you like to go to and why? Please describe one of your favorite cafes in detail.

/ KEYWORD

🎧 MP3 IM2_Q_7

돌발 / 레스토랑

자주가는 레스토랑 묘사

A lot of people like to eat out during the weekends. I would like to know one of your favorite restaurants in your area. Where is it located? What does it look like? Also, what kind of food do they serve and why do you like to visit there? Please tell me in detail.

/ KEYWORD

🎧 MP3 IM2_Q_8

서베이 / 쇼핑

자주가는 쇼핑몰 묘사

I would like to ask you about your favorite shopping mall. Where is it located and what does it look like? Describe one of your favorite shopping malls in as much detail as possible.

/ KEYWORD

🎧 MP3 IM2_Q_9

서베이 / 술집,바

자주가는 바 묘사

You indicated in the survey that you go to the bars. Describe one of your favorite bars that you usually visit. What does it look like? Why do you like to visit that bar? Please tell me everything about that place in detail.

/ KEYWORD

🎧 MP3 IM2_Q_10

돌발 / 은행

자주가는 은행 묘사

I would like to ask you about the banks in your country. What do they typically look like? Where are they usually located? Please tell me about the banks in your country.

/ KEYWORD

일반적 묘사

진짜녀석들 OPIc의 3가지 묘사(장소, 일반적 묘사) 질문들의 MP3를 듣고 키워드 캐치를 훈련하세요.

서베이 / 음악

자주듣는 음악과 좋아하는 가수

You indicated in the survey that you like listening to music. What kind of music do you listen to? Who are some of your favorite musicians or composers?

/ KEYWORD

돌발 / 가구

집안의 가구 묘사

What kind of furniture do you have at home? Tell me about different types of furniture at home. What is your favorite piece of furniture and why? Tell me in as much detail as possible.

/ KEYWORD

돌발 / 패션

우리나라 사람들의 패션 스타일

I would like to ask you about how people in your country dress. What kind of clothes do they wear? Tell me about fashion styles in your country in as much detail as possible.

/ KEYWORD

돌발 / 건강

알고있는 건강한 사람 묘사

I'd like you to describe a healthy person you know of. Who is he or she? What makes that person healthy? Why do you think that way? Please tell me everything about the things that make that person healthy.

/ KEYWORD

돌발 / 교통

우리나라 사람들이 이용하는 교통수단 묘사

How do people in your country move around? What kind of transportation do people usually use? Why do they use that type of transportation? Please tell me how people move around.

/ KEYWORD

일반적 묘사

진짜녀석들 OPIc의 3가지 묘사(장소, 일반적 묘사) 질문들의 MP3를 듣고 키워드 캐치를 훈련하세요.

🎧 MP3 IM2_Q_16

돌발 / 제활용

우리나라의 재활용 묘사

I would like to ask you about how recycling is practiced in your country. What do people especially do? Please tell me about all the different kinds of items that you recycle.

/ KEYWORD

🎧 MP3 IM2_Q_17

돌발 / 인터넷

사람들이 인터넷으로 하는 활동 묘사

What do people normally do on the Internet? Do they play games, listen to music, or watch movies? Please tell me about the things people do online.

/ KEYWORD

🎧 MP3 IM2_Q_18

돌발 / 전화통화

자주하는 전화통화 주제 묘사

I would like to ask you about phone calls that you usually make. Do you usually call your parents or friends? What kind of topics do you talk about with them? Please tell me in detail.

/ KEYWORD

🎧 MP3 IM2_Q_19

돌발 / 휴일

우리나라 휴일 묘사

Please tell me about some holidays in your country. What do people in your country do to celebrate these holidays? Please tell me about some holidays in your country.

/ KEYWORD

🎧 MP3 IM2_Q_20

돌발 / 가족,친구

가족 혹은 친구 묘사

I would like you to describe one of your family members or friends. What is he or she like? What is special about that person?

/ KEYWORD

5강

유형 01 (묘사)

스크립트 훈련1

2번

5번

8번

14번

개방공간 묘사 자주 가는 공원 묘사

Q1 ──────────────────────────────────

You indicated in the survey that you go to **the parks** with your friends. Please tell me about one of the parks that you usually visit. Where is it located? What does it look like? Please describe your favorite park in detail.

당신은 친구와 함께 공원 가는 것을 좋아한다고 했습니다. 당신이 자주 방문하는 공원 중 한 곳에 대해 말해주세요. 어디에 있죠? 어떻게 생겼습니까? 당신이 좋아하는 공원에 대해 상세히 말해주세요.

───────────────────────────────────────
🎧 MP3 IM2_A_1

서론
시작문장/10%

- Well, *the park?* You know, I go to Olympic park in my free time.

본론
단락별 핵심문장/80%

- **You know,** I think the park is about 400m from my place.
  - Actually, I go to the park to run because there is a huge running track in the park.

- **When you go at night,** there is absolutely nobody around.
  - I mean, the park is a well-known spot for just sitting and relaxing.
  - Yeah, so I usually go there at night and read a book or listen to music alone.

- Also, there is a small lake in the park.
  - In addition, the lake in the park is undeniably beautiful.

결론
마무리문장/10%

- Um, yeah, this is about *my favorite park.*

- -

- **음, 공원?** 있잖아, 난 쉬는 시간에 올림픽 공원에 가.

- 있잖아, 내 생각에 공원은 우리 집에서 대략 400미터 정도에 있어.
  - 사실, 난 공원에 뛰러 가. 왜냐하면 공원엔 큰 러닝 트랙이 있거든.

- 밤에 가게 되면, 전적으로 아무도 없어.
  - 내 말은, 공원은 편하게 앉아서 쉬는 곳으로 잘 알려져 있어.
  - 맞아, 그래서 난 밤에 종종 가서 혼자 책을 읽거나 음악을 들어.

- 또한, 공원엔 조그마한 호수가 있어.
  - 추가로, 공원에 있는 호수는 너무 아름다워.

- 음, 그래~ 이게 **내가 좋아하는 공원**이야.

───────────────────────────────────────

어휘 및 표현

I go to Olympic park 난 올림픽 공원에 가   **I go to the park to run** 난 공원에 뛰러 가   **I usually go there at night** 난 종종 그곳에 밤에 가
read a book or listen to music alone 혼자 책을 읽거나 음악을 들어   **there is a small lake** 작은 호수가 있어

개방공간 묘사 자주 가는 해변 묘사

Q2 ─────────────────────────── 🎧 MP3 IM2_Q_2

You indicated in the survey that you like to go to **the beach.** Describe your favorite beach for me. Where is it? What does it look like? How often do you visit that beach? Please tell me in detail.

당신은 해변 가는 것을 좋아한다고 했습니다. 좋아하는 해변을 묘사해주세요. 어디에 있죠? 어떻게 생겼습니까? 해변에 얼마나 자주 가나요? 상세히 설명해주세요.

─────────────────────────── 🎧 MP3 IM2_A_2

서론
시작문장/10%

본론
단락별 핵심문장/80%

- Oh yeah, *my favorite __beach__?* You know, I love going to <u>HAEWOONDAE</u> beach.

- <u>First of all,</u> the beach is like 10 minutes <u>walking</u> distance from my <u>house</u>.
  - And I <u>usually</u> visit there with my <u>girlfriend</u>.

- In <u>addition,</u> the beach is <u>undeniably</u> beautiful.
  - I mean, it is such a <u>romantic</u> spot, so the beach is popular for <u>couples</u>.
  - And <u>also,</u> HAEWOONDAE beach is a <u>well</u>-known spot for just <u>relaxing</u>.

- <u>Lastly,</u> the beach is <u>very</u> quiet and peaceful.
  - So, whenever I go <u>there</u>, it makes me feel <u>so</u> great.

결론
마무리문장/10%

- <u>Alright Eva,</u> this is <u>all</u> I can say about *my __favorite__ beach.* Thank you.

- -

- 오 예, **내가 좋아하는 해변?** 있잖아, 난 해운대 해변을 가는 것을 좋아해.

- 첫 번째로, 해변은 우리 집에서 도보로 대략 10분 정도 거리에 있어.
  - 그리고 난 종종 여자친구와 해변에 가.

- 추가로, 해변은 너무 아름다워.
  - 내 말은, 정말 로맨틱한 장소야. 그래서 해변은 커플들에게 인기가 많아.
  - 그리고 해운대 해변은 그냥 쉬기 좋은 장소로 잘 알려져 있어.

- 마지막으로, 해변은 엄청 조용하고 평화로워.
  - 그래서 그곳에 갈 때면, 난 기분이 좋아져.

- 알겠어 에바, 이게 **내가 좋아하는 해변**에 대한 충분한 설명 같아. 고마워.

어휘 및 표현
I love going to HAWOONDAE beach 해운대 해변 가는 것을 좋아해   First of all 첫 번째로   from my house 우리집으로부터
I usually visit there 난 그곳을 종종 방문해   it is such a romantic spot 그곳은 로맨틱한 장소야   the beach is popular for couples
해변은 커플들에게 인기가 많아   And also 또한   very quiet and peaceful 매우 조용하고 평화로운

개방공간 묘사 자주 가는 해외여행지 묘사

Q3 ────────────────── 🎧 MP3 IM2_Q_3

You indicated in the survey that you go on **international trips.** I would like you to describe one of the countries or cities you usually visit. What does the place look like? How are the people like there? Please tell me in detail.

딩신은 해외 여헹 가는 것을 좋아한다고 했습니다. 당신이 종종 방문하는 나라 혹은 도시를 묘사해주세요. 그 장소는 어떻게 생겼습니까? 그 곳의 사람들은 어떻습니까? 상세히 설명해주세요.

───────────────────────────── 🎧 MP3 IM2_A_3

서론
시작문장/10%

- <u>That's</u> a good question, *international <u>trips?</u>* Sure, I <u>usually</u> go to New <u>Zealand</u>.

본론
단락별 핵심문장/80%

- <u>First of all,</u> I love going to *New <u>Zealand</u>* since the beach is undeniably <u>beautiful</u>.
  - You know, I think New <u>Zealand</u> is about 500km from my <u>country</u>.

- <u>Also,</u> there is a <u>beautiful</u> beach in New Zealand.
  - <u>Frankly</u> speaking, whenever I go there, it makes me feel <u>so</u> great.
  - <u>Actually</u>, the sand is <u>very</u> comfortable to walk on.

- <u>Lastly,</u> people are very nice and <u>kind</u>.
  - There are <u>many</u> people at the beach.
  - And I can see <u>lots</u> of people enjoying their <u>free</u> time.

결론
마무리문장/10%

- <u>Um, yeah,</u> so I usually <u>travel</u> to New Zealand.

- -

- 좋은 질문이야, **해외여행?** 물론이지, 난 종종 뉴질랜드를 여행해.

- 첫 번째로, 난 뉴질랜드 여행하는 것을 좋아해. 왜냐하면 뉴질랜드의 해변은 엄청 아름답거든.
  - 있잖아, 내 생각에 뉴질랜드는 우리나라에서 대략 500킬로미터 정도야.

- 또한, 뉴질랜드에는 아름다운 해변이 있어.
  - 솔직히 말해서, 그곳에 갈 때면, 난 기분이 좋아져.
  - 사실, 해변의 모래사장은 엄청 걷기 편안해.

- 마시막으로, 사람들은 엄성 좋고 착해.
  - 해변에는 많은 사람들이 있어.
  - 그리고 휴식을 취하는 많은 사람들을 볼 수 있어.

- 음 그래, 그래서 난 뉴질랜드로 종종 여행을 가.

───────────────────────────────

어휘 및 표현
international trip 해외 여행　　**I love going to New Zealand** 뉴질랜드 가는 것을 좋아하다　　**Frankly speaking** 솔직히 말해서
people are very nice and kind 사람들은 엄정 좋고 착하다　　**There are many people at the beach** 해변에는 많은 사람들이 있어

개방공간 묘사 한국의 지리적 특징 묘사

Q4 ━━━━━━━━━━━━━━━━━━━━━━━━━━━━━━━ 🎧 MP3 IM2_Q_4

I would like you to describe **the geography of your country.** Are there mountains, lakes or rivers? Please describe the geographical features of your country in as much detail as possible.

당신 나라의 지리에 대해 알고 싶습니다. 산, 호수, 강이 있나요? 당신 나라의 지리적 특징을 상세히 묘사해주세요.

━━━━━━━━━━━━━━━━━━━━━━━━━━━━━━━ 🎧 MP3 IM2_A_4

서론
시작문장/10%

- Well, *the geography of my _country_?* You know, there are <u>many</u> mountains, parks and beaches in my country.

본론
단락별 핵심문장/80%

- <u>Frankly</u> speaking, there are <u>lots</u> of mountains in Korea.
  - <u>Actually</u>, the mountains are undeniably <u>beautiful</u>.

- <u>Also,</u> you know, there are <u>lots</u> of parks in Korea.
  - I mean, they are well-known <u>spots</u> for just sitting and <u>relaxing</u>.
  - And um, people come out to play <u>sports</u>, listen to <u>music</u> and stuff like that.

- <u>Lastly,</u> there are many beaches in <u>Korea</u>.
  - When you go to the beaches at <u>night</u>, there is <u>absolutely</u> nobody around.
  - But you know, it is <u>always</u> filled with <u>lots</u> of people during the daytime.

결론
마무리문장/10%

- <u>Alright</u> Eva, this is <u>all</u> I can say about *the geography of my _country_.* Thank you.

- -

- 음, **우리나라의 지리?** 있잖아, 우리나라에는 많은 산, 공원, 해변이 있어.

- 솔직히 말해서, 한국에는 많은 산들이 있어.
  - 사실 산들은 엄청 아름다워.

- 또한, 있잖아, 한국엔 공원도 많아.
  - 내 말은, 공원들은 그냥 앉아서 쉬는 장소로 잘 알려져 있어.
  - 그리고 음, 사람들은 나와서 운동을 하거나, 음악을 듣거나 해.

- 마지막으로, 한국에는 해변이 많아.
  - 밤에 가면, 정말 아무도 없어.
  - 근데 있잖아, 낮에는 많은 사람들로 붐벼.

- 알겠어 에바, 우리나라에 대해서 이 정도면 될 것 같아. 고마워.

어휘 및 표현
the geography of my country 우리나라의 지리   there are lots of mountains/parks/beaches 산들/공원들/해변들이 많이 있어
during the daytime 낮 시간에

개방공간 묘사 이웃 국가 묘사

Q5 ───────────────────────── 🎧 MP3 IM2_Q_5

I would like to ask you about **a country that is nearby your country.** What is the name of that country? What is special about that country? How are the people there? Please give me all the details.

당신 나라와 가까운 나라에 대해 말해봅시다. 그 나라의 이름은 무엇인가요? 그 나라에 대해 특별한 점은 무엇인가요? 그 나라 사람들은 어떤 가요? 상세히 말해주세요.

─── 🎧 MP3 IM2_A_5

서론
시작문장/10%

- Oh yeah, *nearby my country?* You know, it is the Philippines.

본론
단락별 핵심문장/80%

- **First of all,** the Philippines is famous for its beautiful beaches.
  - People love going to the Philippines since the beaches are undeniably beautiful.

- **Frankly speaking,** whenever I go there, it makes me feel so great.
  - I mean, I can swim, eat, drink and just relax.
  - So, I can see lots of people enjoying their free time in the Philippines.

- **Moreover,** people are so friendly and positive.
  - You know what? They love music.
  - In fact, they love listening to all kinds of music.
  - And also, K-POP is getting increasingly popular.

결론
마무리문장/10%

- Um, yeah, this is about the Philippines.

- -

- 오 예, **우리나라와 가까운 나라?** 있잖아, 그건 필리핀이야.

- 첫 번째로, 필리핀은 아름다운 해변들로 굉장히 유명해.
  - 사람들은 아름다운 해변들 때문에 필리핀을 자주 가.

- 솔직히 말해서, 필리핀에 갈 때면, 난 기분이 너무 좋아져.
  - 내 말은, 난 수영도 할 수 있고, 먹고, 마시고, 그냥 쉴 수 있거든.
  - 그래서 난 많은 사람들이 필리핀에서 쉬는 것을 볼 수 있어

- 게다가, 사람들은 엄청 친절하고 긍정적이야.
  - 그거 알아? 그들은 음악을 좋아해.
  - 사실, 그들은 모든 종류의 음악을 듣는 것을 좋아해.
  - 그리고 케이팝은 엄청나게 유명해지고 있어.

- 음, 그래, 이 정도가 필리핀에 대한 얘기야.

───

어휘 및 표현
nearby my country 우리나라에서 가까운 나라   it is the Philippines 그건 필리핀이야   be famous for ~ ~로 유명하다
I can swim, eat, drink and just relax 난 수영하고, 먹고, 마시고 쉴 수 있어   people are so friendly and positive 사람들은 엄청 친절하고 긍정적이다
You know what? 그거 알아?   they love listening to all kinds of music 그들은 모든 종류 음악을 듣는 것을 좋아해

독립공간 묘사 자주 가는 커피숍 묘사

Q6 ───────────────── 🎧 MP3 IM2_Q_6

You indicated in the survey that you go to **cafes or coffee shops.** What cafes or coffee shops are there in your neighborhood? Which café do you like to go to and why? Please describe one of your favorite cafes in detail.

당신은 카페 혹은 커피숍에 간다고 했습니다. 당신 동네에 어떤 카페 혹은 커피숍이 있나요? 어떤 커피숍을 좋아하며 이유는 무엇인가요? 당신이 좋아하는 카페 중 한 곳을 묘사해주세요.

🎧 MP3 IM2_A_6

서론
시작문장/10%

- That's a good question, *my favorite coffee shop?* Sure, I got it.

본론
단락별 핵심문장/80%

- First of all, the coffee shop has 3 floors and it is in the middle of the town.
  - And um, on the first floor, you can order your coffee.
  - But you know, it is always filled with lots of people.
  - So, sometimes I need to wait in a long line.

- As you can expect, on the third floor, there is a beautiful and quiet garden.
  - You know, I prefer having a coffee in the garden because there is absolutely nobody around.
  - Well, the coffee shop is cool during summer and warm during winter because it has central heating and air-conditioning.

결론
마무리문장/10%

- Alright Eva, this is all I can say about *my favorite coffee shop.* Thank you.

- 좋은 질문이야, **내가 좋아하는 커피숍?** 물론이지.

- 첫 번째로, 커피숍은 3층으로 되어있고 도시의 중심에 위치해 있어.
  - 그리고 음, 1층에는 커피를 주문할 수 있어.
  - 근데 있잖아, 그곳은 항상 사람들로 붐벼.
  - 그래서 가끔 난 긴 줄을 기다려야 해.

- 네가 예상하듯, 3층에는 아름답고 조용한 정원이 있어.
  - 있잖아, 난 정원에서 커피 마시는 것을 즐겨. 왜냐하면 그곳은 전적으로 아무도 없거든.
  - 음, 커피숍은 여름엔 시원하고, 겨울엔 따뜻해.
  - 왜냐하면 중앙난방과 에어컨 시스템이 있거든.

- 알겠어, 에바, **내가 좋아하는 커피숍**에 대해서 이 정도면 될 것 같아. 고마워.

어휘 및 표현

the coffee shop has 3 floors 커피숍은 3층으로 되어 있어   you can order your coffee 당신은 당신 커피 주문을 할 수 있어
I need to wait in a long line 긴 줄을 기다려야 해   I prefer having a coffee 커피를 마시는 것을 좋아하다   cool during summer 여름에 시원하다
warm during winter 겨울에 따뜻하다

독립공간 묘사 자주 가는 레스토랑 묘사

Q7

🎧 MP3 IM2_Q_7

A lot of people like to eat out during the weekends. I would like to know **one of your favorite restaurants** in your area. Where is it located? What does it look like? Also, what kind of food do they serve and why do you like to visit there? Please tell me in detail.

많은 사람들은 주말에 외식을 합니다. 당신이 좋아하는 레스토랑 중 한 곳을 알고 싶습니다. 어디에 있나요? 어떻게 생겼나요? 또한, 어떤 음식을 팔며, 그곳에 가는 이유는 무엇입니까? 상세히 설명해주세요.

🎧 MP3 IM2_A_7

서론
시작문장/10%

- **Oh yeah,** *my favorite _restaurant?_* You know, I love going to <u>ABC</u> Korean restaurant.

본론
단락별 핵심문장/80%

- <u>First of all,</u> ABC restaurant is in the <u>middle</u> of the town.
  - I mean, it's like 10 minutes <u>walking</u> distance from my house.

- **When you go there on the <u>weekends,</u>** the restaurant is <u>always</u> filled with <u>lots</u> of people.
  - So, I <u>prefer</u> going to the restaurant on the <u>weekdays</u>.

- <u>Also,</u> they have <u>all</u> kinds of Korean food.
  - As you can <u>expect</u>, on the top floor, there is a <u>coffee</u> shop.
  - You know, I can get a <u>discount</u> since I have a <u>membership</u> card.
  - So, <u>after</u> dinner, I always order a <u>coffee</u> there.

결론
마무리문장/10%

- Um, <u>yeah,</u> this is about *my _favorite_ restaurant.*

- -

- 오 예, **내가 좋아하는 레스토랑?** 있잖아, 난 ABC 한식당 가는 것을 좋아해.

- 첫 번째로, ABC 레스토랑은 도심 중앙에 위치해 있어.
  - 내 말은, 우리 집에서 도보로 대략 10분 정도 거리야.

- 주말에 가면, 레스토랑은 너무 많은 사람들로 붐벼.
  - 그래서 난 주중에 가는 것을 선호해.

- 또한, 그들은 모든 종류의 한식을 제공해.
  - 네가 예상하듯, 마지막 층에는 커피숍이 있어.
  - 있잖아, 난 멤버십 카드가 있어서 할인을 받을 수가 있어.
  - 그래서 저녁식사 후에는, 난 항상 그곳에서 커피를 시켜.

- 음, 그래, 이게 **내가 좋아하는 레스토랑**에 대해서야.

어휘 및 표현

my favorite restaurant 내가 좋아하는 레스토랑   on weekdays 주중에   after dinner 저녁식사 후에
I always order a coffee there 난 항상 그 곳에서 커피를 주문해

독립공간 묘사 자주 가는 쇼핑몰 묘사

Q8 — 🎧 MP3 IM2_Q_8

I would like to ask you about your **favorite shopping mall.** Where is it located and what does it look like? Describe one of your favorite shopping malls in as much detail as possible.

당신이 좋아하는 쇼핑몰에 대해 묻고 싶습니다. 어디에 있나요? 어떻게 생겼나요? 당신이 좋아하는 쇼핑몰 중 한 곳에 대해 상세히 설명해주세요.

🎧 MP3 IM2_A_8

서론
시작문장/10%

본론
단락별 핵심문장/80%

결론
마무리문장/10%

- That's a good question, *my favorite shopping mall?* Sure, it's ABC shopping mall.

- **You know,** it's a 10-story building which is in the middle of the town.
  - You know, I think it's about 300m from my place.
  - And also, it is a new shopping mall, so the place is always filled with lots of people.

- **And um, on the first floor,** there are lots of clothing stores.
  - I usually buy clothes such as Jeans, T-shirts and stuff like that.

- **As you can expect, on the third floor,** there is a food court.
  - And I think it is one of the best food courts in Korea.
  - I mean, they have all kinds of food such as Korean, Mexican, Thai and so on.

- **Lastly, on the top floor,** there is a coffee shop and a cozy bar.
  - In fact, I love having coffee there because the atmosphere is excellent.

- **Well, okay Eva,** this is pretty much about *my favorite shopping mall.*

- 좋은 질문이야, **내가 좋아하는 쇼핑몰?** 물론이지, 그건 ABC 쇼핑몰이야.

- 있잖아, 쇼핑몰은 도심 중앙에 위치해 있는 10층 건물이야.
  - 있잖아, 내 생각엔 우리 집에서 대략 300미터 정도 걸려.
  - 그리고, 새로 생긴 쇼핑몰이기에 엄청 많은 사람들로 붐벼.

- 그리고 음, 1층에는 많은 옷 가게들이 있어.
  - 난 그곳에서 종종 바지, 티셔츠, 그리고 그 외에 것들을 구매해.

- 네가 예상하듯, 3층에는 푸드코트가 있어.
  - 그리고 내 생각엔 한국 최고의 푸드코트인 것 같아.
  - 내 말은, 푸드코트는 한식, 멕시칸, 태국 음식 등 모든 종류의 음식들을 제공해.

- 마지막으로, 마지막 층에는, 커피숍과 아늑한 바가 있어.
  - 실은, 난 그곳에서 커피 마시는 것을 즐겨.
  - 왜냐하면 분위기가 끝내 주거든.

- 음, 오케이, 에바, 이 정도면 **내가 좋아하는 쇼핑몰**에 대한 이야기로 충분해.

어휘 및 표현

my favorite shopping mall 내가 좋아하는 쇼핑 몰   10-story building 10층 건물   it is a new shopping mall 새로 생긴 쇼핑몰이야
I usually buy clothes 난 종종 옷을 사   one of the best food courts in Korea 한국에서 가장 최고의 푸드코트 중 하나
the atmosphere is excellent 분위기가 끝내 준다

독립공간 묘사 자주 가는 바 묘사

Q9
🎧 MP3 IM2_Q_9

You indicated in the survey that you go to **the bars.** Describe one of your favorite bars that you usually visit. What does it look like? Why do you like to visit that bar? Please tell me everything about that place in detail.

당신은 바에 간다고 했습니다. 당신이 방문하는 바 중 한 곳에 대해 묘사해주세요. 어떻게 생겼죠? 왜 그곳을 방문하시나요? 그 장소에 대해 상세히 설명해주세요.

🎧 MP3 IM2_A_9

서론
시작문장/10%

• Oh yeah, *my favorite bar?* You know, I love going to ABC lounge bar.

본론
단락별 핵심문장/80%

• **You know,** the bar is a 3-story building which is in the middle of the town.
  - And um, on the first floor, there is a reception desk.
  - Actually, you need a membership card to get in.

• **As you can expect, on the second and third floor,** there is a cozy bar.
  - I can see lots of people enjoying their free time.
  - In fact, I love meeting people there because I like socializing.
  - Actually, going to a bar is one of the best ways to make friends.

• **Also,** I enjoy listening to music at that bar.
  - Well, listening to music at a bar helps me release stress.

결론
마무리문장/10%

• **Well, okay Eva,** this is pretty much about *my favorite bar.*

- -

• 오 예, **내가 좋아하는 바?** 있잖아, 난 ABC 라운지 바를 좋아해.

• 있잖아, 바는 3층 건물이고 도심 중앙에 위치해 있어.
  - 그리고 음, 1층에는 리셉션 데스크가 있어.
  - 사실, 멤버십 카드가 있어야 출입이 가능해.

• 내가 예상하듯, 2층과 3층에는 아늑한 바가 있어.
  - 난 서로의 시간을 즐기는 많은 사람들을 볼 수 있어.
  - 사실, 난 사교적이기 때문에 그곳에서 사람들을 만나는 것을 좋아해.
  - 사실, 바에 가는 것이 친구를 사귀기 좋은 방법 중 하나이거든.

• 또한, 난 그 바에서 음악 듣는 것을 좋아해.
  - 음, 바에서 음악을 듣는 것이 스트레스 푸는 데 도움을 주거든.

• 음, 오케이 에바, 이 정도면 **내가 좋아하는 바**의 얘기로 충분한 것 같아. 고마워.

어휘 및 표현

my favorite bar 내가 좋아하는 바 **I love going to ~** ~가는 것을 좋아하다 **you need a membership card to get in** 입장하기 위해서 멤버십 카드가 필요하다 **I love meeting people there** 그 곳에서 사람 만나는 것을 좋아하다 **going to a bar** 바에 가는 것 **at that bar** 그 바에서

독립공간 묘사 자주 가는 은행 묘사

Q10 ───────────────

I would like to ask you about **the banks in your country.** What do they typically look like? Where are they usually located? Please tell me about the banks in your country.

당신 나라의 은행에 대해 묻고 싶습니다. 일반적으로 어떻게 생겼나요? 어디에 주로 위치해 있나요? 당신 나라 은행에 대해 상세히 설명해주세요.

서론
시작문장/10%

- <u>That's</u> a good question, *the <u>banks</u> in my country?* Sure, I got it.

본론
단락별 핵심문장/80%

- <u>Normally,</u> the banks in my country have <u>3</u> floors.
  - And <u>also</u>, they are <u>usually</u> located in the <u>middle</u> of the town.

- <u>Firstly,</u> **on the first floor,** there are <u>many</u> ATMs.
  - But you know, it is <u>always</u> filled with <u>lots</u> of people.

- <u>Secondly,</u> **on the second floor,** there are bank <u>tellers</u>.
  - When you go there in the <u>morning</u>, there is <u>absolutely</u> nobody around.
  - So, people prefer going to the banks in the <u>morning</u>.

결론
마무리문장/10%

- Um, <u>yeah,</u> this is about *the banks in my <u>country</u>.*

- -

- 좋은 질문이야, **우리나라 은행?** 물론이지.

- 일반적으로, 우리나라 은행은 3층으로 되어있어.
  - 그리고 은행은 대부분 도심 중앙에 위치해 있어.

- 첫 번째로, 1층에는 많은 ATM 기계들이 있어.
  - 하지만 있잖아, 항상 사람들로 붐벼.

- 두 번째로, 2층에는 은행원들이 있어.
  - 아침에 가면 전적으로 사람이 아무도 없어.
  - 그래서 사람들은 아침에 은행 가는 것을 선호해.

- 음 그래, 이게 **우리나라 은행**에 대한 전부야.

어휘 및 표현
the banks in my country 우리나라 은행　　Normally 일반적으로　　the banks in my country have 3 floors 우리 나라 은행은 3층으로 되어 있다
they are usually located~ 대부분 ~에 위치해 있다　　bank tellers 은행원들　　When you go there in the morning 아침에 가면
people prefer ~ 사람들은 ~하기를 선호한다

6강

유형 01 (묘사)

스크립트 훈련2

일반적 묘사 자주 듣는 음악과 좋아하는 가수

Q11 ——————————————————————————————— 🎧 MP3 IM2_Q_11

You indicated in the survey that you like **listening to music.** What kind of music do you listen to? Who are some of your favorite musicians or composers?

당신은 음악 듣는 것을 좋아한다고 했습니다. 어떤 종류의 음악을 좋아 하시나요? 좋아하는 가수 혹은 작곡가는 누구인 가요?

—— 🎧 MP3 IM2_A_11

서론
시작문장/10%

본론
단락별 핵심문장/80%

결론
마무리문장/10%

- Well, _music?_ You know, I listen to music in my <u>free</u> time.

- **In** <u>fact,</u> I love listening to <u>all</u> kinds of music.
  - But if I had to <u>choose</u> one, let's say <u>hip</u>-hop since it's getting <u>increasingly</u> popular.
  - <u>Plus,</u> listening to music helps me <u>release</u> stress.

- **When it comes to my favorite <u>singer,</u>** it <u>has</u> to be Eminem.
  - As I mentioned <u>before,</u> I love hip-hop.

- <u>Alright</u> Eva, this is <u>all</u> I can say about _my **favorite** music and a singer._ Thank you.

- -

- 음, **음악?** 있잖아, 난 쉬는 시간에 음악을 들어.

- 사실, 난 모든 종류의 음악 듣는 것을 좋아해.
  - 하지만 만약 하나를 골라야 한다면, 힙합이야. 왜냐하면 힙합은 엄청나게 유명해지고 있거든.
  - 또한 음악을 듣는 것은 스트레스 푸는 것에 도움을 많이 줘.

- 좋아하는 가수를 얘기한다면, 에미넴이야.
  - 내가 언급했듯, 난 힙합을 좋아해.

- 알겠어 에바, 이게 **내가 좋아하는 음악과 가수**야. 고마워.

어휘 및 표현
if I had to choose one 내가 하나를 골라야 한다면   **When it comes to ~** ~에 대해 얘기한다면   **it has to be ~** ~이어야만 해
As I mentioned before 내가 언급했듯

일반적 묘사 집 안의 가구 묘사

Q12 🎧 MP3 IM2_Q_12

What kind of **furniture** do you have at home? Tell me about different types of furniture at home. What is your favorite piece of furniture and why? Tell me in as much detail as possible.

당신 집에 어떤 가구가 있나요? 여러 종류의 가구에 대해 말해주세요. 당신이 좋아하는 가구는 무엇이며 이유는 무엇인 가요? 상세히 설명해주세요.

🎧 MP3 IM2_A_12

서론
시작문장/10%

• Oh yeah, _furniture at home?_ You know, I _love_ my couch.

본론
단락별 핵심문장/80%

• **You know,** my room is a _well_-known spot for just sitting and _relaxing_.
  - Because there is a _comfortable_ couch in my room.

• **Well,** sitting on the _couch_ helps me _release_ stress.
  - And _also_, I enjoy listening to _music_ there.
  - Plus, whenever I sit on the _couch_, it makes me feel _so_ great.

결론
마무리문장/10%

• **Well,** _okay_ Eva, this is _pretty_ much about _**my favorite** furniture._

- -

• 오 예, **우리 집 가구?** 있잖아, 난 내 소파를 좋아해.

• 있잖아, 내 방은 그냥 앉아서 쉬기 좋은 장소로 유명하거든.
  - 왜냐하면 내 방엔 편안한 소파가 있거든.

• 솔직히 말해서, 소파에 앉아있으면 스트레스가 풀려.
  - 그리고 또한, 난 소파에서 음악 듣는 것을 즐겨.
  - 그리고 소파에 앉아 있을 땐, 기분이 굉장히 좋아져.

• 음 오케이 에바, 이 정도면 **내가 좋아하는 가구**의 얘기로 충분한 것 같아.

어휘 및 표현
furniture at home 집안의 가구   **my couch** 내 소파   **there is a comfortable couch** 편안한 소파가 있다   **I sit on the couch** 소파에 앉다

일반적 묘사 우리나라 사람들의 패션 스타일

Q13 ───────────────────── 🎧 MP3 IM2_Q_13

I would like to ask you about **how people in your country dress.** What kind of clothes do they wear? Tell me about fashion styles in your country in as much detail as possible.

당신 나라 사람들이 옷을 어떻게 입는지 묻고 싶습니다. 어떤 옷들을 입나요? 당신 나라 사람들의 패션 스타일에 대해 말해주세요.

────────────────────── 🎧 MP3 IM2_A_13

서론
시작문장/10%

• <u>That's</u> a good question, *fashion <u>styles</u> in my country?* Sure, I got it.

본론
단락별 핵심문장/80%

• You know, <u>people</u> in my country wear all kinds of clothes such as <u>jackets</u>, skirts, sweaters and <u>so</u> on.
  - In <u>fact</u>, Koreans love going to <u>concerts</u> because they love music.
  - You know, listening to music helps people <u>release</u> stress.
  - So, when they go to <u>concerts</u>, they <u>usually</u> wear T-shirts and <u>Jeans</u>.

• And um, Koreans <u>enjoy</u> working out.
  - <u>So</u>, when they work out, they usually wear <u>gym</u> clothes.

결론
마무리문장/10%

• Well, <u>okay</u> Eva, this is <u>pretty</u> much about *fashion styles in my <u>country</u>.*

- -

• 좋은 질문이야, 우리나라 **패션 스타일?** 물론이지.

• 있잖아, 우리나라 사람들은 자켓, 스커트, 스웨터 등 모든 종류의 옷을 입어.
  - 실은, 한국 사람들은 음악을 좋아하기 때문에 콘서트 가는 것을 좋아해.
  - 있잖아, 음악 듣는 것은 스트레스를 풀 수 있잖아.
  - 그래서 그들이 콘서트를 갈 때면, 그들은 종종 티셔츠와 청바지를 입어.

• 그리고 음, 한국 사람들은 운동하는 것을 좋아해.
  - 그래서 그들이 운동을 할 때는, 그들은 종종 운동복을 입어.

• 음, 오케이 에바, 이게 우리나라 **패션 스타일**에 대한 얘기야.

어휘 및 표현

fashion styles in my country 우리나라 패션 스타일   wear all kinds of clothes 모든 종류의 옷을 입는다   jackets, skirts, sweaters and so on
자켓, 스커트, 스웨터 그리고 등등   Koreans love going to concerts 한국사람들은 콘서트 가는 것을 좋아한다   when they go to concerts
그들이 콘서트를 갈 때   T-shirts and Jeans 티셔츠와 청바지   Koreans enjoy working out 한국사람들은 운동하는 것을 좋아한다
when they work out 그들이 운동할 때   gym clothes 운동복

일반적 묘사 알고 있는 건강한 사람 묘사

Q14 ———————————————— 🎧 MP3 IM2_Q_14

I'd like you to describe **a healthy person you know of.** Who is he or she? What makes that person healthy? Why do you think that way? Please tell me everything about the things that make that person healthy.

당신이 알고 있는 건강한 사람을 묘사해주세요. 누구입니까? 무엇이 그 사람을 건강하게 만들죠? 왜 그렇게 생각하나요? 그 사람을 건강하게 만드는 모든 것들에 대해 모두 말해주세요.

———————————————— 🎧 MP3 IM2_A_14

서론
시작문장/10%

• Oh yeah, *a healthy person?* You know, it <u>has</u> to be my friend <u>Jean</u>.

본론
단락별 핵심문장/80%

• **You know,** he's an <u>outgoing</u> person, and likes <u>socializing</u>.
 - And he <u>also</u> enjoys working out cuz it keeps him <u>fit</u>.

• **Moreover,** he usually goes to the park to <u>run</u>.
 - Because there is a <u>huge</u> running track in the <u>park</u>.
 - You know, he <u>goes</u> to the park at night because, there is <u>absolutely</u> nobody around at night.

• **Also,** I run with him in the <u>park</u>.
 - Because I <u>need</u> to lose weight.

결론
마무리문장/10%

• **Alright** Eva, this is <u>all</u> I can say about *a healthy person I know.* Thank you.

• 오 예, **건강한 사람?** 있잖아, 그렇다면 그건 내 친구 Jean이야.

• 있잖아, 그는 굉장히 활발하고 사교적이야.
 - 그리고 그는 건강을 유지하기 위해서 운동하는 것을 좋아해.

• 게다가, 그는 종종 공원에 뛰러 가.
 - 왜냐하면 공원에는 엄청 큰 러닝 트랙이 있거든.
 - 있잖아, 그는 밤에 공원을 가, 왜냐하면 밤에는 전적으로 아무도 없거든.

• 또한, 난 그와 함께 공원에서 뛰어.
 - 왜냐하면 난 다이어트를 해야 하거든.

• 알겠어 에바, 이게 **내가 아는 건강한 사람**에 대한 얘기야. 고마워.

어휘 및 표현
a healthy person 건강한 사람   it has to be ~ ~이어야만 해   he usually goes to the park to run 그는 공원에 뛰러 간다
I run with him 난 그와 함께 뛴다

일반적 묘사 우리 나라 사람들이 이용하는 교통 수단 묘사

Q15

🎧 MP3 IM2_Q_15

How do people in your country move around? What **type of transportation** do people usually use? Why do they use that type of transportation? Please tell me how people move around.

당신 나라 사람들은 어떻게 이동을 하나요? 사람들은 어떤 교통 수단을 이용하나요? 왜 그런 종류의 교통을 이용하나요? 이용하는 교통수단에 대해 말해주세요.

🎧 MP3 IM2_A_15

서론
시작문장/10%

본론
단락별 핵심문장/80%

결론
마무리문장/10%

- <u>That's</u> a good question, *type of <u>transportation</u>?* Sure, I got it.

- <u>Frankly</u> speaking, people prefer taking the <u>bus</u>.
  - Because it is very <u>cheap</u> and <u>reliable</u>.
  - But, you know, the buses are <u>always</u> filled with <u>lots</u> of people.

- **So,** some people prefer taking <u>cabs</u>.
  - You know, it is <u>very</u> comfortable and fast.
  - I <u>also</u> take a cab since I have a student <u>ID</u> card.
  - I mean, in <u>Korea</u>, we can get a <u>discount</u> if <u>we</u> have student ID cards.

- <u>Alright Eva,</u> this is <u>all</u> I can say about ***the type of <u>transportation</u> in Korea.*** Thank you.

- 좋은 질문이야, **교통수단의 종류?** 물론이지.

- 솔직히 말해서, 사람들은 버스 이용하는 것을 선호해.
  - 이유는 굉장히 저렴하고 믿을 수 있거든.
  - 하지만 있잖아, 버스는 항상 많은 사람들로 가득 차 있어.

- 그래서, 일부의 사람들은 택시 타는 것을 선호해.
  - 있잖아, 택시는 굉장히 편하고 빠르거든.
  - 나 또한 택시를 타. 왜냐하면 학생증이 있거든.
  - 내 말은, 한국은 학생증이 있으면 할인을 받을 수 있어.

- 알겠어 에바, 이게 내가 말할 수 있는 **한국의 교통수단 종류**야. 고마워.

어휘 및 표현

type of transportation 교통 수단 종류   **people prefer taking the bus** 사람들은 버스 타는 것을 선호한다
it is very cheap and reliable 굉장히 저렴하고 믿을 수 있다   **some people** 일부의 사람들   **I also take a cab** 나 또한 택시를 탄다
if we have student ID cards 만약 우리가 학생증이 있다면

일반적 묘사 우리 나라의 재활용 묘사

Q16 ——— 🎧 MP3 IM2_Q_16

I would like to ask you about **how recycling is practiced in your country.** What do people especially do? Please tell me about all the different kinds of items that you recycle.

당신 나라의 재활용은 어떠한 식으로 되어있는지 알고 싶습니다. 사람들은 어떻게 재활용을 하나요? 사람들이 재활용하는 모든 품목에 대해 말해주세요.

🎧 MP3 IM2_A_16

서론
시작문장/10%

- Well, *how <u>recycling</u> is practiced in my country?* You know, people in my country recycle on <u>Monday</u> and Tuesday.

본론
단락별 핵심문장/80%

- As <u>I</u> mentioned <u>before,</u> people recycle on <u>Monday</u> and Tuesday.
  - You know, <u>recycling</u> policy is <u>pretty</u> strict in Korea.

- <u>First of all,</u> people recycle trash such as paper and glass on <u>Monday</u>.
  - <u>Actually</u>, there are <u>lots</u> of recycling centers in Korea.
  - And people prefer going there at <u>night</u> because there is <u>absolutely</u> nobody around at night.

- And <u>then,</u> people recycle <u>plastic</u>, metal and cans on <u>Tuesday.</u>

결론
마무리문장/10%

- <u>Alright Eva,</u> this is <u>all</u> I can say about *how <u>people</u> recycle in my country.* Thank you.

- -

- 음, 우리나라 재활용이 어떻게 적용되고 있냐고? 있잖아, 우리나라 사람들은 월요일과 화요일에 재활용을 해.

- 내가 언급했듯, 사람들은 월요일과 화요일에 재활용을 해.
  - 있잖아, 한국의 재활용 정책은 굉장히 엄격해.

- 첫 번째로, 사람들은 종이와 유리를 월요일에 재활용해.
  - 사실, 한국에는 많은 재활용 센터들이 있어.
  - 그리고 사람들은 그곳에 밤에 가는 것을 선호해. 왜냐하면 밤에 가면 전적으로 아무도 없거든.

- 그러고는, 사람들은 화요일에 플라스틱, 고철 그리고 캔류를 재활용해.

- 알겠어, 에바, **우리나라 사람들이 재활용하는 방법**에 대해서 이 정도면 될 것 같아. 고마워.

어휘 및 표현
how recycling is practiced in my country? 우리나라 재활용이 어떻게 적용되고 있냐고?   on Monday and Tuesday 월요일과 화요일
As I mentioned before 내가 언급했듯   recycling policy 재활용 정책   pretty strict 매우 까다롭다/굉장히 엄격하다
there are lots of recycling centers 많은 재활용 센터들이 있어   recycle plastic, metal and cans 플라스틱, 고철 그리고 캔류를 재활용하다

일반적 묘사 사람들이 인터넷으로 하는 활동 묘사

Q17 ━━━━━━━━━━━━━━━━━━━━━━━━━━━━━━━ 🎧 MP3 IM2_Q_17

What do people normally **do on the Internet?** Do they play games, listen to music, or watch movies? Please tell me about the things people do online.

사람들은 인터넷으로 보통 어떤 것들을 하나요? 게임을 하나요? 음악을 듣나요? 혹은 영화를 보나요? 사람들이 인터넷으로 하는 것들에 대해 말해주세요.

━━━━━━━━━━━━━━━━━━━━━━━━━━━━━━━━━ 🎧 MP3 IM2_A_17

서론
시작문장/10%

• Oh yeah, *what do <u>people</u> do on the Internet?* You know, they do <u>lots</u> of things on the Internet.

본론
단락별 핵심문장/80%

• <u>First</u> of all, people love watching <u>all</u> kinds of movies on the Internet.
  - Well, <u>watching</u> movies on the Internet helps people <u>release</u> stress.

• <u>Also,</u> people enjoy listening to <u>music</u> on the Internet.
  - You know, many people listen to <u>K-POP</u> since it's getting <u>increasingly</u> popular.

• **When it comes to <u>games</u>,** people prefer watching <u>video</u> games on <u>YOUTUBE</u>.

결론
마무리문장/10%

• Um, <u>yeah,</u> this is about *what <u>people</u> do on the Internet.*

- -

• 오 예, **사람들이 인터넷으로 하는 것들?** 있잖아, 그들은 인터넷으로 많은 것들을 해.

• 첫 번째로, 사람들은 인터넷으로 모든 종류의 영화 보는 것을 좋아해.
  - 음, 인터넷으로 영화를 보는 것은 스트레스를 풀게 해줘.

• 또한, 사람들은 인터넷으로 음악 듣는 것을 즐겨.
  - 있잖아, 많은 사람들은 K-POP이 엄청나게 유명해지고 있기 때문에 그 음악을 들어.

• 게임에 대해 말한다면, 사람들은 유튜브를 통해서 비디오 게임 시청하는 것을 선호해.

• 음, 그래, 이게 **사람들이 인터넷으로 하는 것들**이야.

━━━

어휘 및 표현
what people do on the Internet 사람들이 인터넷으로 하는 것들   they do lots of things 그들은 많은 것들을 해   on the Internet 인터넷으로
people prefer watching video games 사람들은 비디오 게임 보는 것을 선호해   on YOUTUBE 유튜브로

일반적 묘사 자주 하는 전화 통화 주제 묘사

Q18 ──────────────────── 🎧 MP3 IM2_Q_18

I would like to ask you about **phone calls that you usually make.** Do you usually call your parents or friends? What kind of topics do you talk about with them? Please tell me in detail.

당신이 자주 하는 전화통화에 대해 묻고 싶습니다. 당신은 종종 부모님 혹은 친구들에게 전화를 하나요? 그들과 어떠한 이야기들에 대해서 통화하나요? 상세히 말해주세요.

──────────────────── 🎧 MP3 IM2_A_18

서론
시작문장/10%

- <u>That's</u> a good question, *phone calls that I <u>usually</u> make?* Sure, I got it.

본론
단락별 핵심문장/80%

- <u>Actually,</u> I love watching <u>all</u> kinds of movies.
- So, I <u>usually</u> talk about movies with my friends on the <u>phone</u>.

- <u>Also,</u> I enjoy working out at the <u>park</u> cuz it keeps me fit.
  - So, we talk about the <u>park</u> on the phone.
  - And <u>also</u>, the park is a <u>well</u>-known spot for just sitting and <u>relaxing</u>.

결론
마무리문장/10%

- <u>Alright Eva,</u> this is <u>all</u> I can say about *the phone calls that I <u>usually</u> make.* Thank you.

- -

- 좋은 질문이야, **내가 자주 하는 전화 통화?** 물론이지.

- 사실, 난 모든 종류의 영화를 보는 것을 좋아해.
  - 그래서 난 종종 친구와 영화에 대해 통화하곤 해.

- 또한, 난 공원에 가는 것을 즐겨. 왜냐하면 날 건강하게 해주거든.
  - 그래서 우린 공원에 대해 통화를 해.
  - 그리고, 공원은 그냥 앉아서 쉬기 굉장히 좋은 장소야.

- 알겠어 에바, 이게 내가 **자주 하는 전화 통화**에 대한 얘기야. 고마워.

어휘 및 표현
the phone calls that I usually make 내가 자주하는 전화통화   I usually talk about movies 난 종종 영화에 대해 얘기해   on the phone 전화로

일반적 묘사 우리나라 휴일 묘사

Q19 ───────────────────────── 🎧 MP3 IM2_Q_19

Please tell me about **some holidays in your country.** What do people in your country do to celebrate these holidays? Please tell me details.

당신 나라의 휴일에 대해 말해주세요. 사람들은 그 휴일들을 축하하기 위해 무엇을 하나요? 상세히 말해주세요.

─────────────────────────────── 🎧 MP3 IM2_A_19

서론
시작문장/10%

본론
단락별 핵심문장/80%

결론
마무리문장/10%

• Well, *some <u>holidays</u> in my country?* You know, I want to tell you about <u>Christmas</u>.

• <u>Actually,</u> in Korea, <u>Christmas</u> is getting <u>increasingly</u> popular.
  - Because Koreans love <u>winter</u>.

• <u>First of all,</u> Koreans usually go to the <u>mountains</u> on Christmas.
  - Because mountains are <u>undeniably</u> beautiful during winter.
  - So, the mountains are <u>always</u> filled with <u>lots</u> of people on Christmas.
  - And I can see <u>lots</u> of people enjoying their holiday.

• Well, <u>okay</u> Eva, this is <u>pretty</u> much about *a holiday in my <u>country</u>.*

- -

• 음, **우리나라 휴일들?** 있잖아, 난 크리스마스에 대해 말해줄게.

• 사실, 한국은 크리스마스가 엄청 유명해지고 있어.
  - 왜냐하면 한국 사람들은 겨울을 사랑하거든.

• 첫 번째로, 한국 사람들은 크리스마스에 산을 자주 가.
  - 왜냐하면 겨울의 산은 엄청나게 아름답거든.
  - 그래서 크리스마스에 산에 가면 항상 사람들로 가득 차 있어.
  - 그리고 난 휴일을 즐기는 많은 사람들을 볼 수 있어.

• 음, 오케이 에바, 이 정도가 **우리나라 휴일**에 대해서 충분한 것 같아.

어휘 및 표현
some holidays in my country 우리 나라 휴일들   I want to tell you about~ ~에 대해 말하고 싶어
Koreans love winter 한국사람들은 겨울을 사랑해   on Christmas 크리스마스에   during winter 겨울에

일반적 묘사 <small>가족 혹은 친구 묘사</small>

Q20 ──────── 🎧 MP3 IM2_Q_20

I would like you to **describe one of your family members or friends.** What is he or she like? What is special about that person?

당신의 가족 혹은 친구에 대해 묘사해주세요. 어떻게 생겼나요? 그 사람에 대해 특별한 부분은 무엇인가요?

🎧 MP3 IM2_A_20

서론
시작문장/10%

• Oh yeah, *my friend?* You know, I love my friend Chris.

본론
단락별 핵심문장/80%

• **You know,** he's an outgoing person, and likes socializing.
  - Also, he is one of the good-looking guys.

• Moreover, he enjoys working out in the park.
  - You know, in the park, people come out to play sports, listen to music and stuff like that.
  - As I mentioned before, he likes socializing.
  - So, he plays sports with people in the park.
  - Actually, I think it's one of the best ways to make friends.

결론
마무리문장/10%

• Um, yeah, this is about *my friend Chris.*

- -

• 오 예, **내 친구?** 있잖아, 난 내 친구 Chris를 사랑해.

• 있잖아, 그는 활발하고 사교적인 친구야.
  - 또한 잘생겼어.

• 게다가, 그는 공원에서 운동하는 것을 좋아해.
  - 있잖아, 공원에는, 사람들이 나와서 운동을 하거나, 음악을 듣거나 해.
  - 내가 언급했듯, 그는 사교적이야.
  - 그래서 그는 공원에서 사람들과 운동을 해.
  - 사실, 내 생각엔 그게 친구를 사귀기 좋은 방법 중 하나인 듯해.

• 음, 그래, 이게 **내 친구 Chris**에 대한 얘기야.

어휘 및 표현
I love my friend 난 내 친구를 사랑해   **he is one of the good-looking guys** 그는 잘생긴 남자 중 한명이야   **one of the ~** ~중 하나
As I mentioned before 내가 언급했듯

7강

유형 02 (세부묘사)

이론

세부묘사의 이해

OPIc 질문들은 콤보 형태로 나온다고 했죠?
난이도에 따라 질문의 유형도 달라진다고 했습니다.(OPIc의 이해 – 유형별 문제 설명 p13 참조)
세부묘사는 묘사 질문 뒤에 출제되며 난이도 3 or 4 선택 시, 3번과 6번에 출제됩니다.
세부묘사 질문 종류는 흔히 하는 일, 취향변화, 준비물, 방법, 계기 등이 있습니다.

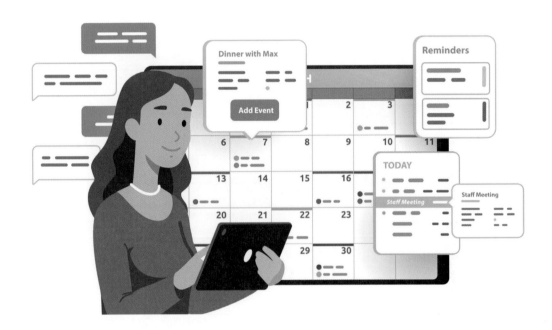

세부묘사가 나오는 질문 번호를 외우세요!
IM2 등급 목표 시, 난이도 4으로 설정하시면, 세부묘사는 총 2문제 출제!

세부묘사의 종류

세부묘사는 바로 앞에 출제된 '묘사' 질문의 세부적인 질문입니다.
자주 출제되는 세부 묘사 질문의 종류는 아래와 같습니다.

일반	➡	앞의 묘사 문제에서 조금 더 Detail한 질문 (6하 원칙으로 질문)
루틴	➡	공원, 헬스장, 여행 등 해당 장소에서 하는 행동의 순서 설명
비교	➡	토픽(ex. 음악 등)의 전과 후 행동 및 취향 변화 설명
시작 계기	➡	토픽(ex. 조깅, 걷기 등)을 시작하게 된 계기에 대한 설명
준비물	➡	토픽(ex. 여행, 운동 등)을 시작하기 전의 준비 단계 및 준비물에 대한 설명
장단점	➡	토픽(ex. 기기사용 등)을 사용함에 있어 장점과 단점에 대한 설명
이슈, 뉴스	➡	토픽(ex. 산업, 전자기기기 등)의 현재 이슈 혹은 뉴스 관련 설명

 문제를 집중하여 듣고, 키워드를 캐치한 후, 배운 묘사 문장을 최대한 활용!

세부묘사의 답변 Format

세부묘사는 앞의 '묘사' 질문에 대한 세부적인 설명으로 간략하지만 앞의 '묘사' 답변과 연결성 있는 체계적인 답변 Format이 필요합니다.

서론
Introduction
답변비중 **10%**

시작 문장

- 질문에서 물어본 부분(키워드 포함)의 포괄적인 답변 1 – 2줄!
- 면접관에게 답변을 시작한단 느낌을 전달!

본론
Body
답변비중 **80%**

단락 별 핵심 문장

- 질문에 부합하는 진짜녀석들 OPIc 묘사 암기문장 (2-3문장)
- 암기문장 뒷받침 하는 본인 실력 문장 (1-3문장)
- 질문의 '키워드' 필수 포함

결론
Conclusion
답변비중 **10%**

마무리 문장

- 질문의 키워드를 필히 포함하여 깔끔하게 한 줄!
- 면접관에게 답변을 끝낸다는 느낌을 전달!

세부묘사의 암기문장 – 본론(단락 별 핵심 암기 문장)

정확한 세부묘사의 답변 제공을 위하여 본론에 필요한 암기문장을 제공합니다.

본론 – 단락별 핵심

- 내가 어렸을 땐, 난 하곤 했어 **원룸에 사는 것**을, 하지만 지금은 난 **3층 집에 살아**.
  When I was little, I used to **live in a studio apartment**, but now I **live in a 3-story house**.

- **콘서트 전에는**, 난 **레스토랑에 가서 밥을 먹어**, 그리고 **콘서트** 후에는, **맥주를 마셔** 친구들과 함께.
  Before **the concert**, I **eat out at a restaurant** and after **the concert**, I **grab a beer** with my friends.

- 솔직히 말해서, 가장 큰 문제는 **티켓 가격**이야.
  Frankly speaking, the main problem facing us is **the ticket price**.

- 사실, **문제를 해결하기 위해선**, 우린 **보다 더 조심**해야 해.
  Well, in order to **fix the problem**, we need to **be more careful**.

- **음악에 대해서 말하자면**, 난 노력해 **들으려고 많은 종류의 음악**을.
  When it comes to **music**, I try to **listen to various types of music**.

세부묘사 답변 준비 – 시험화면

난이도 4 설정 시, 묘사가 나오는 번호를 실제 시험화면으로 익숙해져야 합니다.

난이도 4 설정 시, 묘사 질문은 총 2문제(3, 6번)가 출제됩니다.

1. 세부묘사 질문의 'Play' 버튼 클릭 전, 어떤 토픽의 세부 묘사임을 인지합니다.

2. 이미 선택, 사용한 진짜녀석들 OPIc 묘사 종류 중 하나 및 세부묘사 암기문장을 생각합니다.

3. 'Play' 버튼 클릭 후, 첫 번째 문제에서 세부묘사의 키워드를 집중해서 듣습니다.

4. 'Replay' 버튼 클릭 후, 두 번째 문제는 듣지 않고 사용할 세부묘사 문장을 생각합니다.

5. 오른쪽 상단의 'Recording' 버튼 생성 시, '세부묘사 답변 Format' 대로 답변합니다.

 이미 어떤 토픽인지 인지하고 있으므로 문제의 키워드 캐치에 초 집중!

8강

유형 02 (세부묘사)

암기문장 활용

used to

시간전치사

Frankly speaking

In order to~

When it comes to~

세부묘사의 암기문장　used to

세부묘사의 문법을 정확히 배우고 응용해 보세요.

When I was little, I used to live in a studio apartment, but now I live in a 3-story house.

• [특수조동사] used to : ~하곤 했었다

01. **'used to'**는 **과거시제**에만 사용되며, **과거의 상태나 습관**을 표현
02. **'~하곤 했었다'**로 해석되어 과거에는 했지만 현재는 아닌 상태
03. **'used to'**다음에는 반드시 **동사원형**을 취급
04. 'be used to'와 헷갈리지 않도록 주의!

사용 방법

used to + 동사원형

* 부정문으로 만들 경우, 형태 변화에 주의, didn't + use to + 동사원형

활용 및 응용

• I used to live in a studio apartment, but now I live in a 3-story house.

• We used to go to the beach every weekend.

• People didn't use to recycle carefully.

MEMO

세부묘사의 암기문장　시간전치사

세부묘사의 문법을 정확히 배우고 응용해 보세요.

Before the concert, I eat out at a restaurant and after the concert, I grab a beer with my friends.

• [시간전치사] before : ~전에 / after : ~후에

01. 'before', 'after'는 <u>전치사</u>와 <u>접속사</u>로 사용 가능
02. 단어 뒤에 **'명사'**가 오면 **전치사**, **'주어+동사'** 문장이 오면 **접속사**
03. 보통 시간의 전후에 대한 내용을 표현

사용 방법

before/after + 명사

활용 및 응용

• Before the concert, I eat out at a restaurant and after the concert, I grab a beer with my friends.

• People usually go shopping before Thanksgiving Day.

• I love to have some beer after a stressful day.

MEMO

세부묘사의 암기문장 Frankly speaking

세부묘사의 문법을 정확히 배우고 응용해 보세요.

Frankly speaking, the main problem facing us is the ticket price.

• [Frankly speaking] : 솔직히 말하자면

01.   한국어로 말을 할 때 문장 전에 추임새처럼 나오는 표현이 있듯이 영어에서도 자연스럽게 나오는 표현 중 하나
02.   실제로 '**솔직한**' 내용을 전달할 때도 쓰이지만, 큰 의미 없이 문장 시작 전에 버릇처럼 사용하기도 함
03.   동일한 표현으로는 : honestly, honestly speaking, actually 등

사용 방법

본 문장 말하기 전에 추임새처럼 사용

= honestly, honestly speaking, actually 등

활용 및 응용

• Frankly speaking, the main problem facing us is the ticket price.

• Actually, I love dancing while listening to K-POP.

• Honestly, I don't understand why people smoke.

MEMO

세부묘사의 암기문장   In order to~

세부묘사의 문법을 정확히 배우고 응용해 보세요.

Well, in order to fix the problem, we need to be more careful.

• [숙어] in order to : ~하기 위해서

01. 'in order to'는 '~하기 위해서'로 해석되어 **어떤 일의 목적**을 표현

02. 'in order to' 다음에는 반드시 **동사 원형**

03. 숙어에 사용된 전치사를 헷갈리지 않도록 주의!

04. '~**하지 않기 위해서**'처럼 부정문으로 만들 때는 '**in order not to**'

사용 방법

in order to + 동사원형

* 부정문: in order not to + 동사원형

활용 및 응용

• In order to fix the problem, we need to be more careful.

• People work out in order to get in shape.

• I cancelled the meeting in order not to miss the party.

MEMO

세부묘사의 암기문장　When it comes to~

세부묘사의 문법을 정확히 배우고 응용해 보세요.

When it comes to music, I try to listen to various types of music.

• [When it comes to + 명사] : ~에 대해 말하자면

01.　답변 발화시 **'키워드'**를 <u>언급</u>하기 좋은 표현!

02.　'When it comes to' 의 **'to'**는 **전치사**이므로 반드시 **명사**나 **동명사**만 취급

03.　동일한 표현으로는 : speaking of, in terms of, regarding 등

사용 방법

When it comes to + 명사/동명사

= speaking of, in terms of, regarding 등

활용 및 응용

• When it comes to music, I try to listen to various types of music.

• In terms of my house, it's a gorgeous mansion.

• Speaking of losing something, I remember when I lost my cell phone.

MEMO

9강

유형 02 (세부묘사)

암기문장 쉐도잉

1단계 : 사전학습

2단계 : 딕테이션

3단계 : 문장 끊어 읽기

4단계 : 전체 문장 읽기

5단계 : 반복 학습

암기문장 쉐도잉

암기문장 쉐도잉은 총 5단계로 나누어져 있습니다.
진짜녀석들 OPIc의 암기문장을 반복듣기 하면서 쉐도잉을 진행합니다.

1단계 **사전학습**	문장을 들은 후, 주어진 암기문장을 억양, 강세를 고려하여 큰소리로 읽습니다. ex.) Actually, **It** is incredibly **beautiful** and **peaceful.**
2단계 **딕테이션**	문장을 들은 후, 밑줄 친 부분을 적습니다. ex.) Actually, ＿＿ is incredibly ＿＿＿＿＿＿ and ＿＿＿＿＿＿.
3단계 **문장 끊어 읽기**	문장을 들은 후, 청크 단위로 끊어 읽어 봅니다. ex.) Actually, / **It** is incredibly **beautiful** / and **peaceful.**
4단계 **전체 문장 읽기**	문장을 들은 후, 3단계를 여러 번 반복한 후, 전체 문장을 한숨에 읽어 봅니다. ex.) Actually, **It** is incredibly **beautiful** and **peaceful.**
5단계 **반복학습**	위 단계를 반복하여, 영어의 어순으로 된 한글 해석을 보며, 쉐도잉 연습을 합니다. ex.) 사실, **그곳은** 숨막히게 **아름다워** 그리고 **평화로워.**

암기문장 쉐도잉

세부묘사 문장의 쉐도잉 연습을 하세요.

🎧 MP3 IM2_37~41

1단계 : 사전학습

문장을 들은 후, 주어진 암기문장을 억양, 강세를 고려하여 큰소리로 읽습니다.

🎧 **IM2_37** • When I was little, I used to <u>live in a studio apartment</u>, but now I <u>live in a 3-story house</u>.

🎧 **IM2_38** • Before <u>the concert</u>, I <u>eat out at a restaurant</u> and after <u>the concert</u>, I <u>grab a beer</u> with my friends.

🎧 **IM2_39** • Frankly speaking, the main problem facing us is <u>the ticket price</u>.

🎧 **IM2_40** • Well, in order to <u>fix the problem</u>, we need to <u>be more careful</u>.

🎧 **IM2_41** • When it comes to <u>music</u>, I try to <u>listen to various types of music</u>.

2단계 : 딕테이션

문장을 들은 후, 밑줄 친 부분을 적습니다.

• When I was little, I used to _____, but now I _____.

• Before _____, I _____ and after _____, I _____ with my friends.

• Frankly speaking, the main problem facing us is _____.

• Well, in order to _____, we need to _____.

• When it comes to _____, I try to _____.

3단계 : 문장 끊어 읽기

문장을 들은 후, 청크 단위로 끊어 읽어 봅니다.

• When I was little, **/** I used to <u>live</u> **/** <u>in a studio apartment</u>, but now I **/** <u>live in a 3-story house</u>.

• Before <u>the concert</u>, **/** I <u>eat out at a restaurant</u> **/** and after <u>the concert</u>, **/** I <u>grab a beer</u> with my friends.

• Frankly speaking, **/** the main problem facing us is <u>the</u> **/** <u>ticket price</u>.

• Well, in order to <u>fix the problem</u>, **/** we need to <u>be more careful</u>.

• When it comes to <u>music</u>, **/** I try to <u>listen to</u> **/** <u>various types of music</u>.

암기문장 쉐도잉

세부묘사 문장의 쉐도잉 연습을 하세요.

🎧 **MP3 IM2_37~41**

4단계 : 전체 문장 읽기

문장을 들은 후, 3단계를 여러 번 반복한 후, 전체 문장을 한숨에 읽어 봅니다.

- When I was little, I used to <u>live in a studio apartment,</u> but now I <u>live in a 3-story house</u>.
- Before <u>the concert,</u> I <u>eat out at a restaurant</u> and after <u>the concert,</u> I <u>grab a beer</u> with my friends.
- <u>Frankly speaking,</u> the main problem facing us is <u>the ticket price</u>.
- Well, in order to <u>fix the problem,</u> we need to <u>be more careful</u>.
- When it comes to <u>music,</u> I try to <u>listen to various types of music</u>.

5단계 : 반복 학습

위 단계를 반복하여, 영어의 어순으로 된 한글 해석을 보며, 쉐도잉 연습을 합니다.

- 내가 어렸을 땐, 난 하곤 했어 **원룸에 사는 것**을, 하지만 지금은 난 **3층 집에 살아**.
- **콘서트** 전에는, 난 **레스토랑에 가서 밥을 먹어**, 그리고 **콘서트** 후에는, **맥주를 마셔** 친구들과 함께.
- 솔직히 말해서, 가장 큰 문제는 **티켓 가격**이야.
- 사실, **문제를 해결**하기 위해선, 우린 **보다 더 조심**해야 해.
- **음악**에 대해서 말하자면, 난 노력해 **들으려고 많은 종류의 음악을**.

10강

유형 02 (세부묘사)

리스닝 훈련

세부묘사 질문 리스트

세부묘사

세부묘사 질문 리스트

진짜녀석들 OPIc에서 제공하는 다양한 세부묘사 질문들의 MP3를 듣고 키워드 캐치를 훈련하세요.

하는 일
바에 가서 하는 일

I would like to know **what you usually do** when you go to the bars. Who do you usually go with? When do you go to the bars? What do you usually do at the bars?

하는 일
공원에서 하는 일

What do you usually do when you go to the park? What kind of activities do you do? Who do you usually go with and why?

하는 일
집에서 하는 일

I would like to ask you **the things that you do at home.** What is your normal daily routine at home?

사용
매일 사용하는 전자기기

What kind of technology do you use in your day to day life? Do you use computers or cell phones? Tell me about how technology helps you in your daily life.

유지 방법
건강하기 위해 하는 것들

Now, tell me about **things that you usually do to stay healthy.** For example, do you eat any healthy food, or do you work out everyday?

전과 후
콘서트 전과 후의 행동

Tell me about the typical day when you go to a concert. What do you do **before and after the concert?**

준비물
여행 시, 준비물

When you plan to go on a trip, what kinds of things do you **usually prepare?** What items do you put in your bag?

비교
음악 혹은 가수 비교

Think about two different types of music or singers you like. What are **the differences between them?** How do you feel when you listen to each type of music?

비교
예전과 지금 집 비교

Think about the time when you first moved into your house. How has your **house changed since then?**

계기
인터넷 처음 사용 계기

I would like to ask you **how you got to use that website** in the first place. Who introduced you to that website? What was the first thing you did on that website?

세부묘사

진짜녀석들 OPIc에서 제공하는 다양한 세부묘사 질문들의 MP3를 듣고 키워드 캐치를 훈련하세요.

🎧 MP3 IM2_Q_21

서베이 / 술집,바

바에서 하는 일

I would like to know what you usually do when you go to the bars. Who do you usually go with? When do you go to the bars? What do you usually do at the bars?

/ KEYWORD

🎧 MP3 IM2_Q_22

서베이 / 공원

공원에서 하는 일

What do you usually do when you go to the park? What kind of activities do you do? Who do you usually go with and why?

/ KEYWORD

🎧 MP3 IM2_Q_23

서베이 / 거주지

집에서 하는 일

I would like to ask you the things that you do at home. What is your normal daily routine at home?

/ KEYWORD

🎧 MP3 IM2_Q_24

돌발 / 전자기기

매일 사용하는 전자기기

What kind of technology do you use in your day to day life? Do you use computers or cell phones? Tell me about how technology helps you in your daily life.

/ KEYWORD

🎧 MP3 IM2_Q_25

돌발 / 건강

건강하기 위해 하는 것들

Now, tell me about things that you usually do to stay healthy. For example, do you eat any healthy food, or do you work out everyday?

/ KEYWORD

세부묘사

진짜녀석들 OPIc에서 제공하는 다양한 세부묘사 질문들의 MP3를 듣고 키워드 캐치를 훈련하세요.

🎧 MP3 IM2_Q_26

서베이 / 콘서트

콘서트 전과 후의 행동

Tell me about the typical day when you go to a concert. What do you do before and after the concert?

/ KEYWORD

🎧 MP3 IM2_Q_27

서베이 / 여행

여행 준비물

When you plan to go on a trip, what kinds of things do you usually prepare? What items do you put in your bag?

/ KEYWORD

🎧 MP3 IM2_Q_28

서베이 / 음악

음악 혹은 가수 비교

Think about two different types of music or singers you like. What are the differences between them? How do you feel when you listen to each type of music?

/ KEYWORD

🎧 MP3 IM2_Q_29

서베이 / 거주지

예전과 지금 집 비교

Think about the time when you first moved into your house. How has your house changed since then?

/ KEYWORD

🎧 MP3 IM2_Q_30

돌발 / 인터넷

인터넷 처음 사용 계기

I would like to ask you how you got to use that website in the first place. Who introduced you to that website? What was the first thing you did on that website?

/ KEYWORD

11강

유형 02 (세부묘사)

스크립트 훈련

세부묘사 바에서 하는 활동들

Q21 ────────────────────────────────── 🎧 MP3 IM2_Q_21

I would like to know **what you usually do** when you go to the bars. Who do you usually go with? When do you go to the bars? What do you usually do at the bars?

당신이 바에 갈 때, 주로 무엇을 하는지 알고 싶습니다. 누구와 함께 가나요? 언제 가나요? 바에서 무엇을 주로 하나요?

── 🎧 MP3 IM2_A_21

서론
시작문장/10%

- <u>That's</u> a good question! *What do I do at the bar?* Sure, I usually go to <u>ABC</u> lounge bar.

본론
단락별 핵심문장/80%

- **You know,** I think the bar is about <u>2</u>km from my place.
  - <u>Actually,</u> ABC lounge bar is a <u>well</u>-known spot for couples.
  - Because the atmosphere is <u>excellent</u>.
  - So, I can see <u>lots</u> of couples enjoying their <u>free</u> time at the bar.

- **Well,** I <u>usually</u> go to the bar with my friend <u>Rachel</u>.
  - As I mentioned <u>before</u>, she is an <u>outgoing</u> person, and likes <u>socializing</u>.
  - So, whenever I'm with <u>her</u>, it's <u>so</u> much fun.

- **Moreover,** I enjoy listening to <u>music</u> at the bar.
  - <u>Actually,</u> it's one of the <u>best</u> ways to <u>release</u> stress.

결론
마무리문장/10%

- Um, <u>yeah,</u> this is about *what I do at the <u>bar</u>.*

- -

- 좋은 질문이야! **바에서 내가 뭘 하냐고?** 물론이지, 난 ABC 라운지 바를 종종 가.

- 있잖아, 내 생각에 바는 우리 집에서 대략 2km 정도야.
  - 사실, ABC 바는 커플들에게 잘 알려진 곳이야.
  - 왜냐하면 분위기가 끝내주거든.
  - 그래서, 난 즐겁게 노는 커플들을 자주 봐.

- 음, 난 내 친구 Rachel과 자주 바에 가.
  - 내가 언급했듯, 그녀는 활발하고 사교적인 친구야.
  - 그래서 난 항상 그녀와 있으면 너무 신나.

- 게다가, 난 바에서 음악 듣는 것을 좋아해.
  - 사실, 내 생각에 그게 스트레스 푸는 좋은 방법 중 하나라고 생각해.

- 음, 그래~ 이게 **내가 바에서 하는 행동**이야.

──

어휘 및 표현

what I do at the bar? 내가 바에서 하는 행동?　　a well-known spot for couples 커플들에게 잘 알려진 장소　　the atmosphere is excellent
분위기가 끝내 준다　　at the bar 바에서　　As I mentioned before 내가 언급했듯　　whenever I'm with her 내가 그녀와 함께 있을 땐 언제나
it's so much fun 너무 즐거워

세부묘사 공원에서 하는 활동들

Q22 ———— 🎧 MP3 IM2_Q_22

What do you usually do when you go to the park? What kind of activities do you do? Who do you usually go with and why?

당신이 공원에 갈 때, 주로 무엇을 하는지 알고 싶습니다. 어떠한 활동들을 하나요? 누구와 종종 함께 가며 이유는 무엇인가요?

🎧 MP3 IM2_A_22

서론
시작문장/10%

- Well, *what do I do at the park?* You know, I do <u>lots</u> of things at the park.

본론
단락별 핵심문장/80%

- <u>First of all</u>, I enjoy <u>working</u> out at the park.
  - <u>Actually</u>, there is a <u>huge</u> running track.
  - You know, I <u>run</u>, because these days, I need to lose <u>weight</u>.

- **Well, in order to work out <u>harder</u>,** I go to the park with my <u>buddies</u>.
  - I mean, we run, play <u>soccer</u> and stuff like that.
  - So, whenever I'm with <u>them</u>, it's <u>so</u> much fun.

- **<u>Moreover</u>,** I also go to the park at <u>night</u>.
  - Because when you go there at <u>night</u>, there is <u>absolutely</u> nobody around.
  - It makes me feel <u>so</u> great because the park is so quiet and <u>peaceful</u>.

결론
마무리문장/10%

- <u>Alright Eva</u>, this is <u>all</u> I can say about ***what I do at the park.*** Thank you.

- -

- 음, 내가 공원에 뭘 하냐고? 있잖아, 난 공원에서 많은 것들을 해.

- 첫 번째로, 난 공원에서 운동하는 것을 즐겨.
  - 사실, 공원엔 큰 러닝 트랙이 있어.
  - 있잖아, 난 요즘 살을 빼야 해서 뛰어.

- 음, 운동을 조금 더 열심히 하기 위해서, 난 친구들과 공원에 가.
  - 내 말은, 우린 뛰기도 하고, 축구도 하고, 여러 가지를 해.
  - 그래서 그들과 함께 갈 때는 항상 너무 재미있어.

- 게다가, 난 공원에 밤에 가기도 해.
  - 왜냐하면 밤에 가면, 전적으로 아무도 없거든.
  - 밤의 공원은 굉장히 조용하고 평화로워서 기분이 너무 좋아.

- 알겠어, 에바, 이게 내가 말할 수 있는 **공원에서의 활동**이야. 고마워.

어휘 및 표현

what I do at the park? 내가 공원에서 하는 행동?　　I do lots of things 난 많은 것들을 해　　at the park 공원에서　　these days 요즘에
in order to work out harder 운동을 더 열심히 하기 위해서　　whenever I'm with them 내가 그들과 함께 있을 땐 언제나
it's so much fun 너무 즐거워　　so quiet and peaceful 엄청 조용하고 평화로워

세부묘사 집에서 하는 활동들

Q23
🎧 MP3 IM2_Q_23

I would like to ask you **the things that you do at home.** What is your normal daily routine at home?

당신이 집에서 하는 활동들에 대해 묻고 싶습니다. 집 안에서의 일상 루틴이 어떻게 되나요?

🎧 MP3 IM2_A_23

서론
시작문장/10%

- Oh yeah, *the things that I do at home?* You know, I do some house chores at home.

본론
단락별 핵심문장/80%

- As I mentioned before, I live in a 3-story house.
  - And on the first floor, there is a huge living room.
  - So I vacuum for about an hour.

- After vacuuming, I do the dishes in the kitchen.
  - And then, I recycle trash such as paper, glass, plastic and so on.

- When it's done, I have some coffee.

결론
마무리문장/10%

- Um, yeah, this is about *my normal daily routine at home.*

- 음, 내가 집에서 뭘 하냐고? 있잖아, 난 집에서 집안일을 해.

- 내가 언급했듯, 난 3층 집에 살아.
  - 그리고 1층에는 큰 거실이 있어.
  - 그래서 난 1시간 동안 청소기를 돌려.

- 청소기를 돌리고 난 다음에, 난 부엌에서 설거지를 해.
  - 그다음에, 종이, 유리, 플라스틱 등 재활용을 해.

- 다 끝나면, 난 커피를 마셔.

- 음, 그래, 이게 나의 집안 일과야.

어휘 및 표현
the things that I do at home? 내가 집에서 하는 것? I do some house chores 난 집안일을 해 at home 집에서 3-story house 3층집
vacuum 진공청소기로 청소하다 for about an hour 약 1시간 동안 I do the dishes 난 설거지를 해 I have some coffee 난 커피를 마셔
my normal daily routine at home 나의 집안 일과

세부묘사 매일 사용하는 전자기기

Q24 ———— 🎧 MP3 IM2_Q_24

What kind of technology do you use in your day to day life? Do you use computers or cell phones? Tell me about how technology helps you in your daily life.

당신이 일상생활에 사용하는 전자기기는 무엇인가요? 당신은 컴퓨터 혹은 핸드폰을 사용하나요? 전자기기가 당신 일상에 어떠한 도움을 주는지 말해주세요.

🎧 MP3 IM2_A_24

서론
시작문장/10%

본론
단락별 핵심문장/80%

결론
마무리문장/10%

• Well, *kind of technology I use?* You know, I use my <u>cell</u> phone and a laptop <u>computer</u>.

• As I mentioned <u>before,</u> I enjoy listening to <u>music</u>.
  - So, I use my <u>cell</u> phone to listen to music since it has a <u>powerful</u> speaker.

• <u>Also,</u> I use a laptop computer to watch a <u>movie</u>.
  - In <u>fact</u>, I love watching <u>all</u> kinds of movies.

• **You know,** listening to <u>music</u> and watching <u>movies</u> helps me <u>release</u> stress.

• Well, <u>okay</u> Eva, this is <u>pretty</u> much about it.

• **음, 내가 사용하는 전자기기?** 나는 핸드폰과 노트북을 사용해.

• 내가 전에 언급했듯, 난 음악 듣는 것을 좋아해.
  - 그래서, 음악을 듣기 위해 핸드폰을 사용해 왜냐하면 핸드폰에는 강력한 스피커가 있거든.

• 또한, 나는 영화를 보기 위해 노트북을 사용해.
  - 사실, 난 다양한 종류의 영화 보는 것을 좋아해.

• 있잖아, 음악 듣기와 영화 감상은 내가 스트레스 해소하는 것을 도와줘.

• 음, 오케이 에바, 이 정도가 질문에 대한 답변이야.

어휘 및 표현
kind of technology I use 내가 사용하는 기술/전자기기   cell phone and a laptop computer 핸드폰과 노트북
as I mentioned before 내가 언급했듯   it has a powerful speaker 강력한 스피커가 있어   all kinds of movies 모든 종류의 영화

세부묘사 건강을 유지하기 위해 하는 것들

Q25 —————————————————— 🎧 MP3 IM2_Q_25

Now, tell me about **things that you usually do to stay healthy.** For example, do you eat any healthy food, or do you work out everyday?

자, 당신이 건강하기 위해 종종 무엇을 하는지 말해주세요. 예를 들어, 당신은 건강 식품을 먹나요? 혹은 매일 운동을 하나요?

🎧 MP3 IM2_A_25

서론
시작문장/10%

• Oh yeah, *things that I usually do to stay <u>healthy</u>?* You know, I work out <u>everyday</u>.

본론
단락별 핵심문장/80%

• **Well,** there is a <u>huge</u> park in my neighborhood.
  - <u>Also</u>, there is a huge <u>running</u> track in the park.

• **You know,** when you go there at <u>night</u>, there is <u>absolutely</u> nobody around.
  - So I <u>always</u> go there at night and run.

• **In <u>fact</u>,** I enjoy working out cuz it keeps me <u>fit</u>.
  - <u>Plus</u>, I need to work out because I want to lose <u>weight</u>.

결론
마무리문장/10%

• Um, <u>yeah</u>, this is about *things that I <u>usually</u> do to stay <u>healthy</u>.*

- -

• 그래, **내가 건강함을 유지하기 위해 하는 것?** 나는 매일 운동을 해.

• 음, 우리 동네에는 큰 공원이 있어.
  - 또한, 공원에는 엄청 큰 러닝트랙이 있거든.

• 있잖아, 밤에 가면, 주변에 아무도 없어.
  - 그래서 난 항상 거기 가서 밤에 달리기를 해.

• 사실, 나는 건강을 유지하기 위해 운동하는 것을 즐겨.
  - 추가로, 난 살을 빼고 싶어서 운동을 할 필요가 있어.

• 음, 그래~ 이게 **내가 건강을 유지하기 위해 하는 것들**이야.

어휘 및 표현

things that I usually do to stay healthy 내가 건강을 유지하기 위해 하는 것들　　I work out everyday 난 매일 운동해
park in my neighborhood 우리 동네에 있는 공원　　go there at night and run 밤에 가서 뛴다　　I want to lose weight 살을 빼고 싶다

세부묘사 콘서트 보러 가기 전과 후의 행동

Q26 ————————————————————————— 🎧 MP3 IM2_Q_26

Tell me about the typical day when you go to a concert. What do you do **before and after the concert?**

당신이 콘서트를 보러 가는 일반적인 날을 말해주세요. 콘서트를 보기 전과 후에 무엇을 하나요?

🎧 MP3 IM2_A_26

- <u>That's</u> a good question, *before and after the <u>concert?</u>* Sure, I got it.

- **When it comes to <u>concerts,</u>** I enjoy going to a <u>rock</u> concert.
  - So, I need <u>lots</u> of energy.
  - Therefore, <u>before</u> the concert, I eat out at a <u>restaurant</u>.

- <u>After</u> the concert, I <u>usually</u> grab a beer with my friends.
  - Well, drinking after the <u>concert</u> helps me <u>release</u> stress.

- Well, <u>okay</u> Eva, this is <u>pretty</u> much about *what I do <u>before</u> and <u>after</u> the concert.*

- -

- 좋은 질문이야, **콘서트 전과 후?** 알겠어.

- 콘서트에 대해 말한다면, 난 락콘서트 가는 것을 좋아해.
  - 그래서 난 체력을 보충해야 해.
  - 그렇기 때문에, 콘서트에 가기 전에 나는 레스토랑에서 식사를 해.

- 콘서트 후에는, 난 친구들과 맥주를 마셔.
  - 콘서트 후에 마시는 술은 스트레스 푸는 것을 도와줘.

- 음, 오케이 에바, 이게 **내가 콘서트를 보러 가기 전과 후의 행동**이야. 고마워.

어휘 및 표현

before and after the concert 콘서트 전과 후   When it comes to ~에 대해 얘기한다면   I enjoy going to a rock concert 락 콘서트 가는 것을 즐기다
eat out 외식하다   grab a beer 맥주를 마시다   drinking after the concert 콘서트 후에 마시는 술

세부묘사 여행 가기 전에 하는 준비

Q27

🎧 MP3 IM2_Q_27

When you plan to go on a trip, what kinds of things do you **usually prepare?** What items do you put in your bag?

당신이 여행을 갈 때, 어떤 것들을 종종 챙기나요? 어떤 물건들을 가방에 넣나요?

🎧 MP3 IM2_A_27

서론
시작문장/10%

• Well, *things I usually prepare before the trip?* You know, I pack lots of things.

본론
단락별 핵심문장/80%

• First of all, I always prepare my MP3 player.
  - As I mentioned before, I enjoy listening to music.
  - So, whenever I go on a trip, I listen to various types of music.

• Secondly, in order to listen to music, I bring the portable charger.
  - Well, listening to music helps me release stress.

• Lastly, I bring my running shoes.
  - Because I enjoy running every morning.

결론
마무리문장/10%

• Alright Eva, this is all I can say about things I usually prepare before the trip. Thank you.

- -

• 음, 여행을 위해 준비하는 것들? 있잖아, 나는 많은 것들을 챙겨.

• 첫 번째로, 난 항상 MP3 플레이어를 가지고 가.
  - 전에도 말했듯이, 난 음악 듣는 것을 즐겨.
  - 그래서, 난 여행을 갈 때마다, 다양한 종류의 음악을 들어.

• 두 번째로, 음악을 듣기 위해 나는 휴대용 충전기를 가져가.
  - 음악 듣는 건 내가 스트레스 푸는 데 도움이 되거든.

• 마지막으로, 난 러닝화를 가지고 가.
  - 왜냐하면 나는 매일 아침 러닝을 하거든.

• 알겠어, 에바, 이것들이 내가 **여행 전에 보통 준비하는 것들**이야. 고마워.

어휘 및 표현

things I usually prepare before the trip 여행 전에 보통 준비하는 것들　　I pack lots of things 많은 것들을 챙긴다　　I always prepare ~ ~를 챙긴다
go on a trip 여행을 가다　　I bring the portable charger 휴대용 충전기를 가지고 가다　　running shoes 러닝화　　every morning 매일 아침

세부묘사 좋아하는 음악 혹은 가수의 비교

Q28 ———

🎧 MP3 IM2_Q_28

Think about two different types of music or singers you like. What are **the differences between them?** How do you feel when you listen to each type of music?

당신이 좋아하는 두 가지 종류의 음악 혹은 가수를 생각해보세요. 그들의 차이점은 무엇입니까? 각각의 음악을 들을 때 어떻습니까?

🎧 MP3 IM2_A_28

서론
시작문장/10%

• Oh yeah, *the __differences__ between them?* You know, I love ballad and hip-hop.

본론
단락별 핵심문장/80%

• **Look,** I enjoy listening to ballad songs.
  - So, that's why I like Mariah Carey.
  - Plus, whenever I listen to her songs, it makes me feel so great.

• **But** I also like hip-hop.
  - You know, listening to hip-hop helps me release stress.
  - So, hip-hop is a good music to listen when I work out.

결론
마무리문장/10%

• **Well, okay Eva,** this is pretty much about it.

- -

• 오, **음악 비교?** 있잖아, 난 발라드와 힙합을 좋아해.

• 있잖아, 난 발라드 듣는 걸 좋아해.
  - 그게 내가 Mariah Carey를 좋아하는 이유야.
  - 추가로, 그녀의 노래를 들을 때면, 난 기분이 너무 좋아져.

• 하지만 난 힙합도 좋아해.
  - 있잖아, 힙합을 듣는 건 스트레스 푸는 데 도움이 돼.
  - 힙합은 운동할 때 듣기 좋은 노래야.

• 음, 오케이 에바, 이 정도면 충분한 거 같아.

어휘 및 표현
the differences between them 둘의 차이점   listening to ballad songs 발라드를 듣는 것   that's why~ ~하는 이유야

세부묘사 이사 오기 전과 후의 집 변화

Q29 ────────────────────────── 🎧 MP3 IM2_Q_29

Think about the time when you first moved into your house. How has your **house changed since then?**

당신이 지금 집에 이사 왔던 시절을 생각해보세요. 이사 왔던 시절과 현재를 비교하여 당신의 집은 어떻게 변했나요?

──────────────────────────────────── 🎧 MP3 IM2_A_29

서론
시작문장/10%

- <u>That's</u> a good question, *how my house has <u>changed</u>?* Sure, I got it.

본론
단락별 핵심문장/80%

- <u>To be honest,</u> the main change is the <u>garden</u>.
  - You know, I moved into a <u>2</u>-story house.
  - On the <u>first</u> floor, there were <u>3</u> bedrooms and a kitchen.
  - And on the <u>second</u> floor, there was a <u>huge</u> living room.

- But <u>now,</u> we have a <u>beautiful</u> garden on the top floor.
  - You know, the garden is undeniably <u>beautiful</u>.
  - I mean, it's a <u>great</u> place for just sitting and <u>relaxing</u>.

결론
마무리문장/10%

- Um, <u>yeah</u>, this is about *how my house has <u>changed</u>*.

- -

- 좋은 질문이야, **우리 집이 얼마나 변했는지?** 좋아, 말해 줄게.

- 솔직히 말하면, 가장 큰 변화는 정원이야.
  - 내가 2층 집으로 이사 왔잖아.
  - 1층에는, 침실 3개와 부엌이 있었어.
  - 2층에는 큰 거실이 있었고.

- 하지만 지금은, 꼭대기 층에 아름다운 정원이 있어.
  - 있잖아, 정원은 진짜 아름다워.
  - 그곳은 그냥 앉아서 쉬기에 좋은 장소야.

- 음, 이 정도가 **우리 집에 있었던 변화**야.

어휘 및 표현
how my has house changed 우리 집이 얼마나 변했는지   the main change is~ 가장 큰 변화는~   I moved into a 2-story house 2층집으로 이사왔다

세부묘사 처음 방문한 웹사이트 계기

Q30 ────────────────────────────── 🎧 MP3 IM2_Q_30

I would like to ask you **how you got to use that website** in the first place. Who introduced you to that website? What was the first thing you did on that website?

당신이 어떠한 방식으로 그 웹사이트를 처음 방문했는지 묻고 싶습니다. 누가 소개했나요? 그 웹사이트에서 당신은 처음으로 무엇을 했나요?

─────────────────────────────────────── 🎧 MP3 IM2_A_30

서론
시작문장/10%

• Well, *the website?* You know, it was the free music website.

본론
단락별 핵심문장/80%

• When I was 25, my friend introduced me to a free music website.
  - In fact, I enjoy listening to music in my free time.
  - So, I listened to hip-hop, Jazz and etcetera.

• Well now, when it comes to music, I try to listen to various types of music.
  - Because listening to music helps me release stress.

결론
마무리문장/10%

• Alright Eva, this is all I can say.

- -

• 음, **웹사이트?** 처음 방문했던 웹사이트는 무료 음악 사이트였어.

• 내가 25살 때, 내 친구는 나에게 무료 음악 사이트를 소개해 줬어.
  - 사실, 나는 여가시간에 음악 듣는 것을 좋아해.
  - 그래서, 나는 힙합, 재즈 등을 들었어.

• 음, 지금 음악에 대해 말하자면, 난 다양한 종류의 음악을 들으려고 해.
  - 왜냐하면 음악 듣는 건 내가 스트레스 푸는 것에 도움이 되거든.

• 알겠어, 에바, 이 정도면 충분한 거 같아.

어휘 및 표현
It was the free music website 무료 음악 사이트였어   introduce me to~ 나에게 ~을 소개시켜주다   in my free time 여가시간에
etcetera 기타 등등   when it comes to~ ~에 대해 얘기한다면

12강

유형 01 (묘사)
유형 02 (세부묘사)

모의고사

묘사 모의고사 준비

난이도 4 설정 시, 묘사 및 세부묘사 질문은 총 6문제(2, 3, 5, 6, 8, 14번)가 출제됩니다.

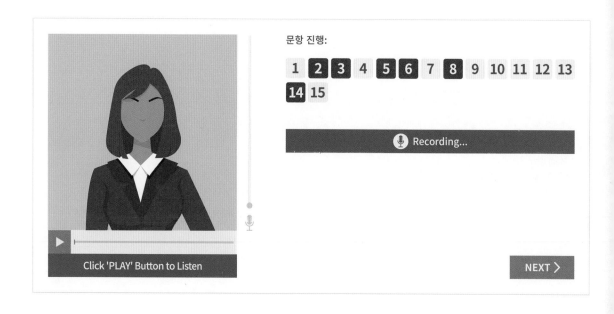

2 5 8 14	
유형	묘사
주제	<u>알 수 없음</u>
준비시간	20초
사용문장	묘사, 세부묘사
집중내용	문장
	문제 키워드 캐치
	답변 Format 정리

3 6	
유형	세부묘사
주제	<u>알고 있음</u>
준비시간	20초
사용문장	묘사, 세부묘사
집중내용	문장
	문제 키워드 캐치
	답변 Format 정리

묘사 모의고사

실제 시험처럼 각 문제의 MP3를 듣고, 훈련을 해보세요.

🎧 MP3 IM2_Q_31~40

Q31
묘사

You indicated in the survey that you like to **take a walk.** Where do you normally take a walk? What does the place look like? And where is it located? Please describe the place you normally take a walk.

Q32
세부묘사

Please tell me about **some good things when you take a walk.** Also, is there anything that you need **to be careful when you take a walk?**

Q33
묘사

You indicated in the survey that you **go on international trips.** I would like you to describe one of the countries or cities you usually visit. What is it like over there? Why do you like to visit there? Tell me in detail.

Q34
세부묘사

Please tell me **what kind of things tourists normally do** during their overseas trips and where they normally go.

Q35
묘사

You indicated in the survey that you **have vacations at home.** Who do you usually invite at home and what do you do with them when you spend vacations at home? Tell me everything in detail.

Q36
세부묘사

Please tell me **what you used to do at home** during your vacation **when you were little** and what you usually do **now.**

Q37
묘사

I would like to know about **the geography of your country.** Describe the geographical features of your country such as mountains, rivers and waters in as much detail as possible.

Q38
세부묘사

Please tell me one of **the geographically unique areas** in your country. Where is it located and what does it look like? Tell me all the details.

Q39
묘사

I would like to know **how recycling is practiced in your country.** What kind of items do people recycle? When do they recycle?

Q40
세부묘사

How do you recycle at home? Tell me all the steps you do in as much detail as possible.

묘사 걷는 장소 묘사

Q31

🎧 MP3 IM2_Q_31

You indicated in the survey that you like to **take a walk.** Where do you normally take a walk? What does the place look like? And where is it located? Please describe the place you normally take a walk.

당신은 걷기를 좋아한다고 했습니다. 어디서 주로 걷나요? 그 장소는 어떻게 생겼나요? 그리고 어디에 위치해 있나요? 당신이 자주 걷는 장소에 대해 묘사해주세요.

🎧 MP3 IM2_A_31

서론
시작문장/10%

본론
단락별 핵심문장/80%

결론
마무리문장/10%

• **Oh yeah,** *where I take a walk?* You know, I usually walk in the <u>park</u>.

• **Well,** I think it's about <u>300m</u> from my place.
  - In <u>fact</u>, the park is <u>so</u> quiet and peaceful.
  - So, whenever I go <u>there</u>, it makes me feel <u>so</u> great.

• In <u>addition</u>, there is a <u>huge</u> lake in the park.
  - You know, the lake is undeniably <u>beautiful</u>.
  - So, the park is a <u>well</u>-known spot for <u>walking</u>.

• **Well,** <u>okay</u> Eva, this is <u>pretty</u> much about *where I take a walk.*

- -

• 오 예, **내가 산책하는 장소?** 있잖아, 나는 보통 공원에서 산책해.

• 음, 공원은 우리 집에서 약 300m 떨어져 있어.
  - 사실, 공원은 조용하고 평화로워.
  - 그래서 갈 때마다, 기분이 매우 좋아져.

• 추가로, 공원에는 큰 호수가 있어.
  - 있잖아, 호수는 정말 아름다워.
  - 그래서, 이 공원은 걷기에 잘 알려진 장소야.

• 음, 오케이 에바, 이 정도면 **내가 산책하는 장소**로 충분한 거 같아.

어휘 및 표현
where I take a walk 내가 산책하는 장소   **there is a huge lake in the park** 공원에 큰 호수가 있어   **In addition** 게다가

세부묘사 걷기의 장점 및 주의해야 할 점

Q32 ───────────────────────────── 🎧 MP3 IM2_Q_32

Please tell me about **some good things when you take a walk.** Also, is there anything that you need **to be careful when you take a walk?**

걷기의 장점을 말해주세요. 또한 걸을 때 조심해야 하는 것이 있나요?

─────────────────────────────── 🎧 MP3 IM2_A_32

서론
시작문장/10%

본론
단락별 핵심문장/80%

결론
마무리문장/10%

• <u>That's</u> a good question, *some good things when I take a walk?* Sure, I got it.

• As I <u>mentioned</u> before, I take a walk in the <u>park</u>.
  - And the park is undeniably <u>beautiful</u>.
  - So, taking a walk helps me <u>release</u> stress.
  - <u>Also</u>, it helps me lose <u>weight</u>.

• <u>Frankly</u> speaking, the <u>main</u> problem facing us is the <u>safety</u>.
  - When you take a walk at <u>night</u>, there is <u>absolutely</u> nobody around.
  - So, you need to be <u>careful</u>.

• <u>Alright</u> Eva, this is <u>all</u> I can say about it. Thank you.

- -

• 좋은 질문이야, **걷기의 장점?** 좋아, 말해 줄게.

• 내가 언급했듯, 난 공원에서 산책을 해.
  - 그리고 공원은 정말 아름다워.
  - 그래서 산책하는 건 내가 스트레스 해소하는 데 도움이 돼.
  - 또한, 살을 빼는 데도 도움이 돼.

• 솔직히 말하면, 우리에게 직면한 가장 중요한 문제는 바로 안전이야.
  - 밤에 산책할 때는, 주위에 아무도 없어.
  - 그래서, 조심해야 돼.

• 알겠어, 에바, 이 정도면 충분한 거 같아. 고마워.

어휘 및 표현
some good things when I take a walk 걷기의 장점   As I mentioned before 내가 언급했듯   I take a walk in the park 공원에서 산책하다
lose weight 살을 빼다   Frankly speaking 솔직히 말해서   safety 안전

묘사 자주가는 해외 여행지 묘사

Q33 🎧 MP3 IM2_Q_33

You indicated in the survey that you **go on international trips.** I would like you to describe one of the countries or cities you usually visit. What is it like over there? Why·do you like to visit there? Tell me in detail.

당신은 휴가 때 해외로 여행을 간다고 했습니다. 당신이 종종 방문하는 나라 혹은 도시 중 한 곳을 묘사해주세요. 어떻게 생겼나요? 왜 그곳을 좋아하나요? 자세히 말해주세요.

🎧 MP3 IM2_A_33

서론
시작문장/10%

본론
단락별 핵심문장/80%

결론
마무리문장/10%

• Well, *international trips?* You know, I usually go to <u>Australia</u>.

• **As I mentioned <u>before,</u>** I love <u>Australia</u>.
  - You know, there are <u>lots</u> of beautiful beaches in Australia.
  - <u>Actually</u>, the <u>sand</u> is <u>very</u> comfortable to walk on.

• **And <u>also,</u>** I can see <u>lots</u> of people enjoying their <u>free</u> time.
  - I mean, people come out to play <u>sports</u>, listen to <u>music</u> and stuff like that.
  - So it's a <u>great</u> place for just sitting and <u>relaxing</u>.

• **So, whenever I go to <u>Australia</u>,** it makes me feel <u>so</u> great.

• Well, <u>okay</u> Eva, this is <u>pretty</u> much about Australia.

- -

• **음, 해외여행?** 나는 보통 호주로 가.

• 내가 언급했듯, 난 호주를 좋아해.
  - 있잖아, 호주에는 많은 아름다운 해변들이 있어.
  - 실제로, 모래사장은 걷기에 매우 편안해.

• 또한, 나는 여가시간을 즐기고 있는 많은 사람들을 볼 수 있어.
  - 내 말은, 사람들은 나와서 운동을 하고, 음악을 듣는 등의 활동을 해.
  - 그래서, 그냥 앉아서 쉬기에 좋은 장소야.

• 그래서 내가 호주에 갈 때마다, 나는 기분이 좋아져.

• 음, 오케이 에바, 이 정도면 호주에 대해 충분한 거 같아.

어휘 및 표현
international trip 해외 여행　　**I love Australia** 난 호주를 좋아해

세부묘사 해외여행 중 관광객들이 하는 행동

Q34 ──────────────────────────────────── 🎧 MP3 IM2_Q_34

Please tell me **what kind of things tourists normally do** during their overseas trips and where they normally go.

해외여행 중 관광객들은 보통 어떠한 것들을 하며 어디를 가는지 말해주세요.

──────────────────────────────────── 🎧 MP3 IM2_A_34

서론
시작문장/10%

• Oh yeah, *what kind of things tourists <u>normally</u> do?* You know, they do <u>lots</u> of things.

본론
단락별 핵심문장/80%

• <u>First</u> of all, people love to visit the <u>beaches</u>.
  - You know, people can do <u>all</u> kinds of things at the beach.
  - I mean, people can <u>swim</u>, play <u>sports</u>, listen to <u>music</u> and stuff like that.

• And <u>also</u>, people eat out at a <u>restaurant</u> or grab a <u>beer</u> with their <u>friends</u>.
  - Well, when it comes to <u>food</u>, people try to eat <u>various</u> types of food.

결론
마무리문장/10%

• Um, <u>yeah</u>, this is about *what kinds of things <u>tourists</u> normally do.*

- -

• 오 예, **보통 관광객들이 하는 것?** 있잖아, 관광객들은 많은 것들을 해.

• 첫 번째로, 사람들은 해변가는 걸 좋아해.
  - 사람들은 해변에서 많은 것들을 하지.
  - 내 말은, 그들은 수영하고, 운동을 하고, 음악을 듣는 등의 행동 말이야.

• 또한, 사람들은 레스토랑에서 외식을 하거나 친구들과 맥주를 마셔.
  - 음식에 관해서 말한다면, 사람들은 다양한 종류의 음식을 먹어.

• 음, 이 정도가 **보통 관광객들이 하는 것들**이야.

어휘 및 표현
what kinds of things tourist normally do 관광객들이 주로 하는 것들   they do lots of things 그들은 많은 것들을 해
people love to visit the beaches 사람들은 해변 방문하는 것을 즐겨   when it comes to food 음식에 관해서 말한다면

묘사   집에서 휴가 보낼 때 하는 행동 묘사

Q35 🎧 MP3 IM2_Q_35

You indicated in the survey that you **have vacations at home.** Who do you usually invite at home and what do you do with them when you spend vacations at home? Tell me everything in detail.

당신은 휴가 때 집에서 쉰다고 했습니다. 집에서 휴가를 보낼 때, 누구를 종종 초대하며, 그들과 무엇을 하나요? 모두 상세히 말해주세요.

🎧 MP3 IM2_A_35

서론
시작문장/10%

- <u>That's</u> a good question, *vacations at <u>home</u>?* Sure, I got it.

본론
단락별 핵심문장/80%

- <u>First of all,</u> I invite a <u>bunch</u> of my friends.
  - And they bring their <u>friends</u>.
  - <u>Actually</u>, it's one of the <u>best</u> ways to make friends.

- **You know,** I enjoy <u>drinking</u>.
  - So, I <u>usually</u> grab a beer with my <u>friends</u>.

- Well, <u>sometimes</u>, we listen to music together.
  - You know, we listen to <u>K</u>-POP since it's getting <u>increasingly</u> popular.
  - Well, listening to <u>music</u> helps me <u>release</u> stress.

결론
마무리문장/10%

- Um, <u>yeah,</u> this is about *what <u>I</u> do at home during my <u>vacations</u>.*

- -

- 좋은 질문이야, **집에서의 휴가?** 좋아, 말해 줄게.

- 첫 번째로, 난 집에 많은 친구들을 초대해.
  - 그리고 친구들은 그들의 친구들을 데려와.
  - 실제로, 내가 친구를 사귀는 가장 좋은 방법 중에 하나야.

- 있잖아, 난 술 마시는 것을 좋아해.
  - 그래서, 나는 친구들과 함께 보통 맥주를 마셔.

- 음, 때때로 우리는 함께 음악을 들어.
  - 우리는 주로 K-POP을 듣는데, 그건 최근에 엄청 유명해지고 있어.
  - 음, 음악을 듣는 건 내가 스트레스 해소하는 데 도움이 돼.

- 음, 그래, 이게 **내가 휴가 동안 집에서 하는 거야.**

어휘 및 표현

vacations at home 집에서 보내는 휴가   I invite a bunch of my friends 많은 친구들을 초대하다   I enjoy drinking 술 마시는 것을 좋아하다
what I do at home during my vacations 휴가 때 집에서 하는 나의 행동

세부묘사 어렸을 적, 현재의 집에서 보내는 휴가

Q36 ━━━━━━━━━━━━━━━ 🎧 MP3 IM2_Q_36

Please tell me **what you used to do at home** during your vacation when you were little and what you usually do now.

당신이 어렸을 적 집에서 보냈던 휴가와 현재는 무엇을 하며 집에서 휴가를 보내는지 말해주세요.

━━━━━━━━━━━━━━━ 🎧 MP3 IM2_A_36

서론
시작문장/10%

본론
단락별 핵심문장/80%

결론
마무리문장/10%

- Well, *what I _used_ to do and _now_?* Sure, I got it.

- **When I was little,** I used to watch _movies_ at home.
  - In _fact_, I love watching _all_ kinds of movies.
  - And it helped me _release_ stress.

- **And _now_,** I grab a beer with my _friends_.
  - And _also_, I try to cook _various_ types of food.

- _Alright_ Eva, this is _all_ I can say about *what I _used_ to do and _now_.* Thank you.

- -

- 음, 내가 했던 것과 지금 하는 것? 좋아, 말해 줄게.

- 내가 어렸을 땐, 난 집에서 영화를 보곤 했어.
  사실, 난 다양한 종류의 영화를 보는 것을 좋아해.
  - 그리고 그건 내가 스트레스를 해소하는 데 도움을 주었어.

- 그리고 지금은, 난 친구들과 맥주를 마셔.
  - 그리고 또한, 난 다양한 종류의 음식을 해봐.

- 알겠어, 에바, 이게 **내가 과거에 했던 것과 지금 하는 것**에 대한 거야. 고마워.

어휘 및 표현
what I used to do and now 과거에 했던 것과 지금 하는 것 | I used to watch movies 영화를 보곤 했어 | I try to cook 요리를 해
various types of food 많은 종류의 음식

묘사 우리나라 지리 묘사

Q37

I would like to know about **the geography of your country.** Describe the geographical features of your country such as mountains, rivers and waters in as much detail as possible.

당신 나라의 지리에 대해 알고 싶습니다. 산, 강, 바다와 같은 지리적 특징을 상세히 묘사해주세요.

서론
시작문장/10%

- Oh yeah, *the <u>geography</u> of my country?* Okay Eva.

본론
단락별 핵심문장/80%

- <u>First</u> of all, there are <u>lots</u> of beautiful <u>beaches</u> in Korea.
  - Well, the beaches are undeniably <u>beautiful</u>.
  - And <u>also</u>, the sand is <u>very</u> comfortable to walk on.

- **Plus,** there are <u>lots</u> of mountains in Korea.
  - Korea is a <u>mountainous</u> country and there are lots of <u>romantic</u> spots in the mountains.
  - So, I can see <u>lots</u> of people enjoying their <u>free</u> time in the <u>mountains</u>.

결론
마무리문장/10%

- Well, <u>okay</u> Eva, this is <u>pretty</u> much about *the geography of my <u>country</u>.*

- -

- 오 예, **우리나라의 지리?** 좋아, 에바.

- 첫 번째로, 한국에는 아름다운 해변이 많아.
  - 음, 해변은 정말 아름다워.
  - 그리고 또한, 모래사장은 걷기에 매우 편안해.

- 게다가, 한국에는 산도 많아.
  - 한국은 산지로 이루어진 국가이고, 거기에는 로맨틱한 장소들이 많아.
  - 그래서, 난 산에서 여가시간을 즐기고 있는 사람들을 많이 볼 수 있어.

- 음, 오케이 에바, 이 정도면 **우리나라의 지리**에 대해 말한 것 같아.

어휘 및 표현
the geography of my country 우리나라의 지리　　there are lots of ~ ~이/가 많이 있다
Korea is a mountainous country 한국은 산지로 이루어진 국가이다　　romantic spot 로맨틱한 장소

세부묘사 지리적 특색 있는 장소 묘사

Q38 ──────────────── 🎧 MP3 IM2_Q_38

Please tell me one of **the geographically unique areas** in your country. Where is it located and what does it look like? Tell me all the details.

당신 나라에서 지형적으로 특색 있는 곳에 대해 말해주세요. 어디에 있나요? 어떻게 생겼죠? 자세히 말해주세요.

──────────────── 🎧 MP3 IM2_A_38

서론
시작문장/10%

- <u>That's</u> a good question, *the geographically <u>unique</u> area in my country?* Sure, I got it.

본론
단락별 핵심문장/80%

- **When it comes to a <u>unique</u> area,** it has to be <u>JEJU</u> island.
  - Well, it's an <u>island</u> and there are lots of <u>beautiful</u> beaches.
  - I mean, the beaches in JEJU island are undeniably <u>beautiful</u>.
  - And <u>also</u>, the sand is <u>very</u> comfortable to walk on.

- <u>Plus,</u> there is a <u>huge</u> park in JEJU island.
  - Well, it's a <u>well</u>-known spot for just sitting and <u>relaxing</u>.
  - So, it is <u>always</u> filled with <u>lots</u> of people.
  - When you go there at <u>night</u>, there is <u>absolutely</u> nobody around.

결론
마무리문장/10%

- Um, yeah, this is about *the geographically <u>unique</u> area in my <u>country</u>.*

- -

- 좋은 질문이야, **우리나라에서 지리적으로 특색 있는 장소?** 좋아, 말해 줄게.

- 특색 있는 장소에 대해 말한다면, 바로 제주도지.
  - 음, 제주도는 섬이고 아름다운 해변이 많아.
  - 내 말은 제주도에 있는 해변들은 정말 아름다워.
  - 또한, 모래사장은 걷기 너무 편해.

- 게다가, 제주도에는 큰 공원이 있어.
  - 음, 그냥 앉아서 쉬기에 잘 알려진 장소야.
  - 그래서, 항상 많은 사람들로 가득 차 있어.
  - 그곳에 밤에 갈 때는, 주변에 전적으로 아무도 없어.

- 음 그래, 이게 **우리나라에서 지리적으로 특색 있는 장소야.**

어휘 및 표현
the geographically unique area 지형적으로 특색 있는 곳   when it comes to unique area 특색 있는 곳에 대해 말한다면
it has to be~ ~이어야만 해

묘사 우리나라 재활용 현황

Q39

I would like to know **how recycling is practiced in your country.** What kind of items do people recycle? When do they recycle?

당신 나라의 재활용은 어떤 방식으로 하는지 알고 싶습니다. 어떤 품목들을 재활용하나요? 언제 재활용을 하나요?

서론
시작문장/10%

본론
단락별 핵심문장/80%

결론
마무리문장/10%

• Well, *how recycling is practiced in my country?* Okay Eva.

• **As you can expect,** recycling is mandatory in Korea.
  - So, people recycle trash such as paper, glass, plastic and so on.

• **You know,** people normally recycle once or twice a week.
  - Well, there are lots of recycling centers in Korea which are in the middle of the towns.
  - And people normally recycle at night.
  - Because when you go there during the daytime, the centers are always filled with lots of people.

• Alright Eva, this is all I can say about *how recycling is practiced in my country.* Thank you.

• 음, **우리나라 재활용 현황?** 알았어, 에바.

• 네가 기대하고 있듯이, 한국에서 재활용은 의무야.
  - 그래서, 사람들은 종이, 유리, 플라스틱 등등을 재활용해.

• 있잖아, 사람들은 보통 일주일에 한, 두 번 재활용을 해.
  - 음, 한국에는 보통 도시 중심에 많은 재활용 센터가 있어.
  - 그리고 보통 밤에 재활용을 해.
  - 왜냐하면 낮 시간에 거기에 갈 때는, 항상 사람들로 가득 차 있어.

• 알겠어, 에바, 이 정도가 **우리나라 재활용 현황**이야. 고마워.

어휘 및 표현
how recycling is practiced in my country 우리 나라 재활용이 어떻게 적용되고 있나고?　**As you can expect** 네가 예상하듯
recycling is mandatory 재활용은 필수야　**people normally recycle** 사람들은 주로 재활용을 해　**once or twice a week** 한 주에 한번 혹은 두 번
there are lots of recycling centers 많은 재활용 센터들이 있어　**during the daytime** 낮 시간에

세부묘사 나의 재활용 방법

Q40 ──────────── 🎧 MP3 IM2_Q_40

How do you recycle at home? Tell me all the steps you do in as much detail as possible.

당신은 집에서 어떻게 재활용을 하나요? 재활용 방법에 대한 단계를 상세히 말해주세요.

🎧 MP3 IM2_A_40

서론
시작문장/10%

본론
단락별 핵심문장/80%

결론
마무리문장/10%

• Oh yeah, *how I recycle?* You know, there are three steps when I recycle.

• **As I mentioned before,** I recycle trash such as paper, glass, plastic and so on.
  - You know, there are three recycling bins in my house.

• **First of all,** I recycle plastic and cans in the first recycling bin.

• **Secondly,** I recycle glass in the second recycling bin.

• And **lastly,** I recycle metal in the third recycling bin.

• Well, okay Eva, this is pretty much about *how I recycle.*

- -

• 오 예, **내 재활용 방법?** 있잖아, 내가 재활용할 때는 3가지 단계가 있어.

• 내가 언급했듯, 난 종이, 유리, 플라스틱 등등을 재활용해.
  - 있잖아, 우리 집에는 3개의 재활용 통이 있어.

• 첫 번째로, 난 플라스틱과 캔을 첫 번째 재활용 통에 재활용해.

• 두 번째로, 난 유리를 두 번째 통에 재활용해.

• 마지막으로, 금속을 세 번째 통에 재활용해.

• 음, 오케이 에바, 이 정도가 **내 재활용 방법**이야.

어휘 및 표현
how I recycle 내가 재활용하는 방법   there are three steps 3 단계가 있어   As I mentioned before 내가 언급했듯   recycling bin 재활용 통

13강

유형 03 (경험)

이론

경험의 이해

OPIc 질문들 중 과거시제를 필히 사용해야 하는 경험 질문입니다.
난이도에 따라 경험 질문의 개수가 달라집니다.
각 콤보 문제에서 적게는 1문제, 많게는 2문제가 출제됩니다.
경험은 흔히 최초 경험, 최근 경험, 인상 깊었던 경험, 문제 해결 경험으로 나뉩니다.

경험이 나오는 질문 번호를 외우세요!

경험이 나오는 질문 번호를 외우세요!
IM2 등급 목표 시, 난이도 4으로 설정하시면, 경험은 총 5문제 출제!

경험의 종류

Background Survey에서 선택한 모든 주제 & 모든 출제 가능한 돌발 주제의 경험을 모두 암기하는 것은 불가능합니다. 따라서 진짜녀석들 OPIc은 3가지 경험 종류로 분류합니다.

| 개방 공간 경험 | ➡ | 밖에서 일어난 경험 |

| 독립 공간 경험 | ➡ | 안에서 일어난 경험 |

| 문제 해결 경험 | ➡ | 문제 발생 및 해결점 제시하는 경험 |

 이미 문제 유형을 알기에, 문제를 듣기 전, 3가지 경험 종류 중 택일!

경험의 답변 Format

경험은 매끄러운 '스토리텔링' 이 필요하므로 체계적인 답변 Format이 필요합니다.

진짜녀석들 OPIc의 '스토리텔링'은 했던 일 – 반전 – 결과의 순서로 되어 있습니다.

했던 일은 묘사에서 암기한 문장을 시제를 바꾸어 작성합니다.

(IM2 목표의 OPIc 공부는 너무 많은 양의 경험 문장을 암기할 필요가 없기 때문입니다.)

서론
Introduction

답변비중 **10%**

시작 문장
- 경험 주제의 키워드를 필히 포함하여 자신감 있게 한 줄!
- 면접관에게 답변을 시작한단 느낌을 전달!

본론
Body

답변비중 **80%**

했던 일(40%) • 6하원칙을 사용하여 스토리 전개 생성 (묘사 암기 문장 활용)

반전(20%) • 진짜녀석들 OPIc 경험 암기문장 활용 (본인 실력 문장 포함)

결과(20%) • 진짜녀석들 OPIc 경험 암기문장 활용 (본인 실력 문장 포함)

결론
Conclusion

답변비중 **10%**

마무리 문장
- 경험 주제의 키워드를 필히 포함하여 깔끔하게 한 줄!
- 면접관에게 답변을 끝낸다는 느낌을 전달!

경험의 암기문장 – 서론 & 결론

정확한 경험의 답변을 위하여 서론과 결론에 필요한 암기문장을 제공합니다.

서론 - 시작문장

MP3 IM2_42~44

- 오케이 에바, **여행 관련** 경험? 알겠어, **하와이 여행**에 대해서 얘기해 줄게.
  I got it Eva, experience about **my trip**? Sure, I'm gonna tell you about **my trip to Hawaii**.

- 좋아, **내 해변 경험**? 알겠어.
  Great, you mean **my beach experience?** Sure, I got it.

- 물론이지, **내 첫 번째 콘서트 경험**을 말해 줄게.
  Why not? Let me tell you about **my first concert experience**.

결론 - 마무리문장

MP3 IM2_45~47

- 음 그래, 여기 까지가 내가 기억하는 부분이야 에바. 고마워.
  Um yeah, this is all I remember Eva. Thank you.

- 오케이 에바, 이게 **내 공원의 경험**이야.
  Okay Eva, this is **my park experience**.

- 알겠어 에바, 내 생각에 이 정도면 될 것 같아.
  Alright Eva, I guess this is pretty much about it.

경험의 암기문장 – 본론(단락 별 핵심 암기 문장)

정확한 경험의 답변을 위하여 본론에 필요한 암기문장을 제공합니다.

본론 - 단락 별 핵심 문장

🎧 MP3 IM2_48~49

개방공간 경험 1 – 어딘가에서 미친 듯 놀고 술을 마신 경험

반전
- 네가 예상하듯, 우린 **춤추고**, **뛰고**, 그리고 정말 신나게 놀았어. 내 말은, 우린 미친 듯 놀았어.
  Like you can imagine, we <u>danced</u>, <u>jumped</u>, and we lost control. I mean we went crazy.

결과
- 그 후, 우린 **맥주를 마셨어** 내일이 없는 것처럼. 정말 좋은 방법이어 **스트레스를 풀기**.
  After, we <u>drank</u> like there was no tomorrow. It was the perfect way to <u>release stress</u>.

🎧 MP3 IM2_50~51

개방공간 경험 2 – 무언가를 하다가 갑자기 비가 온 경험

반전
- 근데 그거 알아? 비가 많이 왔어. 내 말은, 날씨가 좋았었는데, 비가 퍼부었어!
  But you know what happened? It rained so hard! I mean, the weather was so nice, but it poured!

결과
- 어떻게 되었냐고? 우린 완전히 젖었어, 그리고 우린 그냥 결정했어 **집에 가는 것**으로.
  Guess what! We were completely soaked, and we just decided to <u>go home</u>.

🎧 MP3 IM2_52~53

개방공간 경험 3 – 어딘가에서 술을 마시고 필름이 끊긴 경험

반전
- 2시간 정도? 난 필름이 끊겼어! 왜냐하면 난 술을 너무 많이 마셨거든.
  After like 2 hours, I blacked out! Because I drank too much.

결과
- 거짓말이 아니야, 내 말은, 난 기억이 안 나 그날 밤이 거의.
  I'm not going to lie to you. I mean, I couldn't remember half of the night.

 암기문장 중, 밑줄 표시가 되어있는 부분은 주제별, 상황별로 학습자가 자유롭게 변형가능한 부분입니다.

경험의 암기문장 – 본론(단락 별 핵심 암기 문장)

정확한 경험의 답변을 위하여 본론에 필요한 암기문장을 제공합니다.

본론 - 단락 별 핵심 문장

🎧 MP3 IM2_54~55

독립공간 경험 1 – 무엇을 하다가 핸드폰을 잃어버린 경험

반전
- 음, 한 <u>2</u>시간 후? 난 알아차렸어 내가 <u>핸드폰</u>을 잃어버린걸. 내 말은, 난 분명 확실했어 <u>내 주머니</u>에 있었던걸.
  Well, after <u>2 hours?</u> I realized that I lost <u>my cell phone</u>. I mean, I was definitely sure it was in <u>my pocket</u>.

결과
- 난 어쩔 줄을 몰랐어, 그래서 난 사방을 다 찾았어 한 <u>2시간</u> 즈음 그리고 <u>내 가방 안</u>에 있었어.
  I didn't know what to do, so I searched everywhere for like <u>2 hours</u> and it was in <u>my bag</u>.

🎧 MP3 IM2_56~57

독립공간 경험 2 – 무엇을 하다가 정전이 된 경험

반전
- 근데 갑자기, 정전이 되었어. <u>우린</u> 너무 놀랐고 <u>움직일 수도</u> 없었어.
  But all of a sudden, there was a blackout. <u>We</u> were shocked and we couldn't <u>even move</u>.

결과
- 전기가 다시 돌아왔을 때, 우린 끝냈어 <u>음식 먹는 것</u>을. 그리고 있잖아, 나름 로맨틱했어.
  When the power was back, we finished <u>our food</u>. And you know, it was kinda romantic.

🎧 MP3 IM2_58~59

독립공간 경험 3 – 무엇을 하다가 다쳐서 병원에 간 경험

반전
- 나도 모르겠는데, 난 <u>허리</u>가 아팠어. 그래서 난 균형을 잃었고 넘어졌어.
  I don't know why, but I felt the <u>back pain</u>. So, I lost my balance and fell over.

결과
- 알잖아, 너무 아팠어. 그래서 <u>친구</u>가 데려다줬어 <u>병원</u>에.
  You know, it was so painful, so <u>my friend</u> took me to <u>the hospital</u>.

 암기문장 중, 밑줄 표시가 되어있는 부분은 주제별, 상황별로 학습자가 자유롭게 변형가능한 부분입니다.

경험의 암기문장 – 본론(단락 별 핵심 암기 문장)

정확한 경험의 답변을 위하여 본론에 필요한 암기문장을 제공합니다.

본론 - 단락 별 핵심 문장

🎧 MP3 IM2_60~61

문제 해결 경험 1 – 무엇을 하다가 전자기기가 고장 나 고친 경험

반전
- 근데 하나님 맙소사, <u>TV</u>가 멈췄어! 그래서 난 재빨리 전화했어 <u>서비스센터</u>에.
  But Jesus Christ, <u>the TV</u> just stopped working! So, I quickly called <u>the service center</u>.

결과
- 음, <u>엔지니어</u>는 <u>10</u>분 안에 왔어. 그리고 운이 좋게, 고쳤어 <u>20</u>분 만에.
  Well, <u>the engineer</u> came in <u>10</u> minutes. And luckily, he fixed it in like <u>20</u> minutes.

🎧 MP3 IM2_62~63

문제 해결 경험 2 – 물건이 망가져 환불을 요구한 경험

반전
- 어떻게 되었냐고? 난 알아차렸어 <u>내 침대</u>가 부서진걸! 난 너무 화가 났어 왜냐하면 <u>새 침대</u>였거든.
  Guess what! I found out that <u>my bed</u> was broken! I was so mad because it was a <u>new bed</u>!

결과
- 그래서, 난 <u>상점</u>에 전화해서 환불을 요구했어. 있잖아, 난 절대 안가 <u>그 상점</u>에 두 번 다시.
  So, I called <u>the store</u> and asked them for a refund. You know, I'm never going to <u>that store</u> again.

 암기문장 중, 밑줄 표시가 되어있는 부분은 주제별, 상황별로 학습자가 자유롭게 변형가능한 부분입니다.

경험 답변 준비 – 시험화면

난이도 4 설정 시, 경험이 나오는 번호를 실제 시험화면으로 익숙해져야 합니다.

난이도 4 설정 시, 경험 질문은 총 5문제(4, 7, 9, 10, 13번)가 출제됩니다.

1. 이미 유형을 알고 있기에 'Play' 버튼 클릭 전, 사용할 경험의 종류를 결정합니다.

2. 본론(했던 일 – 반전 – 결과)을 매끄러운 스토리텔링으로 답변 Format을 준비합니다.

3. 'Play' 버튼 클릭 후, 첫 번째 문제에서 경험 질문의 키워드를 집중해서 듣습니다.

4. 'Replay' 버튼 클릭 후, 두 번째 문제는 듣지 않고 답변 Format을 다시 준비합니다.

5. 오른쪽 상단의 'Recording' 버튼 생성 시, '경험 답변 Format' 대로 답변합니다.

 문제를 집중하여 듣고, 필히 과거시제를 사용하여 매끄러운 스토리텔링으로 답변!

경험 질문 파악 전략 – 예시

질문 듣기 전, 이미 유형을 알기에 매끄러운 '스토리텔링' 답변 Format 만들기에 집중 하셔야 합니다.

예시 질문 - 여행, 걷기, 은행

• Do you remember your first trip when you were little? **Where** did you go and **who** did you go with? **What** did you do or see during that trip?

① 했던 일(where, who) :   진짜녀석들 OPIc 묘사 문장을 과거 시제로 바꾸어 사용
② 반전(what) :   진짜녀석들 OPIc 경험 문장 사용
③ 결과(what) :   진짜녀석들 OPIc 경험 문장 사용

• Have you ever had a special experience while walking? **When** did it happen and **where** was it? **What** exactly happened there? Discuss the experience from the beginning to the end.

① 했던 일(when, where) :   진짜녀석들 OPIc 묘사 문장을 과거 시제로 바꾸어 사용
② 반전(what) :   진짜녀석들 OPIc 경험 문장 사용
③ 결과(what) :   진짜녀석들 OPIc 경험 문장 사용

• Have you ever had any problems at a bank? **What** kind of problem did you have, and **how** did you solve that problem? Tell me about the experience in detail.

① 했던 일(what) :   진짜녀석들 OPIc 묘사 문장을 과거 시제로 바꾸어 사용
② 반전(what) :   진짜녀석들 OPIc 경험 문장 사용
③ 결과(how) :   진짜녀석들 OPIc 경험 문장 사용

매끄러운 '스토리텔링' 을 위한 답변 Format 작성을 훈련합니다.

ⓐ 했던 일
    일반적인 6하 원칙(누가, 언제, 어디서 등)을 배운 진짜녀석들 OPIc 묘사 문장 및 본인 실력 문장을 포함합니다.

ⓑ 반전
    스릴러 영화의 반전이 아닌, 이야기 전개의 명분을 줄 수 있는 진짜녀석들 OPIc의 '반전' 문장을 사용합니다.

ⓒ 결과
    매끄러운 마무리를 위해 감정을 섞어 진짜녀석들 OPIc의 '결과' 문장을 사용합니다.

• **진짜녀석들 OPIc 묘사 답변 훈련과 같이 모든 단락에 <u>본인 실력 문장</u>을 필히 포함해 주시기 바랍니다.**

경험 답변 전략 – 예시

OPIc은 면접과 흡사한 시험으로 서론, 본론, 결론을 명확하게 지키며 답변합니다.

Q

Please tell me about a special experience you had at a park. **When** was it and **who** were you with? **Why** was it so special? Please tell me all the stories from the beginning to the end.

공원에서 일어난 특별한 경험에 대해 말해주세요. 언제 였고 누구와 갔나요? 무엇이 특별했나요? 경험에 대해 처음부터 끝까지 상세히 말해주세요.

예시 답변 - 공원 경험

서론
시작문장/10%

- <u>Great</u>, you mean *my park <u>experience</u>?* Yeah, I went to the <u>park</u> with my friend <u>2</u> weeks ago.

본론
했던 일/40%

- **As <u>I</u> mentioned before,** I went to the <u>nearest</u> park with my friends <u>2</u> weeks ago.
  - You know, the <u>park</u> was a <u>well</u>-known spot for just sitting and <u>relaxing</u>.
  - So, we <u>sat</u> down, listened to <u>music</u> and stuff like that.
  - <u>Also</u>, we grabbed a beer together.

본론
반전/20%

- **But you know what <u>happened</u>?** It rained <u>so</u> hard! I mean, the weather was <u>so</u> nice but, it <u>poured</u>!
  - You know, it was a <u>sunny</u> day!

본론
결과/20%

- **Guess <u>what</u>!** We were <u>completely</u> soaked, and we just <u>decided</u> to go home.
  - But it was <u>fun</u>.

결론
마무리문장/10%

- **Um <u>yeah</u>,** I think this is <u>all</u> I remember about *my park experience* Eva. Thank you.

경험 답변의 고득점을 향한 스피킹 방법을 훈련합니다.

ⓐ 부사 사용(녹색 색상 단어 참고)
단락의 시작은 항상 부사(접속부사, 부사절 등) 및 추임새를 사용하여 간결함과 연결성을 전달해줍니다.

As I mentioned before, I went to the nearest park with my friends 2 weeks ago.

ⓑ 암기 문장(파란 색상 문장 참고)
진짜녀석들 OPIc에서 제공하는 핵심 암기 문장을 사용하여 높은 점수를 받을 수 있는 표현들을 사용합니다.

Guess what! We were completely soaked, and we just decided to go home.

ⓒ 본인 실력 문장(빨간 색상 문장 참고)
핵심 암기 문장의 추가 설명으로 풍부한 답변이 되도록 본인 실력문장을 더해줍니다. (문법적인 오류가 있어도 자신 실력 문장이 추가되어야 실제 본인 답변처럼 들립니다.) 제공하는 핵심 암기문장을 자신의 실력을 추가하여 변형하기도 합니다.

But you know what happened? It rained so hard! I mean, the weather was so nice but, it poured!
- You know, it was a sunny day!

ⓓ 강세 전달(밑줄 단어 참고)
영어 말하기에서 강세는 의미를 전달하는 핵심 역할이므로 보다 더 자연스러운 답변을 위하여 강세 전달을 합니다.

- But it was fun.

ⓔ 답변 키워드 강조(기울어진 단어 참고)
답변의 키워드(ex. park)는 강조하여 읽어줍니다.

Um yeah, I think this is all I remember about *my park experience* Eva. Thank you.

14강

유형 03 (경험)

암기문장 활용

경험의 암기문장 과거시제

경험의 문법을 정확히 배우고 응용해 보세요.

Like you can imagine, we danced, jumped, and we lost control. I mean we went crazy.

• [과거시제] danced : 춤을 췄다

01.   영어의 모든 동사는 **시제에 따라 형태가 변함**

02.   규칙동사의 경우 동사형태 뒤에 **–ed / -d 추가**

03.   불규칙동사는 형태 자체가 변화하므로 주의해서 사용

04.   특히 **경험은 '과거시제'가 중요**한 유형인만큼 실수하지 않기!

사용 방법

규칙동사 과거시제: 동사+d/ed

불규칙동사 과거시제: 형태 변화에 주의!

(be-was/were, go-went, do-did, lose-lost, take-took, drink-drank)

활용 및 응용

• We danced, jumped, and we lost control. I mean we went crazy.

• We drank like there was no tomorrow. It was the perfect way to release stress.

• I realized that I lost my cell phone. I mean, I was definitely sure it was in my pocket.

MEMO

경험의 암기문장 You know what happened?

경험의 문법을 정확히 배우고 응용해 보세요.

But you know what happened? It rained so hard! I mean, the weather was so nice but, it poured!

• [You know what happened?] : 무슨 일이 있었는지 알아?

01. 'you know what happened?'는 실제 회화에서 자주 쓰이는 표현으로, 듣고 있는 상대에게 **집중/호응을 얻는 뉘앙스의 표현**

02. '경험'에서는 스토리텔링이 중요하므로 실제 **내가 이야기를 하는 것처럼** 이런 식의 표현을 넣어주는 것이 자연스러움을 높여 줌

03. 비슷한 표현 : Guess what? Guess what happened? You know what? 등

사용 방법

중요한 내용을 말하기 전에 상대의 집중/호응을 얻는 느낌으로 사용

= guess what? guess what happened? you know what?

활용 및 응용

• You know what happened? It rained so hard!

• Guess what! I found out that my bed was broken!

• After like 10 mins, guess what happened? I saw Beyonce!

MEMO

경험의 암기문장　과거 수동태

경험의 문법을 정확히 배우고 응용해 보세요.

Guess what! We were completely soaked, and we just decided to go home.

• [과거수동태] were soaked : 홀딱 젖게 되었다

01.　수동태를 과거의 시제로 사용할 때는 **be동사만 과거형**으로!

02.　주어에 따라 was/were로 **주어-동사 수일치**에 주의

03.　마찬가지로 불규칙 동사 과거분사 형태에 주의

사용 방법

was/were + 과거분사

활용 및 응용

• We were completely soaked, and we just decided to go home.

• That place was filled with lots of people.

• The people were asked to leave the park right away.

MEMO

경험의 암기문장　수량 형용사

경험의 문법을 정확히 배우고 응용해 보세요.

After like 2 hours, I blacked out! Because I drank too much.

• [수량 형용사] much : 많이

01. '수량 형용사'는 명사의 수나 양을 표현해주는 형용사로 **셀 수 있는** 명사와 **셀 수 없는** 명사에 따라 다르게 사용
02. 수량 형용사
      a. 셀 수 있는 명사 : many, a lot of, lots of, a few 등
      b. 셀 수 없는 명사 : much, a lot of, lots of, a little 등

사용 방법

수량 형용사 + 명사 (간혹 반복되는 명사의 경우 생략도 가능)

* 셀 수 있는 명사와 셀 수 없는 명사에 따라 다르게 사용

활용 및 응용

• I blacked out! Because I drank too much (beer).

• John is an outgoing person, and he has lots of friends.

• I think I had too much coffee this morning.

MEMO

경험의 암기문장   what to do

경험의 문법을 정확히 배우고 응용해 보세요.

I didn't know what to do, so I searched everywhere for like 2 hours and it was in my bag.

• [what to do] : 무엇을 (어떻게) 할지

01.   '의문사 + to부정사'의 형태로 다양한 의미 전달 가능
02.   이 경우, 의문사와 그 뒤에 to부정사는 '~할 지', '~해야 할 지'로 해석하여 상황에 맞춰 적합한 표현으로 만들어 사용
03.   예) how to solve, where to go, what to eat, when to leave 등
04.   이 경우, '의문사 + to부정사' 이 전체를 명사구로 취급

사용 방법

의문사 + to + 동사원형

활용 및 응용

• I didn't know what to do, so I searched everywhere for like 2 hours.

• We were so confused and tried to find where to go.

• Honestly, I wasn't sure how to solve this problem.

MEMO

경험의 암기문장 　과거분사

경험의 문법을 정확히 배우고 응용해 보세요.

But all of a sudden, there was a blackout. We were shocked and we couldn't even move.

• [과거분사] shocked : 충격을 받은

01. '**과거분사**'는 동사의 형태가 바뀐 '**형용사**'로, 명사 앞뒤에서 수식하거나 be동사나 have와 같이 쓰여 수동태, 완료시제로 사용
02. 특히 '**감정**'이나 '**상태**'를 나타낼 때도 자주 활용되지만 분사 형태에 따라 의미가 다르게 해석되니 이 점 반드시 주의!
03. 예를 들어 '충격을 주다'라는 의미의 'shock'를 분사로 바꾸면
　　a. shocking (현재분사) ：　충격을 주는 (유발하는) '능동'
　　b. shocked (과거분사) ：　충격을 받은 (당하는) '수동'

사용 방법

동사ed/d or 불규칙 동사 과거분사

활용 및 응용

• We were shocked and we couldn't even move.

• When I got home, there was nothing left in the fridge.

• I was not interested. I mean he was so boring!

MEMO

경험의 암기문장   부사

경험의 문법을 정확히 배우고 응용해 보세요.

When the power was back, we finished our food. And you know, it was kinda romantic.

• [부사] kinda : 꽤, 좀

01.   'kinda'는 원래 'kind of'의 줄임 말로 빠르게 발화시 'of'가 '아'처럼 들리게 되어 'kinda'라고도 자주 사용

02.   문자 그대로 번역하면 '~의 종류'가 되지만 여기서는 '**꽤**', '**좀**'과 같은 강조를 나타내는 '**부사**'로 형용사를 수식

03.   유사한 표현으로는 pretty, quite, sort of, fairly 등

사용 방법

kinda + 형용사

= pretty, quite, sort of, fairly

활용 및 응용

• And you know, it was kinda romantic.

• Going to the park on Christmas was a pretty good idea.

• I was sort of relieved that I fixed his laptop.

MEMO

경험의 암기문장　stop + 동명사

경험의 문법을 정확히 배우고 응용해 보세요.

But Jesus Christ, the TV just stopped working! So, I quickly called the service center.

• [stop + 동명사] : ~하는 것을 멈추다

01.　　동사 'stop'은 목적어로 '동명사', 'to 부정사' 모두 취급 가능

02.　　단, 각각의 경우에 따라 해석이 다르니, 정확한 의도에 맞춰 사용!

　　　　a.　stop + 동명사 :　~하는 것을 멈추다

　　　　b.　stop + to 부정사 :　~하기 위해 멈추다

사용 방법

stop + 동명사 / to 부정사

* 단, 두 경우 의미가 다르게 해석되니 전달하려는 뜻에 맞춰 사용

활용 및 응용

• The TV just stopped working! So, I quickly called the service center.

• I don't know but suddenly my phone stopped working.

• I decided to stop smoking to take care of my health.

MEMO

경험의 암기문장　빈도부사

경험의 문법을 정확히 배우고 응용해 보세요.

So, I called the store and asked them for a refund. You know, I'm never going to that store again.

• [빈도부사] never : 절대로, 결코

01. **'빈도부사'**는 어떤 일이나 행동의 빈도수를 나타냄
02. 빈도부사는 동사의 종류에 따라 문장에서의 위치가 달라지므로 주의
03. **be동사, 조동사 <u>뒤</u> / 일반동사 <u>앞</u>**
04. always (항상), usually (보통), often (종종), sometimes (때때로), never (절대)

사용 방법

be동사 + **빈도부사**

조동사 + **빈도부사**

빈도부사 + 일반동사

활용 및 응용

• I am never going to that store again.

• My friend Lily and I often went to the park together.

• We could always listen to K-POP, no matter what!

MEMO

15강

유형 03 (경험)

암기문장 쉐도잉

1단계 : 사전학습

2단계 : 딕테이션

3단계 : 문장 끊어 읽기

4단계 : 전체 문장 읽기

5단계 : 반복 학습

암기문장 쉐도잉

암기문장 쉐도잉은 총 5단계로 나누어져 있습니다.
진짜녀석들 OPIc의 암기문장을 반복듣기 하면서 쉐도잉을 진행합니다.

1단계
사전학습

문장을 들은 후, 주어진 암기문장을 억양, 강세를 고려하여 큰소리로 읽습니다.

ex.) Actually, **It** is incredibly **beautiful** and **peaceful.**

2단계
딕테이션

문장을 들은 후, 밑줄 친 부분을 적습니다.

ex.) Actually, ___ is incredibly _____ and _____.

3단계
문장 끊어 읽기

문장을 들은 후, 청크 단위로 끊어 읽어 봅니다.

ex.) Actually, / **It** is incredibly **beautiful** / and **peaceful.**

4단계
전체 문장 읽기

문장을 들은 후, 3단계를 여러 번 반복한 후, 전체 문장을 한숨에 읽어 봅니다.

ex.) Actually, **It** is incredibly **beautiful** and **peaceful.**

5단계
반복학습

위 단계를 반복하여, 영어의 어순으로 된 한글 해석을 보며, 쉐도잉 연습을 합니다.

ex.) 사실, __그곳은__ 숨막히게 __아름다워__ 그리고 __평화로워.__

암기문장 쉐도잉

경험의 서론(시작문장)의 쉐도잉 연습을 하세요.

🎧 MP3 IM2_42~44

1단계 : 시전학습

문장을 들은 후, 주어진 암기문장을 억양, 강세를 고려하여 큰소리로 읽습니다.

🎧 IM2_42 • I got it Eva, experience about **my trip**? Sure, I'm gonna tell you about **my trip to Hawaii**.

🎧 IM2_43 • **Great,** you mean **my beach experience**? Sure, I got it.

🎧 IM2_44 • **Why not?** Let me tell you about **my first concert experience**.

2단계 : 딕테이션

문장을 들은 후, 밑줄 친 부분을 적습니다.

• **I got it Eva,** experience about _____? Sure, I'm gonna tell you about _____.

• **Great,** you mean _____? Sure, I got it.

• **Why not?** Let me tell you about _____.

3단계 : 문장 끊어 읽기

문장을 들은 후, 청크 단위로 끊어 읽어 봅니다.

• I got it Eva, / experience about **my trip**? / Sure, I'm gonna tell you about / **my trip to Hawaii**.

• **Great,** / you mean **my beach experience**? / Sure, I got it.

• **Why not?** / Let me tell you about **my** / **first concert experience**.

4단계 : 전체 문장 읽기

문장을 들은 후, 3단계를 여러 번 반복한 후, 전체 문장을 한숨에 읽어 봅니다.

• I got it Eva, experience about **my trip**? Sure, I'm gonna tell you about **my trip to Hawaii**.

• **Great,** you mean **my beach experience**? Sure, I got it.

• **Why not?** Let me tell you about **my first concert experience**.

5단계 : 반복 학습

위 단계를 반복하여, 영어의 어순으로 된 한글 해석을 보며, 쉐도잉 연습을 합니다.

• 오케이 에바, **여행 관련** 경험? 알겠어, **하와이 여행**에 대해서 얘기해 줄게.

• 좋아, **내 해변 경험**? 알겠어.

• 물론이지, 내 **첫 번째 콘서트 경험**을 말해 줄게.

암기문장 쉐도잉

경험의 결론(마무리문장)의 쉐도잉 연습을 하세요.

🎧 **MP3 IM2_45~47**

1단계 : 사전학습

문장을 들은 후, 주어진 암기문장을 억양, 강세를 고려하여 큰소리로 읽습니다.

🎧 **IM2_45** • **Um yeah,** this is all I remember Eva. Thank you.
🎧 **IM2_46** • **Okay Eva,** this is **my park experience**.
🎧 **IM2_47** • **Alright Eva,** I guess this is pretty much about it.

2단계 : 딕테이션

문장을 들은 후, 밑줄 친 부분을 적습니다.

• **Um yeah,** this is all I remember Eva. Thank you.
• **Okay Eva,** this is _____.
• **Alright Eva,** I guess this is pretty much about it.

3단계 : 문장 끊어 읽기

문장을 들은 후, 청크 단위로 끊어 읽어 봅니다.

• **Um yeah,** / this is all I remember Eva. / Thank you.
• **Okay Eva,** / this is **my park experience**.
• **Alright Eva,** / I guess this is / pretty much about it.

4단계 : 전체 문장 읽기

문장을 들은 후, 3단계를 여러 번 반복한 후, 전체 문장을 한숨에 읽어 봅니다.

• **Um yeah,** this is all I remember Eva. Thank you.
• **Okay Eva,** this is **my park experience**.
• **Alright Eva,** I guess this is pretty much about it.

5단계 : 반복 학습

위 단계를 반복하여, 영어의 어순으로 된 한글 해석을 보며, 쉐도잉 연습을 합니다.

• **음 그래,** 여기 까지가 내가 기억하는 부분이야 에바. 고마워.
• **오케이 에바,** 이게 **내 공원의 경험**이야.
• **알겠어 에바,** 내 생각에 이 정도면 될 것 같아.

암기문장 쉐도잉

경험의 본론 문장의 쉐도잉 연습을 하세요.

1단계 : 사전학습

문장을 들은 후, 주어진 암기문장을 억양, 강세를 고려하여 큰소리로 읽습니다.

🎧 **IM2_48** • Like you can imagine, we <u>danced</u>, <u>jumped</u>, and we lost control. I mean we went crazy.

🎧 **IM2_49** • After, we <u>drank</u> like there was no tomorrow. It was the perfect way to <u>release stress</u>.

🎧 **IM2_50** • But you know what happened? It rained so hard! I mean, the weather was so nice, but it poured!

🎧 **IM2_51** • Guess what! We were completely soaked, and we just decided to <u>go home</u>.

🎧 **IM2_52** • After like 2 hours, I blacked out! Because I drank too much.

🎧 **IM2_53** • I'm not going to lie to you. I mean, I couldn't remember half of the night.

🎧 **IM2_54** • Well, after <u>2 hours</u>? I realized that I lost <u>my cell phone</u>. I mean, I was definitely sure it was in <u>my pocket</u>.

🎧 **IM2_55** • I didn't know what to do, so I searched everywhere for like <u>2 hours</u> and it was in <u>my bag</u>.

🎧 **IM2_56** • But all of a sudden, there was a blackout. <u>We</u> were shocked and we couldn't <u>even move</u>.

🎧 **IM2_57** • When the power was back, we finished <u>our food</u>. And you know, it was kinda romantic.

🎧 **IM2_58** • I don't know why, but I felt the <u>back pain</u>. So, I lost my balance and fell over.

🎧 **IM2_59** • You know, it was so painful, so <u>my friend</u> took me to <u>the hospital</u>.

🎧 **IM2_60** • But Jesus Christ, <u>the TV</u> just stopped working! So, I quickly called <u>the service center</u>.

🎧 **IM2_61** • Well, <u>the engineer</u> came in <u>10</u> minutes. And luckily, he fixed it in like <u>20</u> minutes.

🎧 **IM2_62** • Guess what! I found out that <u>my bed</u> was broken! I was so mad because it was a <u>new bed</u>!

🎧 **IM2_63** • So, I called <u>the store</u> and asked them for a refund. You know, I'm never going to <u>that store</u> again.

2단계 : 딕테이션

문장을 들은 후, 밑줄 친 부분을 적습니다.

🎧 **반전** • Like you can imagine, we _____, _____, and we lost control. I mean we went crazy.

🎧 **결과** • After, we _____ like there was no tomorrow. It was the perfect way to _____.

🎧 **반전** • But you know what happened? It rained so hard! I mean, the weather was so nice, but it poured!

🎧 **결과** • Guess what! We were completely soaked, and we just decided to _____.

🎧 **반전** • After like 2 hours, I blacked out! Because I drank too much.

🎧 **결과** • I'm not going to lie to you. I mean, I couldn't remember half of the night.

🎧 **반전** • Well, after _____ hours? I realized that I lost _____. I mean, I was definitely sure it was in _____.

🎧 **결과** • I didn't know what to do, so I searched everywhere for like _____ and it was in _____.

🎧 **반전** • But all of a sudden, there was a blackout. _____ were shocked and we couldn't _____.

🎧 **결과** • When the power was back, we finished _____. And you know, it was kinda romantic.

🎧 **반전** • I don't know why, but I felt the _____. So, I lost my balance and fell over.

🎧 **결과** • You know, it was so painful, so _____ took me to _____.

🎧 **반전** • But Jesus Christ, _____ just stopped working! So, I quickly called _____.

🎧 **결과** • Well, _____ came in _____ minutes. And luckily, he fixed it in like _____ minutes.

🎧 **반전** • Guess what! I found out that _____ was broken! I was so mad because it was a _____!

🎧 **결과** • So, I called _____ and asked them for a refund. You know, I'm never going to _____ again.

암기문장 쉐도잉

경험의 본론 문장의 쉐도잉 연습을 하세요.

🎧 MP3 IM2_48~63

3단계 : 문장 끊어 읽기

문장을 들은 후, 청크 단위로 끊어 읽어 봅니다.

- 🎧 반전 • Like you can imagine, / we **danced, jumped,** and / we lost control. / I mean we went crazy.
- 🎧 결과 • After, / we **drank** like / there was no tomorrow. / It was the perfect way to / **release stress.**
- 🎧 반전 • But you know what happened? / It rained so hard! / I mean, the weather was so nice, but / it poured!
- 🎧 결과 • Guess what! / We were completely soaked, and / we just decided to **go home.**
- 🎧 반전 • After like 2 hours, / I blacked out! / Because I drank too much.
- 🎧 결과 • I'm not going to lie to you. / I mean, I couldn't / remember half of the night.
- 🎧 반전 • Well, after **2** hours? / I realized that / I lost **my cell phone.** / I mean, I was definitely sure it was / in **my pocket.**
- 🎧 결과 • I didn't know what to do, / so I searched everywhere for like / **2 hours** and / it was in **my bag.**
- 🎧 반전 • But all of a sudden, / there was a blackout. / **We** were shocked and / we couldn't **even move.**
- 🎧 결과 • When the power was back, / we finished **our food.** / And you know, it was / kinda romantic.
- 🎧 반전 • I don't know why, but / I felt the **back pain.** So, / I lost my balance and fell over.
- 🎧 결과 • You know, / it was so painful, so / **my friend** took me to **the hospital.**
- 🎧 반전 • But Jesus Christ, / **the TV** just stopped working! So, / I quickly called **the service center.**
- 🎧 결과 • Well, **the engineer** came in **10** minutes. And / luckily, he fixed it in like / **20** minutes.
- 🎧 반전 • Guess what! / I found out that / **my bed** was broken! / I was so mad because / it was a **new bed!**
- 🎧 결과 • So, I called **the store** and / asked them for a refund. / You know, I'm never / going to **that store** again.

4단계 : 전체 문장 읽기

문장을 들은 후, 3단계를 여러 번 반복한 후, 전체 문장을 한숨에 읽어 봅니다.

- 🎧 반전 • Like you can imagine, we **danced, jumped,** and we lost control. I mean we went crazy.
- 🎧 결과 • After, we **drank** like there was no tomorrow. It was the perfect way to **release stress.**
- 🎧 반전 • But you know what happened? It rained so hard! I mean, the weather was so nice, but it poured!
- 🎧 결과 • Guess what! We were completely soaked, and we just decided to **go home.**
- 🎧 반전 • After like 2 hours, I blacked out! Because I drank too much.
- 🎧 결과 • I'm not going to lie to you. I mean, I couldn't remember half of the night.
- 🎧 반전 • Well, after **2** hours? I realized that I lost **my cell phone.** I mean, I was definitely sure it was in **my pocket.**
- 🎧 결과 • I didn't know what to do, so I searched everywhere for like **2 hours** and it was in **my bag.**
- 🎧 반전 • But all of a sudden, there was a blackout. **We** were shocked and we couldn't **even move.**
- 🎧 결과 • When the power was back, we finished **our food.** And you know, it was kinda romantic.
- 🎧 반전 • I don't know why, but I felt the **back pain.** So, I lost my balance and fell over.
- 🎧 결과 • You know, it was so painful, so **my friend** took me to **the hospital.**
- 🎧 반전 • But Jesus Christ, **the TV** just stopped working! So, I quickly called **the service center.**
- 🎧 결과 • Well, **the engineer** came in **10** minutes. And luckily, he fixed it in like **20** minutes.
- 🎧 반전 • Guess what! I found out that **my bed** was broken! I was so mad because it was a **new bed!**
- 🎧 결과 • So, I called **the store** and asked them for a refund. You know, I'm never going to **that store** again.

암기문장 쉐도잉

경험의 본론 문장의 쉐도잉 연습을 하세요.

5단계 : 반복학습

위 단계를 반복하여, 영어의 어순으로 된 한글 해석을 보며, 쉐도잉 연습을 합니다.

- 네가 예상하듯, 우린 **춤추고, 뛰고**, 그리고 정말 신나게 놀았어. 내 말은, 우린 미친 듯 놀았어.
- 그 후, 우린 **맥주를 마셨어** 내일이 없는 것처럼. 정말 좋은 방법이었어 **스트레스를 풀기**.
- 근데 그거 알아? 비가 많이 왔어. 내 말은, 날씨가 좋았었는데, 비가 퍼부었어!
- 어떻게 되었냐고? 우린 완전히 젖었어, 그리고 우린 그냥 결정했어 **집에 가는 것**으로.
- 2시간 정도? 난 필름이 끊겼어! 왜냐하면 난 술을 너무 많이 마셨거든.
- 거짓말이 아니야, 내 말은, 난 기억이 안나 그날 밤이 거의.
- 음, 한 2시간 후? 난 알아차렸어 내가 **핸드폰**을 잃어버린 걸. 내 말은, 난 분명 확실했어 **내 주머니**에 있었던 걸.
- 난 어쩔 줄을 몰랐어, 그래서 난 사방을 다 찾았어 한 **2시간** 즈음 그리고 **내 가방 안**에 있었어.
- 근데 갑자기, 정전이 되었어. **우린** 너무 놀랐고 **움직일 수도** 없었어.
- 전기가 다시 돌아왔을 때, 우린 끝냈어 **음식 먹는 것**을. 그리고 있잖아, 나름 로맨틱했어.
- 나도 모르겠는데, 난 **허리**가 아팠어. 그래서 난 균형을 잃었고 넘어졌어.
- 알잖아, 너무 아팠어. 그래서 **친구**가 데려다 줬어 **병원**에.
- 근데 하나님 맙소사, **TV**가 멈췄어! 그래서 난 재빨리 전화했어 **서비스센터**에.
- 음, 엔지니어는 **10분** 안에 왔어. 그리고 운이 좋게, 고쳤어 **20분** 만에.
- 어떻게 되었냐고? 난 알아차렸어 **내 침대**가 부서진 걸! 난 너무 화가 났어 왜냐하면 **새 침대**였거든.
- 그래서, 난 **상점**에 전화해서 환불을 요구했어. 있잖아, 난 절대 안가 **그 상점**에 두 번 다시.

16강

유형 03 (경험)

리스닝 훈련

경험 질문 리스트

최초 / 최근 경험

인상 깊었던 / 문제 해결 경험

경험 질문 리스트

진짜녀석들 OPIc의 다양한 경험 질문들의 MP3를 듣고 키워드 캐치를 훈련하세요.

🎧 MP3 IM2_Q_41~50

최초 경험

Do you remember your first trip abroad when you were little? **Where** did you go and **who** did you go with? **What** did you do or see during that trip?

Do you remember the first time you went to a park? **When** was it and **Who** were you with? **What** happened? Please tell me the story from the beginning to the end.

최근 경험

Please tell me about the time you went to listen to some live music. Perhaps it was at a concert or a live cafe. **Who** did you go there with and **how** did you like the music?

When was the last time you went to a beach? **Where** did you go? **Who** were you with? **What** happened there? I would like you to tell me the story from the beginning to the end.

인상 깊었던 경험

I want to know about a memorable experience that had occurred in your house. **When** was it? **What** happened? **Why** was it so memorable? Tell me about this experience in as much detail as you can.

Have you ever had a special experience while walking? **When** did it happen and **where** was it? **What** exactly happened there? Discuss the experience from the beginning to the end.

Please tell me about the most memorable holiday you spent with your friends. **When** was it? **Where** did you go? **What** exactly happened and **why** was it so memorable? Please tell me everything from the beginning to the end.

Please tell me about a memorable incident that happened at a bar. **When** was it and **who** were you with? **What** happened there? And **why** was it so special? Please tell me everything from the beginning to the end.

문제 해결 경험

Have you ever had any problems at a bank? What kind of **problem** did you have, and how did you **solve** that problem? Tell me about the experience in detail.

Have you ever broken something that you borrowed from someone else? **When** was it and **what** happened? How did you **handle** the situation? Please tell me the story from the beginning to the end.

최초, 최근 경험

진짜녀석들 OPIc의 다양한 경험 질문들의 MP3를 듣고 키워드 캐치를 훈련하세요.

서베이 / 여행

🎧 MP3 IM2_Q_41

처음 가본 해외 여행 경험

Do you remember your first trip abroad when you were little? Where did you go and who did you go with? What did you do or see during that trip?

/ KEYWORD

서베이 / 공원

🎧 MP3 IM2_Q_42

처음 가본 공원 경험

Do you remember the first time you went to a park? When was it and Who were you with? What happened? Please tell me the story from the beginning to the end.

/ KEYWORD

서베이 / 음악

🎧 MP3 IM2_Q_43

최근 들은 라이브 음악 경험

Please tell me about the time you went to listen to some live music. Perhaps it was at a concert or a live cafe. Who did you go there with and how did you like the music?

/ KEYWORD

서베이 / 해변

🎧 MP3 IM2_Q_44

최근 갔었던 해변 경험

When was the last time you went to a beach? Where did you go? Who were you with? What happened there? I would like you to tell me the story from the beginning to the end.

/ KEYWORD

인상 깊었던 경험

진짜녀석들 OPIc의 다양한 경험 질문들의 MP3를 듣고 키워드 캐치를 훈련하세요.

🎧 MP3 IM2_Q_45

서베이 / 거주지

집에서 있었던 인상 깊었던 경험

I want to know about a memorable experience that had occurred in your house. When was it? What happened? Why was it so memorable? Tell me about this experience in as much detail as you can.

/ KEYWORD

🎧 MP3 IM2_Q_46

서베이 / 걷기

걷는 도중 인상 깊었던 경험

Have you ever had a special experience while walking? When did it happen and where was it? What exactly happened there? Discuss the experience from the beginning to the end.

/ KEYWORD

🎧 MP3 IM2_Q_47

돌발 / 휴일

휴일 중 인상 깊었던 경험

Please tell me about the most memorable holiday you spent with your friends. When was it? Where did you go? What exactly happened and why was it so memorable? Please tell me everything from the beginning to the end.

/ KEYWORD

🎧 MP3 IM2_Q_48

서베이 / 술집,바

바에서 있었던 인상 깊었던 경험

Please tell me about a memorable incident that happened at a bar. When was it and who were you with? What happened there? And why was it so special? Please tell me everything from the beginning to the end.

/ KEYWORD

문제 해결 경험

진짜녀석들 OPIc의 다양한 경험 질문들의 MP3를 듣고 키워드 캐치를 훈련하세요.

🎧 MP3 IM2_Q_49

돌발 / 은행

은행에서 일어난 문제와 해결 경험

Have you ever had any problems at a bank? What kind of problem did you have, and how did you solve that problem? Tell me about the experience in detail.

/ KEYWORD

🎧 MP3 IM2_Q_50

돌발 / 전자기기

빌린 물건을 망가뜨려 해결한 경험

Have you ever broken something that you borrowed from someone else? When was it and what happened? How did you handle the situation? Please tell me the story from the beginning to the end.

/ KEYWORD

17강

유형 03 (경험)

스크립트 훈련1

최초 경험 처음 가본 해외 여행 경험

Q41

🎧 MP3 IM2_Q_41

Do you remember your first trip abroad when you were little? **Where** did you go and **who** did you go with? **What** did you do or see during that trip?

어렸을 적, 처음 가본 해외 여행을 기억하시나요? 어디를 갔었으며, 누구와 함께 갔나요? 여행을 하시면서 무엇을 하거나 보셨나요?

🎧 MP3 IM2_A_41

서론
시작문장/10%

- Okay Eva, experience about *my <u>first</u> trip abroad?* Sure, I'm gonna tell you about my trip to <u>Hawaii</u>.

본론
했던 일/40%

- Well, I think I went to <u>Hawaii</u> with my family <u>10</u> years ago.
  - You know, the <u>beach</u> in Hawaii was undeniably <u>beautiful</u>.
  - And, the sand was <u>very</u> comfortable to walk on.
  - And um, we played <u>sports</u>, listened to <u>music</u> and stuff like that.
  - We played <u>volleyball</u> and it was <u>so</u> much fun.

본론
반전/20%

- But you know what <u>happened?</u> It rained <u>so</u> hard! I mean, the weather was <u>so</u> nice but, it <u>poured</u>!
  - I was so mad.

본론
결과/20%

- Guess what! We were <u>completely</u> soaked, and we just decided to go back to the <u>hotel</u>.
  - You know, I was <u>so</u> disappointed.

결론
마무리문장/10%

- Um yeah, I think this is <u>all</u> I remember about *my first trip <u>abroad</u>* Eva. Thank you.

- -

- 오케이 에바, **내 첫 번째 해외여행 경험?** 좋아, 하와이 여행에 대해 말해 줄게.

- 음, 난 10년 전에 가족과 함께 하와이에 갔어.
  - 있잖아, 하와이 해변은 정말 아름다웠어.
  - 그리고 모래사장은 걷기에 정말 편했어.
  - 우리는 운동을 했고, 음악을 들었어.
  - 우리는 배구를 했고, 그건 정말 재미있었어.

- 근데 무슨 일이 있었는지 알아? 비가 엄청 왔어. 날씨는 좋았는데, 정말 엄청 퍼부었어.
  - 난 진짜 화가 났어.

- 어떻게 되었을 것 같아? 우리는 완전히 젖었어. 그리고, 우린 호텔로 다시 돌아가기로 결정했지.
  - 있잖아, 난 정말 실망했었어.

- 음 그래, 이게 내가 기억하는 **내 첫 번째 해외여행 경험**이야. 고마워.

어휘 및 표현

my first trip abroad 내 첫 번째 해외여행   trip to Hawaii 하와이 여행   it was so much fun 정말 재미 있었어   I was so mad 난 너무 화가 났었어
go back to the hotel 호텔로 돌아가다   I was so disappointed 너무 실망했어

최초 경험 처음 가본 공원 경험

Q42 ──────────────────────────────── 🎧 MP3 IM2_Q_42

Do you remember the first time you went to a park? **When** was it and **Who** were you with? **What** happened? Please tell me the story from the beginning to the end.

공원에 처음 가본 적이 언제였나요? 어느 공원을 갔으며, 누구와 함께 갔나요? 어떤 일이 있었죠? 해당 경험에 대해 상세히 말해주세요.

🎧 MP3 IM2_A_42

서론
시작문장/10%

- <u>Great,</u> you mean *my <u>first</u> park experience?* Yeah, I went to the park with my friend <u>2</u> weeks ago.

본론
했던 일/40%

- **You know,** there was a <u>huge</u> park in my <u>neighborhood</u>.
  - And I think it was about <u>200</u>m from my place.
  - <u>Also,</u> there was a <u>huge</u> running track.
  - You know, I could see <u>lots</u> of people enjoying their free <u>time</u>.
  - And um, we played <u>sports</u>, listened to <u>music</u> and stuff like that.
  - It was <u>so</u> much fun.

본론
반전/20%

- **After <u>2</u> hours?** I realized that I lost my <u>cell</u> phone. I mean, I was <u>definitely</u> sure it was in my pocket.
  - I <u>freaked</u> out because it was a <u>new</u> cell phone.

본론
결과/20%

- **I didn't know what to do,** so I searched <u>everywhere</u> for like <u>3</u> hours and it was in my <u>bag</u>.
  - <u>Yeah,</u> I was <u>super</u> lucky.

결론
마무리문장/10%

- <u>Okay</u> Eva, this is *my first park <u>experience</u>.*

- -

- 좋아, **내 첫 번째 공원에 간 경험?** 좋아, 2주 전에 내 친구와 공원에 갔어.

- 있잖아, 우리 동네에 큰 공원이 있었어.
  - 그리고 우리 집에서 약 200m 떨어져 있었던 것 같아.
  - 또한, 큰 러닝트랙이 있었어.
  - 있잖아, 난 많은 사람들이 거기에서 여가 시간을 즐기고 있는 것을 볼 수 있었어.
  - 그리고 음, 우리는 운동을 했고, 음악 등을 들었어.
  - 정말 재미있었어.

- 2시간 후에? 난 핸드폰을 잃어버렸다는 것을 깨달았어. 내 말은, 분명히 내 주머니에 있었거든.
  - 난 정말 당황했어 그건 새 핸드폰이었거든.

- 난 뭘 해야 할지 몰랐고, 3시간 동안 다 찾아다녔는데 그건 결국 내 가방에 있었어.
  - 진짜 운이 좋지.

- 오케이 에바, 이게 **내 첫 번째 공원에 간 경험**이야.

어휘 및 표현
my first park experience 나의 첫 번째 공원 경험   **2 weeks ago** 2주 전에   in my neighborhood 우리 동네에
It was so much fun 정말 재미 있었어   **I freaked out** 정말 깜짝 놀랐어

최근 경험 최근 들은 라이브 음악 경험

Q43

🎧 MP3 IM2_Q_43

Please tell me about the time you went to listen to some live music. Perhaps it was at a concert or a live cafe. **Who** did you go there with and **how** did you like the music?

최근에 라이브 음악을 들었던 적을 말해주세요. 콘서트 혹은 라이브 카페였나요? 누구와 함께 갔으며 음악은 어땠나요?

🎧 MP3 IM2_A_43

서론
시작문장/10%

• **Why not?** Let me tell you *the time I <u>listened</u> to some <u>live</u> music.*

본론
했던 일/40%

• **You know,** I went to an <u>Eminem</u> concert with my friend <u>last</u> week.
  - Um, there was a <u>huge</u> concert hall in the <u>middle</u> of the town.
  - As you can <u>imagine</u>, the <u>concert</u> hall was filled with <u>lots</u> of people.
  - It was <u>so</u> much fun.

본론
반전/20%

• **Like you can <u>imagine</u>,** we <u>danced</u>, jumped, and we <u>lost</u> control. I mean we went <u>crazy</u>.
  - You know, it was such a <u>huge</u> concert.

본론
결과/20%

• **After,** we went to a <u>bar</u> and drank like there was no <u>tomorrow</u>.
  - Well, listening to <u>music</u> and drinking <u>beers</u> helps me <u>release</u> stress.

결론
마무리문장/10%

• <u>Alright Eva</u>, I guess this is <u>pretty</u> much about it.

• 물론이지, **라이브 뮤직을 들었던 경험**에 대해 말해줄게.

• 있잖아, 난 지난주에 친구와 에미넴 콘서트에 갔어.
  - 음, 도시 중앙에 있는 큰 콘서트 장이었어.
  - 네가 상상하다시피, 콘서트는 많은 사람들로 가득 차 있었어.
  - 정말 재미있었어.

• 네가 상상하다시피, 우린 정말 미친 듯이 춤을 추고, 노래를 불렀어. 우리는 정말 미쳤어.
  - 있잖아, 그건 정말 큰 콘서트였어.

• 콘서트가 끝난 후에, 난 친구들과 바에 가서 맥주를 마셨어. 우린 내일이 없는 것처럼 술을 마셨어.
  - 음, 음악을 듣는 것과 맥주를 마시는 것은 내가 스트레스 해소하는 데 도움이 돼.

• 알겠어, 에바, 이 정도가 내 답변으로 된 것 같아.

어휘 및 표현
the time I listened to some live music 라이브 음악을 들었던 경험　　I went to an Eminem concert 에미넴 콘서트에 다녀왔어
It was so much fun 정말 재미 있었어　　Like you can imagine 네가 예상하듯　　it was such a huge concert 정말 큰 콘서트였어
we went to a bar 우리는 바에 갔어

최근 경험 <small>최근 갔었던 해변 경험</small>

Q44 ──────────────────────── 🎧 MP3 IM2_Q_44

When was the last time you went to a beach? **Where** did you go? **Who** were you with? **What** happened there? I would like you to tell me the story from the beginning to the end.

가장 최근에 해변을 갔던 적이 언제인가요? 어디로 갔나요? 누구와 함께 갔나요? 어떤 일이 있었죠? 어떤 일이 있었는지 처음부터 끝까지 상세히 말해주세요.

🎧 MP3 IM2_A_44

서론 시작문장/10%

• Okay Eva, *experience at the <u>beach</u>?* Sure, I'm gonna tell you about my trip to <u>GYEONGPO</u> beach.

본론 했던 일/40%

• Well, <u>GYEONGPO</u> beach is one of the <u>famous</u> beaches in Korea.
  - I mean, the beach was undeniably <u>beautiful</u>.
  - And <u>also</u>, the sand was <u>very</u> comfortable to walk on.
  - We went there at <u>night</u>, and there was <u>absolutely</u> nobody around.
  - Like you can <u>imagine</u>, we grabbed a beer <u>together</u>.
  - I mean, we drank <u>all</u> kinds of drinks.

본론 반전/20%

• After like <u>2 hours,</u> I <u>blacked</u> out! Because I drank <u>too</u> much.
  - You know, we drank like there was <u>no</u> tomorrow.

본론 결과/20%

• I'm <u>not</u> going to lie to you. I mean, I couldn't <u>remember</u> half of the <u>night</u>.
  - I was <u>so</u> ashamed of myself.

결론 마무리문장/10%

• Um <u>yeah</u>, I think this is <u>all</u> I remember Eva. Thank you.

- -

• 오케이 에바, **해변에서의 경험?** 좋아, 경포대에 갔던 여행에 대해 말해 줄게.

• 음, 경포대는 한국에서 유명한 해변 중에 하나야.
  - 해변은 정말 아름다웠어.
  - 그리고 또한, 모래사장은 걷기에 매우 편안했어.
  - 밤에 우리가 거기 갔을 때, 주변에 아무도 없었어.
  - 네가 상상했다시피, 우리는 같이 맥주를 마셨어.
  - 내 말은, 우리는 모든 종류의 술을 마셨어.

• 2시간 후쯤, 난 필름이 끊겼어! 왜냐하면 난 정말 술을 많이 마셨거든.
  - 있잖아, 우린 내일이 없는 것처럼 술을 마셨어.

• 그래서 어떻게 되었냐고? 난 그날의 절반 정도를 기억 못 하겠어.
  - 나 자신이 정말 부끄러웠어.

• 음, 이게 내가 기억하는 전부야. 고마워.

어휘 및 표현

experience at the beach 해변에서의 경험   one of the famous beaches in Korea 한국에서 유명한 해변들 중 하나
we grabbed a beer together 우린 함께 술을 마셨어   all kinds of drinks 많은 종류의 술   I was so ashamed of myself 내 자신이 정말 부끄러워어

인상 깊었던 경험 집에서 있었던 인상 깊었던 경험

Q45 ━━━━━━━━━━━━━━━━━━━━━━━━━ 🎧 MP3 IM2_Q_45

I want to know about a memorable experience that had occurred in your house. **When** was it? **What** happened? **Why** was it so memorable? Tell me about this experience in as much detail as you can.

집에서 있었던 기억에 남는 경험을 알고 싶습니다. 언제였나요? 무슨 일이 있었죠? 왜 기억에 남나요? 해당 경험에 대해서 자세하게 말해주세요.

━━━━━━━━━━━━━━━━━━━━━━━━━━━━━━━━━━ 🎧 MP3 IM2_A_45

서론
시작문장/10%

- **Great,** you mean *a memorable <u>experience</u> at home?* Sure, I got it.

본론
했던 일/40%

- **You know,** I'm an <u>outgoing</u> person, and like <u>socializing</u>.
  - So, I invited <u>lots</u> of people in my house.
  - <u>Actually</u>, it was one of the <u>best</u> ways to make <u>friends</u>.
  - And we had a <u>beer</u> party!
  - Like you can <u>imagine</u>, we drank like there was <u>no</u> tomorrow.

본론
반전/20%

- But <u>all</u> of a sudden, there was a <u>blackout</u>. We were <u>shocked</u> and we couldn't even <u>move</u>.
  - You know, we had to wait for like <u>30</u> minutes.

본론
결과/20%

- **When the power was <u>back</u>,** we finished our <u>food</u>. And you know, it was <u>kinda</u> romantic.
  - It was the <u>perfect</u> way to <u>release</u> stress.

결론
마무리문장/10%

- <u>Okay</u> Eva, this is *my <u>memorable</u> experience at home.*

- -

- 좋아, **집에서 인상 깊었던 경험?** 알겠어.

- 있잖아, 나는 활발한 사람이고, 사람들 만나는 것을 좋아해.
  - 그래서, 우리 집에 많은 사람들을 초대했어.
  - 사실, 이건 친구를 사귀는 가장 좋은 방법 중에 하나였거든.
  - 그리고 우리는 맥주파티를 했어!
  - 네가 상상하다시피, 우리는 내일이 없는 것처럼 술을 마셨어.

- 근데 갑자기, 정전이 됐어. 우린 정말 놀랐고 움직일 수도 없었어.
  - 우리는 30분 정도 기다려야 했어.

- 전기가 다시 돌아왔을 때, 우리는 음식을 다 먹었어. 그리고 있잖아, 꽤 로맨틱했지.
  - 스트레스를 해소하기에 좋은 방법이었어.

- 오케이 에바, 이게 **집에서 인상 깊었던 경험**이야.

어휘 및 표현
a memorable experience at home 집에서 인상 깊었던 경험   **I invited lots of peoplem** 많은 사람들을 초대했어   **we had a beer party** 맥주 파티를 했어   **we had to wait** 우리는 기다려야 했어   **for like 30 minutes** 대략 30분 정도

18강

유형 03 (경험)

스크립트 훈련2

인상 깊었던 경험 걷기 중 인상 깊었던 경험

Q46 ──────────────────────────

🎧 MP3 IM2_Q_46

Have you ever had a special experience while walking? **When** did it happen and **where** was it? **What** exactly happened there? Discuss the experience from the beginning to the end.

당신은 걷다가 특별한 경험을 한 적이 있나요? 언제 그 일이 일어났으며 어디였나요? 정확히 어떤 일이 있었나요? 그 경험에 대해 처음부터 끝까지 말해주세요.

🎧 MP3 IM2_A_46

서론
시작문장/10%

• **Why not?** Let me tell you *when I took a* <u>walk</u> *with my friend.*

본론
했던 일/40%

• **You know,** there was a <u>huge</u> park in my <u>neighborhood</u>.
  - I mean, it was a <u>well</u>-known spot for just <u>walking</u>.
  - <u>Also</u>, I wanted to work out because I needed to lose <u>weight</u>.
  - So, I went there with my <u>friend</u>, and we walked for <u>2</u> hours.

본론
반전/20%

• **I don't know why,** but I felt the <u>back</u> pain. So, I lost my <u>balance</u> and fell <u>over</u>.
  - You know what? I couldn't even <u>move</u>.

본론
결과/20%

• **You know,** it was <u>so</u> painful, so my <u>friend</u> took me to the <u>hospital</u>.
  - Yeah, it was the <u>worst</u> memory.

결론
마무리문장/10%

• <u>Alright</u> Eva, I guess this is <u>pretty</u> much about it.

- -

• 왜 안되겠어, **친구와 산책했을 때**에 대해 말해 줄게.

• 있잖아, 우리 동네엔 큰 공원이 있어.
  - 내 말은, 걷기에 좋다고 잘 알려진 장소야.
  - 또한, 난 다이어트 때문에 운동하고 싶었어.
  - 그래서, 친구랑 거기에 갔고, 우리는 2시간 동안 걸었어.

• 왜 그런지 모르겠는데, 나는 갑자기 허리가 아팠어. 그래서, 난 균형을 잃고 넘어졌어.
  - 있잖아, 난 심지어 움직일 수조차 없었어.

• 있잖아, 난 정말 아팠고, 내 친구는 날 병원으로 데려갔어.
  - 그래, 그건 정말 최악의 경험이야.

• 알겠어, 에바, 이걸로 내 답변이 어느 정도 된 것 같아.

어휘 및 표현
when I took a walk with my friend 내 친구와 산책을 했을 때　　**in my neighborhood** 우리 동네에　　**we walked for 2 hours** 2시간 동안 걸었어
it was the worst memory 최악의 경험이었어

인상 깊었던 경험 휴일 중 인상 깊었던 경험

Q47 ──────

Please tell me about the most memorable holiday you spent with your friends. **When** was it? **Where** did you go? **What** exactly happened and **why** was it so memorable? Please tell me everything from the beginning to the end.

당신이 친구와 함께 보낸 인상 깊었던 휴일에 대해 말해주세요. 언제였나요? 어디를 갔죠? 정확히 어떤 일이 있었고 왜 그렇게 기억에 남나요? 경험에 대해 처음부터 끝까지 모두 다 말해주세요.

서론
시작문장/10%

- Okay Eva, experience about *the most memorable holiday?* Sure, I'm gonna tell you about Valentine's Day.

본론
했던 일/80%

- **You know,** there was a huge movie theater in my neighborhood.
  - Well, it was in a 3-story building which was in the middle of the town.
  - So, I went there to watch a movie with my friends.
  - Well, before the movie, we ate out at a restaurant.
  - Actually, the food was so good.
  - After the movie, we grabbed a beer together.
  - It was the perfect way to release stress.

결론
마무리문장/10%

- **Um yeah,** I think this is all I remember Eva. Thank you.

- 오케이 에바, **인상 깊었던 휴일 경험?** 좋아, 발렌타인 데이에 대해 말해 줄게.

- 있잖아, 우리 동네에 큰 영화관이 있었어.
  - 음, 그건 도시 중심에 있는 3층 건물 안에 있어.
  - 그래서, 난 친구들과 함께 거기에 영화를 보러 갔어.
  - 음, 영화 보기 전에, 우리는 레스토랑에서 외식을 했어.
  - 사실, 음식은 정말 맛있었어.
  - 영화 후에, 우린 함께 맥주도 마셨어.
  - 그건 스트레스를 해소하는 데 완벽한 방법이었어.

- 음 그래, 이게 내가 기억하는 전부인 것 같아 에바야. 고마워.

어휘 및 표현
the most memorable holiday 가장 기억에 남는 휴일　Valentine's Day 발렌타인 데이　it was in a 3-story building 3층 건물 안에 있어
the food was so good 음식이 너무 맛있었어　we grabbed a beer together 우린 함께 술을 마셨어

인상 깊었던 경험 바에서 있었던 인상 깊었던 경험

Q48 ━━━━━━━━━━━━━━━━━━━━━━━━━ 🎧 MP3 IM2_Q_48

Please tell me about a memorable incident that happened at a bar. **When** was it and **who** were you with? **What** happened there? And **why** was it so special? Please tell me everything from the beginning to the end.

비에서 있었던 기억에 남는 경험에 대해 말해주세요. 언제였으며 누구와 함께 갔었죠? 어떤 일이 있었나요? 그리고 왜 특별한 경험이었나요? 해당 경험에 대해 처음부터 끝까지 모두 다 말해주세요.

━━━ 🎧 MP3 IM2_A_48

서론
시작문장/10%

- **Great,** you mean *a memorable <u>incident</u> at a <u>bar</u>?* Sure, I got it.

본론
했던 일/40%

- **You know,** there was a <u>cozy</u> bar in my <u>neighborhood</u>.
  - Well, it was a <u>small</u> bar which was in the <u>middle</u> of the town.
  - <u>Moreover</u>, it was about 10 minutes <u>walking</u> distance from my place.
  - So I went there with my <u>brother</u>.
  - As you can <u>imagine</u>, we drank like there was <u>no</u> tomorrow.
  - I mean, it was the <u>perfect</u> way to <u>release</u> stress.

본론
반전/20%

- But um, after like <u>2 hours</u>, I <u>blacked</u> out! Because I drank <u>too</u> much.
  - Yeah, I <u>couldn't</u> control my drinking.

본론
결과/20%

- I'm <u>not</u> going to lie to you. I mean, I couldn't <u>remember</u> half of the <u>night</u>.
  - I was <u>so</u> ashamed of <u>myself</u>.
  - Yeah, it was the <u>worst</u> memory.

결론
마무리문장/10%

- <u>Okay Eva</u>, this is *my <u>experience</u> at a bar.*

- -

- 좋아, **바에서 기억에 남는 경험?** 좋아, 알겠어.

- 있잖아, 우리 동네에는 아늑한 바가 있었어.
  - 음, 도시 중심에 있었던 작은 바였어.
  - 게다가, 우리 집에서 도보로 10분 정도 거리였어.
  - 그래서, 난 거기에 남동생과 갔어.
  - 네가 생각하다시피, 우리는 내일이 없는 것처럼 맥주를 마셨어.
  - 내 말은, 스트레스를 풀기에 정말 좋은 방법이었어.

- 근데 음, 2시간 후 즈음에, 나는 필름이 끊겼어! 왜냐하면 나는 술을 너무 많이 마셨거든.
  - 난 술 마시는 것을 조절할 수 없었어.

- 난 진심, 아니 내 말은, 나는 그날 밤 대부분을 기억 못 하겠어.
  - 나 자신이 정말 부끄러웠어.
  - 맞아, 최악의 경험이었어.

- 오케이 에바, 이게 **바에서의 경험이야.**

━━━

어휘 및 표현

a memorable incident at a bar 기억에 남는 바의 사건   it was a small bar 작은 바였어   I couldn't control my drinking 술 조절을 하지 못했어
I was so ashamed of myself 내 자신이 정말 부끄러웠어   it was the worst memory 최악의 경험이었어

문제 해결 경험 은행에서 일어난 문제와 해결

Q49 ───────────────────────── 🎧 MP3 IM2_Q_49

Have you ever had any problems at a bank? What kind of **problem** did you have, and how did you **solve** that problem? Tell me about the experience in detail.

당신은 은행에서 문제가 발생한 적이 있나요? 어떤 종류의 문제였으며, 어떻게 해결했나요? 해당 경험에 대해 자세히 말해주세요.

🎧 MP3 IM2_A_49

서론
시작문장/10%

- **Why not?** Let me tell you *the problem I had at the bank.*

본론
했던 일/40%

- **Well,** there was a <u>huge</u> bank which was in the <u>middle</u> of the town.
  - As you can <u>imagine</u>, there were <u>lots</u> of ATMs.
  - I went there to take out some <u>cash</u>.
  - Well, the bank was filled with <u>lots</u> of people.
  - So, I had to wait for like an <u>hour</u>.

본론
반전/20%

- **When I was using the ATM,** it just stopped <u>working</u>! So, I <u>quickly</u> called the service center.
  - Yeah, I waited <u>another</u> hour.

본론
결과/20%

- **Well,** the <u>engineer</u> came after <u>40</u> minutes. And he <u>fixed</u> it in like <u>20</u> minutes.
  - You know, I'm <u>never</u> going to that bank <u>again</u>.

결론
마무리문장/10%

- <u>Alright Eva,</u> I guess this is <u>pretty</u> much about it.

- -

- 물론이지, **은행에서 겪었던 문제**에 대해 말해 줄게.

- 음, 도시 중심에 큰 은행이 있었어.
  - 네가 상상하다시피, 많은 ATM기가 있었어.
  - 난 현금을 인출하러 갔었어.
  - 음, 은행은 많은 사람들로 가득 차 있었어.
  - 그래서, 나는 1시간을 기다려야 했어.

- 내가 ATM을 사용했을 때, 갑자기 작동이 멈춘 거야! 그래서, 빠르게 서비스센터를 불렀지.
  - 응 맞아, 난 1시간을 더 기다렸어.

- 음, 엔지니어는 40분 후에 왔고, 약 20분 정도 만에 고쳤어.
  - 있잖아, 난 그 은행에 다시는 안 갈 거야.

- 알겠어, 에바, 이 정도로 답변이 꽤 된 거 같아.

어휘 및 표현

the problem I had at the bank 은행에서 겪은 문제   take out some cash 현금을 인출하다
I had to wait for like an hour 대략 1시간 정도 기다려야 했어   I waited another hour 한시간 더 기다렸어

문제 해결 경험 빌린 물건을 망가뜨려 해결한 경험

Q50

🎧 MP3 IM2_Q_50

Have you ever broken something that you borrowed from someone else? **When** was it and **what** happened? How did you **handle** the situation? Please tell me the story from the beginning to the end.

당신은 누군가의 물건을 빌려 망가뜨린 적이 있나요? 언제였으며, 무슨 일이 있었나요? 어떻게 그 상황을 해결했나요? 해당 경험을 처음부터 끝까지 말해주세요.

🎧 MP3 IM2_A_50

서론
시작문장/10%

- Okay Eva, *have I ever broken something that I borrowed?* Sure, I'm gonna tell you about my friend's MP3 player.

본론
했던 일/40%

- **You know,** there was a small park near my house.
  - When you go there at night, there is absolutely nobody around.
  - So, I borrowed my friend's MP3 player and went to that park.
  - You know, I started to listen to music there.
  - Well, listening to music helped me release stress.

본론
반전/20%

- **But you know what happened?** It rained so hard! I mean, the weather was so nice, but it poured!
  - Guess what! I was completely soaked.
  - And Jesus Christ, the MP3 player just stopped working!

본론
결과/20%

- **So,** I went to the service center the next day.
  - Luckily, the engineer fixed it in like 20 minutes.
  - You know, I had to pay like $50.

결론
마무리문장/10%

- Um yeah, I think this is all I remember Eva. Thank you.

- -

- 오케이 에바, **내가 빌렸던 것이 망가진 경험?** 좋아, 내 친구 MP3 플레이어에 대해 말해 줄게.

- 있잖아, 우리 집 근처엔 작은 공원이 있어.
  - 밤에 내가 거기에 가면, 거긴 정말 아무도 없어.
  - 그래서, 난 친구 MP3 플레이어를 빌려서 공원에 갔어.
  - 있잖아, 난 음악을 듣기 시작했어.
  - 음, 거기서 음악 듣는 건 스트레스 해소하는 데 도움이 되었어.

- 그런데 무슨 일이 있어났는지 알아? 비가 엄청나게 쏟아졌어. 내 말은, 원래 날씨가 엄청 좋았는데, 갑자기 비가 퍼부었어.
  - 어떻게 되었냐고? 나는 완전히 젖었어.
  - 그리고 맙소사, MP3 플레이어가 작동을 멈췄어!

- 그래서, 난 다음 날 서비스 센터에 갔어.
  - 운이 좋게도, 기사님이 20분 정도 만에 MP3 플레이어를 고쳤어.
  - 있잖아, 난 수리 비용으로 50불 정도를 내야 했어.

- 음 그래, 이게 내가 기억하는 전부야. 고마워.

어휘 및 표현

have I ever broken something that I borrowed? 내가 빌린 물건을 고장 낸 적이 있냐고?　　I started to listen to music 난 음악을 듣기 시작했어

I was completely soaked 난 완전히 흠뻑 젖었어　　the next day 다음 날　　Luckily 운이 좋게도　　I had to pay like $50 난 대략 50불 정도를 내야했어

19강

유형 03 (경험)

모의고사

경험 모의고사 준비

난이도 4 설정 시, 경험 질문은 총 5문제(4, 7, 9, 10, 13번)가 출제됩니다.

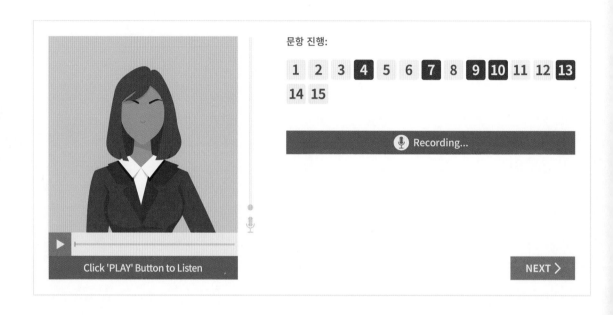

4 **7** **9** **10** **13**		
유형	경험	
주제	이미 알고 있음	
준비시간	20초	
답변 Format	했던 일 – 반전 – 결과	
집중내용	과거시제 사용	

경험 모의고사

실제 시험처럼 각 문제의 MP3를 듣고, 훈련을 해보세요.

🎧 MP3 IM2_Q_51~60

Q51
경험 모의고사 세트 1-1

When was the first time you started jogging? **Why** did you decide to jog? **What** things have changed from the first time to now? Tell me all the details.

Q52
경험 모의고사 세트 1-2

There must always be a risk of injury while running or jogging. Have you ever **got injured** while jogging? **When** was it and **what** happened? Tell me the story from the beginning to the end.

Q53
경험 모의고사 세트 2-1

Please tell me about your first experience of surfing the Internet. **What** was the name of that website? **What** did you do? How has Internet usage **changed** over the years?

Q54
경험 모의고사 세트 2-2

I would like to ask you one of the unforgettable experiences you had while using the Internet. **When** was it and **why** was it so unforgettable? Please tell me all the stories from the beginning to the end.

Q55
경험 모의고사 세트 3-1

Think about the cities or countries that you have visited when you were little. **Where** did you go? **Who** were you with? Were there **any special events** going on? Tell me all the stories.

Q56
경험 모의고사 세트 3-2

Can you tell me your most memorable experience while traveling overseas? Maybe **something funny** or **unexpected** happened. Please tell me the story from the beginning to the end.

Q57
경험 모의고사 세트 4-1

Think back to your childhood. Please tell me about one of the most memorable holidays you had. **Where** did you go and **what** happened there? **Why** was it so special? Please tell me about the experience in detail.

Q58
경험 모의고사 세트 4-2

Let's talk about the most recent holiday you had spent. Perhaps you spent that holiday with your family or friends. **Why** was that holiday so memorable? Please tell me why that holiday was particularly unforgettable.

Q59
경험 모의고사 세트 5-1

Do you remember **the first time you used a technological device?** It might be a cellular phone, laptop computer or other devices. Please tell me about your experience in detail.

Q60
경험 모의고사 세트 5-2

Tell me about an experience you had when your technology was **not working properly. Where** were you? **What** happened and how did you **solve** the problem? Tell me in detail.

경험 모의고사 세트 1-1 최초 조깅 계기

Q51 ━━━━━━━━━━━━━━━━━━━━━━━ 🎧 MP3 IM2_Q_51

When was the first time you started jogging? **Why** did you decide to jog? **What** things have changed from the first time to now? Tell me all the details.

가장 최초로 걷기를 한 적이 언제였나요? 왜 걷기를 결심하셨나요? 처음 걸을 때와 현재와 어떤 부분의 변화가 있나요? 상세히 말해주세요.

━━ 🎧 MP3 IM2_A_51

서론
시작문장/10%

• **Okay Eva,** experience about *the first time I started jogging?* Sure, I started jogging when I was 21.

본론
했던 일/40%

• **You know,** there was a park and I think it was about 200m from my place.
  - I don't know why, but whenever I went there, it made me feel so great.
  - In addition, the park was undeniably beautiful.
  - So, I went there to jog because there was absolutely nobody around.

본론
반전/20%

• **Well now,** it is filled with lots of people.
  - Because it's a well-known spot for just sitting and relaxing.
  - And I still jog in that park at night.

본론
결과/20%

• **Well,** jogging helps me release stress.

결론
마무리문장/10%

• Alright Eva, this is all I can say about *the first time I started jogging.* Thank you.

- -

• 좋아, **나의 첫 조깅 경험?** 물론이지, 난 21살 때 조깅을 시작했어.

• 있잖아, 우리 집에서 약 200m 떨어진 곳에 공원이 있었어.
  - 이유는 잘 모르겠지만, 내가 거기에 갈 때마다 기분이 참 좋았어.
  - 게다가, 공원은 정말로 아름다웠거든.
  - 그래서 나는 조깅하러 갔었고, 거기에는 아무도 없었기 때문이야.

• 음 지금은, 공원에 사람이 많아.
  - 왜냐하면 그곳은 앉아서 쉬기에 좋은 장소로 알려졌기 때문이야.
  - 그리고 나는 여전히 그 공원에서 밤에 조깅을 해.

• 음, 조깅은 내가 스트레스를 해소하는 데 도움이 돼.

• 알겠어 에바, 이게 **나의 첫 조깅 경험**이야. 고마워.

━━

어휘 및 표현
the first time I started jogging 처음 조깅한 경험   I started jogging 조깅을 시작했어   when I was 21 내가 21살 때
I went there to jog 조깅하러 갔어   I still jog at night 아직도 밤에 조깅해

경험 모의고사 세트 1-2 조깅하다 다친 경험

Q52 ━━━━━━━━━━━━━━━━━━━━━━━━━━ 🎧 MP3 IM2_Q_52

There must always be a risk of injury while running or jogging. Have you ever **got injured** while jogging. **When** was it and **what** happened? Tell me the story from the beginning to the end.

항상 조깅이나 뛰다가 다치는 경우가 발생합니다. 조깅 시, 다친 적이 있나요? 언제였으며, 어떤 일이 있었죠? 해당 경험에 대해 처음부터 끝까지 말해주세요.

━━━━━━━━━━━━━━━━━━━━━━━━━━━━ 🎧 MP3 IM2_A_52

서론
시작문장/10%

- **Great,** you mean, *have I ever got injured while jogging?* Sure, I got it.

본론
했던 일/40%

- **As I mentioned before,** there was a park near my house.
  - Also, there was a huge running track.
  - So, I went there to jog at night with my friend.
  - Because I needed to lose weight.

본론
반전/20%

- **I don't know why,** but I felt the back pain. So, I lost my balance and fell over.
  - You know, my friend was shocked.
  - And I couldn't even move.

본론
결과/20%

- **You know,** it was so painful, so my friend took me to the hospital.
  - I'm never going to jog at night again.

결론
마무리문장/10%

- **Well, okay Eva,** this is pretty much about it.

- -

- 좋아, **조깅하다가 다친 경험** 말하는 거지? 알겠어.

- 내가 언급했듯, 우리 집 근처에 공원이 있었어.
  - 또한, 큰 러닝 트랙이 있었어.
  - 그래서, 거기에 친구와 밤에 가서 조깅을 했어.
  - 왜냐하면 나는 살을 빼야 했거든.

- 이유는 잘 모르겠지만, 갑자기 허리가 아팠어. 그래서 나는 균형을 잃고 쓰러졌어.
  - 있잖아, 내 친구는 엄청 놀랐어.
  - 그리고 난 움직일 수조차 없었어.

- 있잖아, 엄청 고통스러웠기 때문에, 내 친구는 나를 병원으로 데려갔어.
  - 나는 다시는 밤에 조깅하러 가지 않을 거야.

- 음, 오케이 에바. 이걸로 꽤 답변이 됐다고 생각해.

어휘 및 표현
have I ever got injured while jogging? 내가 조깅하다 다친 적이 있냐고?　　near my house 집 근처에　　I went there to jog 조깅하러 갔어

Q53

🎧 MP3 IM2_Q_53

Please tell me about your first experience of surfing the Internet. **What** was the name of that website? **What** did you do? **How** has Internet usage **changed** over the years?

당신이 처음으로 인터넷 서핑을 한 경험을 말해주세요. 웹사이트 이름은 무엇이었죠? 무엇을 했나요? 인터넷 사용이 몇 년간 어떻게 변화했나요?

🎧 MP3 IM2_A_53

서론
시작문장/10%

• **Why not?** Let me tell you *my first experience of surfing the Internet.*

본론
했던 일/60%

• **In fact,** I love listening all kinds of music.
  - So, I listened to music on the Internet.
  - And the name of the website was called 'Melon Music Website'.
  - I listened to music in the living room because the living room was a nice place for just sitting and relaxing.

본론
결과/20%

• **Well, these days,** people not only listen to music on the Internet, but also watch movies.
  - I think, listening to music and watching movies helps people release stress.

결론
마무리문장/10%

• Alright Eva, I guess this is pretty much about *my first experience of surfing the Internet.*

- -

• 좋아, **처음으로 인터넷 서핑을 했던 경험**을 말해줄게.

• 사실은, 나는 모든 종류의 음악을 듣는 것을 좋아해.
  - 그래서, 인터넷에서 음악을 들었어.
  - 그리고 웹사이트의 이름은 '멜론 뮤직 웹사이트'였어.
  - 나는 음악을 거실에서 들었어. 왜냐하면 거실은 그냥 앉아서 쉬기에 좋은 장소였거든.

• 음 요즘에는, 사람들은 인터넷에서 음악을 들을 뿐만 아니라 영화도 봐.
  - 내 생각에는 음악을 듣고 영화를 보는 것은 스트레스 해소에 도움이 돼.

• 알겠어 에바, **처음으로 인터넷 서핑을 했던 경험**에 대해 꽤 말한 것 같아.

어휘 및 표현
my first experience of surfing the Internet 처음 인터넷 서핑 경험　　on the Internet 인터넷으로
the name of the website was called~ 웹사이트의 이름은 ~이야　　the living room was a nice place 거실은 좋은 장소였어
people not only listen to music 사람들은 음악만 듣지 않아　　but also watch movies 영화도 봐

경험 모의고사 세트 2-2 인터넷 사용 시, 기억에 남는 경험

Q54 ──────────────────────────────

🎧 MP3 IM2_Q_54

I would like to ask you one of the unforgettable experiences you had while using the Internet. **When** was it and **why** was it so unforgettable? Please tell me all the stories from the beginning to the end.

당신이 인터넷을 사용했을 때 기억에 남는 경험 중 하나를 묻고 싶습니다. 언제였으며, 왜 기억에 남죠? 해당 경험을 처음부터 끝까지 상세히 말해주세요.

🎧 MP3 IM2_A_54

서론
시작문장/10%

• Okay Eva, _unforgettable experience I had while using the Internet?_ Sure.

본론
했던 일/40%

• As I mentioned before, I love listening all kinds of music.
  - And I prefer listening to K-POP since it's getting increasingly popular.
  - So, I listened to music in my room.

본론
반전/20%

• But Jesus Christ, my laptop computer just stopped working!
  - I don't know why, but it just stopped.
  - So, I quickly called the service center.

본론
결과/20%

• Well, the engineer came in 10 minutes. And luckily, he fixed it in like 20 minutes.
  - I think I need to buy a new laptop computer.

결론
마무리문장/10%

• Um yeah, I think this is all I remember Eva. Thank you.

- -

• 오케이 에바, **인터넷을 사용하면서 겪었던 잊지 못할 경험?** 물론이지, 알겠어.

• 내가 언급했듯, 나는 모든 종류의 음악을 듣는 걸 좋아해.
  - 그리고, 난 K-POP 듣는 걸 선호해. 왜냐하면 K-POP은 계속 유명해지고 있거든.
  - 그래서 나는 내 방에서 음악을 들었어.

• 근데 이럴 수가, 내 노트북이 갑자기 작동을 멈췄어.
  - 나는 이유를 모르겠는데, 그냥 갑자기 멈췄어.
  - 그래서 나는 빨리 서비스센터를 불렀어.

• 음, 기사님이 10분 안에 오셨어. 그리고 운 좋게도, 20분 안에 고쳐주셨어.
  - 난 이제 새 노트북을 살 필요가 있다고 생각해.

• 음, 그래~ 이게 내가 기억하는 전부야 에바야. 고마워.

어휘 및 표현
Unforgettable experience I had while using the Internet 인터넷 사용하면서 겪었던 기억에 남는 경험　in my room 내 방에서
my laptop computer 노트북　it just stopped 그냥 멈췄어

경험 모의고사 세트 3-1 어렸을 적 방문한 해외 여행지 경험

Q55 ──────────────────────────── 🎧 MP3 IM2_Q_55

Think about the cities or countries that you have visited when you were little. **Where** did you go? **Who** were you with? Were there **any special events** going on? Tell me all the stories.

당신이 어렸을 적 방문했던 도시 혹은 나라를 생각해보세요. 어디에 갔나요? 누구와 갔나요? 그 곳에서 특별한 일이 발생했나요? 해당 경험에 대해 말해주세요.

──────────────────────────── 🎧 MP3 IM2_A_55

서론
시작문장/10%

- **Great,** you mean *my trip experience?* Sure, I'm gonna tell you about my trip to <u>Hawaii</u>.

본론
했던 일/40%

- **As I <u>remember,</u>** I think I was <u>15</u>.
  - You know, my <u>family</u> and I went to Hawaii on a <u>summer</u> vacation.
  - Wow, Hawaii was such a <u>beautiful</u> place.
  - In <u>addition</u>, the beaches in Hawaii were undeniably <u>beautiful</u>.
  - I did <u>all</u> kinds of things such as swimming, playing <u>volleyball</u> and so on.

본론
반전/20%

- **But you know what <u>happened</u>?** It rained <u>so</u> hard! I mean, the weather was <u>so</u> nice but, it <u>poured</u>!
  - I was <u>so</u> disappointed, and I <u>cried</u>.

본론
결과/20%

- **Guess what!** We were <u>completely</u> soaked, and we just decided to go back to the <u>hotel</u>.
  - Well, but it was <u>fun</u>.

결론
마무리문장/10%

- <u>Okay</u> Eva, this is *my trip <u>experience</u>.*

- -

- 좋아, **내 여행 경험** 말이지? 물론이지, 난 하와이 여행에 대해 말할 거야.

- 내가 기억하는 건, 15살 때였어.
  - 있잖아, 나는 가족과 여름휴가로 하와이를 갔어.
  - 와, 하와이는 정말 아름다운 장소였어.
  - 게다가, 하와이에 있는 해변은 정말 아름다웠어.
  - 난 수영, 배구 등과 같은 여러 종류의 것들을 했어.

- 근데 무슨 일이 있었는지 알아? 비가 엄청 많이 왔어! 내 말은, 날씨가 좋았는데, 비가 갑자기 퍼부었어!
  - 나는 너무 실망했고 울었어.

- 어떻게 되었냐고? 우리는 완벽히 젖었고, 호텔로 돌아가기로 결정했어.
  - 음, 근데 재미있었어.

- 오케이 에바, 이게 **내 여행 경험**이야.

어휘 및 표현
As I remember 내가 기억하기엔　　**I think I was 15** 난 아마 15살이었어　　**on a summer vacation** 여름 방학 때　　**volleyball** 발리볼
I was so disappointed 너무 실망했어　　**but it was fun** 하지만 즐거웠어

경험 모의고사 세트 3-2 기억에 남는 해외 여행 경험

Q56 ——————————————————— 🎧 MP3 IM2_Q_56

Can you tell me your most memorable experience while traveling overseas? Maybe **something funny** or **unexpected** happened. Please tell me the story from the beginning to the end.

당신이 해외 여행을 다니면서 가장 기억에 남는 경험은 무엇인가요? 아마 즐거웠던 경험 혹은 예상치 못했던 일이 발생했을 수 있겠습니다. 해당 경험에 대해 처음부터 끝까지 말해주세요.

🎧 MP3 IM2_A_56

서론
시작문장/10%

- **Why not?** Let me tell you *my <u>memorable</u> experience while <u>traveling</u> overseas.*

본론
했던 일/40%

- **When I was <u>25</u>,** I used to visit <u>Thailand</u>.
  - You know, I <u>really</u> loved going to Thai clubs because they were getting <u>increasingly</u> popular.
  - So, I went to one of the clubs in Thailand with my <u>friends</u>.
  - Well, we could listen to <u>various</u> types of music there.

본론
반전/20%

- **Like you can <u>imagine</u>,** we <u>danced</u>, jumped, and we lost <u>control</u>. I mean we went <u>crazy</u>.
  - It was <u>so</u> much fun.

본론
결과/20%

- **<u>After</u>,** we drank like there was <u>no</u> tomorrow. It was the <u>perfect</u> way to <u>release</u> stress.
  - I <u>strongly</u> recommend you visit clubs in <u>Thailand</u>.

결론
마무리문장/10%

- **<u>Alright</u> Eva,** I guess this is <u>pretty</u> much about *my memorable <u>experience</u> while traveling <u>overseas</u>.*

- -

- 물론이지, **해외여행 동안 기억에 남는 경험**을 말해줄게.

- 내가 25살이었을 때, 난 태국을 갔어.
  - 있잖아, 난 태국 클럽 가는 걸 정말 좋아했어. 왜냐하면 태국 클럽들은 유명해지고 있었거든.
  - 그래서 친구와 태국에 있는 클럽 중 한 군데를 갔어.
  - 음, 거기에서 다양한 종류의 음악을 들을 수 있었어.

- 네가 상상하다시피, 우리는 춤을 췄고, 뛰었고, 통제력을 잃었어. 내 말은 진짜 미쳤지.
  - 정말 재미있었어.

- 후에는, 우리는 내일이 없는 것처럼 맥주를 마셨어. 그건 스트레스를 풀기에 완벽한 방법이었어.
  - 나는 태국에 있는 클럽에 가보는 걸 강력하게 추천해.

- 알겠어 에바, **해외여행 동안 기억에 남는 경험**에 대해 꽤 많이 말한 것 같아.

어휘 및 표현
my memorable experience while traveling overseas 해외 여행 중 생긴 인상 깊은 경험 　**When I was 25** 내가 25살 때
I used to visit Thailand 난 태국을 방문하곤 했어 　**I went to one of the clubs** 클럽 중 한 곳을 갔어
I strongly recommend you visit clubs 클럽 가는 것을 강력히 추천해

Q57 ━━━━━━━━━━━━━━━━━━━━━━━━━━━━━━ 🎧 MP3 IM2_Q_57

Think back to your childhood. Please tell me about one of the most memorable holidays you had. **Where** did you go and **what** happened there? **Why** was it so special? Please tell me about the experience in detail.

당신의 어린시절을 생각해보세요. 가장 기억에 남는 휴일에 대해 말해주세요. 어디를 갔으며, 무엇을 했나요? 왜 기억에 남는 경험인가요? 해당 경험에 대해 자세히 말해주세요.

━━━ 🎧 MP3 IM2_A_57

서론
시작문장/10%

• Okay Eva, *one of the most <u>memorable</u> holidays I had?* Sure, it was <u>Children's</u> Day.

본론
했던 일/40%

• **Well,** my dad took me to the <u>shopping</u> mall which was in the <u>middle</u> of the town.
  - And um, on the <u>first</u> floor, there were lots of <u>toy</u> stores.
  - You know, my dad bought me lots of <u>toys</u> and I was <u>super</u> happy.
  - <u>After</u> shopping, we ate out at a <u>Korean</u> restaurant.
  - After like <u>2</u> hours, we went back <u>home</u>.

본론
반전/20%

• **Guess <u>what</u>!** I <u>found</u> out that my toys were <u>broken</u>! I was <u>so</u> mad because they were <u>gifts</u> from my dad!

본론
결과/20%

• **So,** my dad called the <u>toy</u> store and asked them for a <u>refund</u>.
  - You know, I'm <u>never</u> going to that store again.

결론
마무리문장/10%

• Um <u>yeah</u>, I think this is *one of the <u>most</u> memorable <u>holidays</u> I had.* Thank you.

- -

• 그래 에바, **가장 기억에 남는 휴일?** 물론이지, 그건 어린이날이었어.

• 음, 아빠는 도시 중심에 있던 쇼핑몰에 나를 데려갔어.
  - 음, 1층에는, 많은 장난감 가게가 있었어.
  - 아빠는 나에게 많은 장난감을 사주었고, 나는 진짜 행복했어.
  - 쇼핑이 끝난 후 우리는 한식당에서 밥을 먹었어.
  - 2시간 후에, 우리는 집으로 돌아왔어.

• 그리고 나선? 난 장난감들이 부러져있는 것을 발견했어! 그것들은 아빠로부터 받은 선물들이었기 때문에 난 진짜 화가 났어.

• 그래서, 아빠는 장난감 가게에 전화를 했고 환불을 요구했어.
  - 난 다시는 그 가게에 가지 않을 거야.

• 음, 그래~ 이게 내가 기억하는 **가장 기억에 남는 휴일**이야. 고마워.

어휘 및 표현
one of the most memorable holidays I had 내가 겪은 인상깊은 휴일 경험 중 하나
my dad took me to the shopping mall 아빠는 날 쇼핑몰에 데려갔다   toy stores 장난감 가게   After like 2 hours 2시간 후 즈음
toys were broken 장난감에 부서졌어   they were gifts from my dad 아버지로부터의 선물이야

경험 모의고사 세트 4-2 최근 보냈던 휴일 경험

Q58 🎧 MP3 IM2_Q_58

Let's talk about the most recent holiday you had spent. Perhaps you spent that holiday with your family or friends. **Why** was that holiday so memorable? Please tell me why that holiday was particularly unforgettable.

가장 최근에 보냈던 휴일에 대해 이야기 해보시죠. 아마 당신은 가족 혹은 친구와 휴일을 보냈을 겁니다. 그 휴일이 왜 기억에 남나요? 잊지 못할 휴일이 된 이유에 대해 말해주세요.

🎧 MP3 IM2_A_58

서론
시작문장/10%

- **Great,** you mean *the most <u>recent</u> holiday I spent?* Sure, it was <u>Christmas</u>.

본론
했던 일/40%

- **As I <u>recall</u>,** my friends and I went to a <u>rock</u> concert on last <u>Christmas</u>.
  - You know, the concert hall was filled with <u>lots</u> of people.
  - <u>Yeah</u>, I could see lots of people singing and <u>dancing</u>.
  - Like you can <u>imagine</u>, we danced, jumped, and we lost <u>control</u>. I mean we went <u>crazy</u>.

본론
반전/20%

- **Well, after <u>2</u> hours?** I realized that I lost my <u>wallet</u>. I mean, I was <u>definitely</u> sure it was in my <u>jacket</u> pocket.
  - But it was <u>gone</u>!

본론
결과/20%

- **I didn't know what to <u>do</u>,** so I searched <u>everywhere</u> for like <u>2</u> hours and it was in my <u>car</u>.
  - Yeah, I was <u>really</u> lucky.

결론
마무리문장/10%

- <u>Okay</u> Eva, this is about *the <u>most</u> recent <u>holiday</u> I spent.*

- **좋아, 가장 최근에 보냈던 휴일?** 물론이지, 그건 크리스마스였어.

- **내가 기억하기로는,** 친구와 나는 지난 크리스마스에 락 콘서트를 갔어.
  - 있잖아, 콘서트는 많은 사람으로 가득 차 있었어.
  - 노래하고 춤추는 많은 사람들을 볼 수 있었어.
  - 네가 상상할 수 있듯이, 우리는 춤을 췄고, 뛰었고, 통제력을 잃었어. 내 말은 진짜 미쳤지.

- **음, 2시간 후에?** 난 내 지갑을 잃어버렸다는 것을 깨달았어. 내 말은, 분명히 지갑이 자켓 주머니 안에 있었거든.
  - 근데 없어진 거야!

- **난 무엇을 해야 할지 몰랐어.** 그래서, 2시간 동안 모든 곳을 찾았는데 그건 내 차 안에 있었어.
  - 난 진짜 운이 좋았어.

- **그래 에바, 이게 가장 최근에 보냈던 휴일에 관한 거야.**

어휘 및 표현
the most recent holiday I spent 가장 최근에 보낸 휴일   on Christmas 크리스마스에   As I recall 내 기억으론   it was gone 없어졌어
I was really lucky 난 진짜 운이 좋았어

경험 모의고사 세트 5-1 처음 사용한 전자기기 경험

Q59 🎧 MP3 IM2_Q_59

Do you remember **the first time you used a technological device?** It might be a cellular phone, laptop computer or other devices. Please tell me about your experience in detail.

당신이 가장 처음에 사용한 전자기기를 기억하나요? 핸드폰, 노트북 혹은 다른 전자기기이겠죠? 처음 사용했던 전자기기에 대한 경험에 대해 말해주세요.

🎧 MP3 IM2_A_59

서론
시작문장/10%

- Why not? Let me tell *the <u>first</u> time I used my <u>cell</u> phone.*

본론
했던 일/40%

- Well, I <u>remember</u> that I went to the cell phone store to buy my <u>first</u> phone.
  - You know, there was a <u>huge</u> cell phone store in the <u>middle</u> of the town.
  - Um, it was a <u>new</u> cell phone store, so the store was filled with <u>lots</u> of people.
  - After like <u>2</u> hours? I bought a cell phone and I got a <u>discount</u> since I had a <u>membership</u> card.
  - I was <u>happy</u>, and I came back home.

본론
반전/20%

- Guess <u>what!</u> I <u>found</u> out that my cell phone was <u>broken</u>! I was <u>so</u> mad because it was my <u>first</u> cell phone!
  - I was so mad!

본론
결과/20%

- So, I <u>quickly</u> called the service center.
  - Well, the engineer came in <u>20</u> minutes. And <u>luckily</u>, he fixed it in like <u>20</u> minutes.
  - I think I paid like <u>$50</u>.

결론
마무리문장/10%

- <u>Alright Eva,</u> I guess this is <u>pretty</u> much about *the first time I <u>used</u> my <u>cell</u> phone.*

- 좋아, **내가 핸드폰을 처음 사용했을 때**를 말해줄게.

- 음, 내 첫 핸드폰을 사러 핸드폰 가게에 갔던 게 기억나.
  - 있잖아, 도시 중앙에 큰 핸드폰 가게가 있었어.
  - 음, 거기는 새 핸드폰 가게였고, 그래서 많은 사람들로 가득 차 있었어.
  - 2시간 후쯤? 나는 새 핸드폰을 샀고 멤버십 카드가 있어서 할인을 받을 수 있었어.
  - 난 행복했고, 집으로 돌아왔어.

- 그런데 무슨 일이 일어난 지 알아? 난 내 핸드폰이 고장이 나있었던 것을 확인했어! 이게 첫 핸드폰이었기 때문에 난 엄청 화가 났어!
  - 난 진짜 화가 났어!

- 그래서, 난 즉시 서비스 센터에 전화했어.
  - 음, 기사님이 20분 안에 왔고, 운이 좋게도 기사님은 20분 안에 고쳐주셨어.
  - 난 50불 정도 냈던 것 같아.

- 그래 에바, 이 정도면 **내가 핸드폰을 처음 사용했던 때**에 대해 꽤 많이 말한 것 같아.

어휘 및 표현
the first time I used my cell phone 핸드폰을 처음 사용한 경험   I remember that~ 난 기억해   my first phone 첫 핸드폰
I came back home 난 집에 왔어   I paid like $50 대략 50불 정도를 지불했어

경험 모의고사 세트 5-2 사용한 전자기기에 문제가 생겨 해결한 경험

Q60 — 🎧 MP3 IM2_Q_60

Tell me about an experience you had when your technology was **not working properly**. **Where** were you? **What** happened and how did you **solve** the problem? Tell me in detail.

당신이 전자기기를 사용하던 도중 작동이 제대로 되지 않았던 경험을 말해주세요. 어디에 있었죠? 무슨 일이 있었죠? 그리고 어떻게 그 문제를 해결했나요? 자세히 말해주세요.

🎧 MP3 IM2_A_60

서론
시작문장/10%

- Okay Eva, _problems I had?_ Sure, I'm gonna tell you about my laptop computer.

본론
했던 일/40%

- Well, I love watching all kinds of movies.
  - I mean, I love watching movies in the park.
  - Because the park is a well-known spot for just sitting and relaxing.
  - So, I brought my laptop computer, and I went to the park with my girlfriend to watch a movie.
  - You know, we went to the park at night, because there was absolutely nobody around.

본론
반전/20%

- But you know what happened? It rained so hard! I mean, the weather was so nice but, it poured!
  - And Jesus Christ, my laptop computer just stopped working!
  - I freaked out, so I quickly called the service center.

본론
결과/20%

- Well, the engineer came in 10 minutes. And luckily, he fixed it in like 20 minutes.
  - But you know what? I had to pay more than $100.

결론
마무리문장/10%

- Um yeah, I think this is all I remember Eva. Thank you.

- -

- 오케이 에바, **내가 겪었던 문제?** 물론이지, 난 내 노트북에 대해 너에게 말하려고 해.

- 음, 난 모든 종류의 영화를 보는 걸 좋아해.
  - 내 말은, 난 공원에서 영화 보는 것을 좋아해.
  - 왜냐하면 공원은 그냥 앉아서 쉬기에 잘 알려진 장소이기 때문이야.
  - 그래서, 나는 노트북을 가지고 영화를 보기 위해 여자친구와 공원에 갔어.
  - 있잖아, 우리는 밤에 공원을 갔어. 왜냐하면 거기는 밤에 아무도 없었기 때문이야.

- 근데 무슨 일이 있을 줄 알아? 비가 정말 많이 내렸어! 내 말은 날씨가 정말 좋았었는데 갑자기 비가 쏟아부었어!
  - 이럴 수가, 내 노트북은 작동이 멈췄어.
  - 난 정말 당황해서 서비스 센터를 바로 불렀어.

- 음, 기사님이 10분 안에 오셨고, 운이 좋게도 기사님은 20분 안에 노트북을 고쳤어.
  - 근데, 난 100불 이상을 내야 했어.

- 음, 그래~ 이게 내가 기억하는 전부야 에바야. 고마워.

어휘 및 표현
my laptop computer 노트북   I brought my laptop computer 난 노트북을 가지고 갔어   I freaked out 정말 깜짝 놀랐어
I had to pay more than $100 $100불 이상을 지불해야 했어

20강   유형 04 (롤플레이)

이론

롤플레이의 이해

OPIc 질문들 중 실제 전화통화를 하는 '연기'를 해야 하는 롤플레이 질문입니다.
난이도에 따라 롤플레이 질문의 개수가 달라집니다.
롤플레이는 정보요청, 문제해결, 단순질문 롤플레이로 나뉩니다.

롤플레이가 나오는 질문 번호를 외우세요!

롤플레이가 나오는 질문 번호를 외우세요!
IM2 등급 목표 시, 난이도 4으로 설정하시면, 롤플레이는 총 3문제 출제!

1	2	3	4	5	6	7	8	9	10	11	12	13	14	15
자기소개	묘사	세부묘사	경험	묘사	세부묘사	경험	묘사	경험	경험	정보요청	문제해결	경험	묘사	단순질문

롤플레이의 종류

Background Survey에서 선택한 모든 주제 & 모든 출제 가능한 돌발 주제의 롤플레이를 모두 암기하는 것은 불가능합니다. 3가지 종류의 롤플레이에 필요한 Format을 제공합니다.

정보 요청 롤플레이	➡	주어진 대상에게 질문하는 롤플레이
문제 해결 롤플레이	➡	주어진 대상과 문제 해결을 위해 대안을 제시하는 롤플레이
단순 질문 롤플레이	➡	Eva에게 질문하는 롤플레이

 이미 문제 유형을 알기에, 문제를 듣기 전, 해당 롤플레이의 답변 Format 준비!

롤플레이의 답변 Format

롤플레이는 실제 전화통화 같은 자연스러운 '연기'가 필요한 문제입니다.
진짜녀석들 OPIc은 3가지 롤플레이에 필요한 답변 Format을 제공합니다.
또한, 묘사, 경험 유형을 통해 암기한 문장들의 사용이 필히 있어야 합니다.
(이미 익숙한 문장의 사용이 보다 더 자연스러운 답변을 만들어줍니다.)

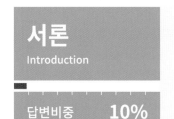

인사말/상황설명

• 롤플레이 종류에 따라 다른 서론으로 시작!
• 실제 전화 통화하는 것 같은 자신감 있는 연기로 시작!

질문/대안

• 롤플레이 종류에 따라 다른 본론!
• 묘사, 경험, 롤플레이의 암기문장 모두 활용!
• 질문의 '키워드' 필수 포함

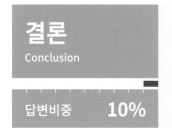

마무리 문장

• 실제 전화 통화를 끊는 것 같은 자연스러운 마무리!

롤플레이의 암기문장

정확한 롤플레이의 답변을 위하여 본론에 필요한 암기문장을 제공합니다.

정보 요청 롤플레이 - 11번

🎧 MP3 IM2_64~68

인사말
- 안녕, 난 사고 싶어 **MP3 플레이어**를. 뭣 좀 물어봐도 돼?
  Hi there, I would like to buy **an MP3 player**. Could I ask you some questions?

질문
- 첫 번째로, 어디에 있어? 내가 듣기론, 가깝다고 하던데 **서울역**과, 맞아?
  First of all, where is it? I heard that it is close to **Seoul station**. Is it right?

- 그리고, 얼마야? 받을 수 있어 할인을?
  And also, how much is it? Can you give me a discount?

- 마지막으로, 운영 시간은 어떻게 돼? 연중무휴야?
  Lastly, what are your opening hours like? Are you open 24/7?

마무리
- 알겠어 그럼, 많이 고마워. 나중에 보자.
  Alright then, thanks a lot. See you later.

문제 해결 롤플레이 - 12번

🎧 MP3 IM2_69~73

상황 설명
- 있잖아, 할 말이 있어. 사실, 나 **많이 아파** 오늘. 못 만날 것 같아 오늘.
  Hey, I need to tell you something. Actually, I feel **awful** today. I don't think I can meet you today.

대안
- 그럼, 내가 **티켓 회사** 전화해서 환불을 할 수 있어.
  Maybe, I can call **the ticket company** and get a refund.

- 아니면, 물어보지 그래? 너의 친구들 중 한 명에게.
  Or, why don't you ask one of your friends?

- 아니면, 나중에 하자. **다음주**는 어때?
  Well or, let's do it later. How about **next week**?

마무리
- 다시 한번, 많이 미안해. 생각해보고 알려줘.
  Once again, I'm so sorry. Let me know what's best for you.

단순 질문 롤플레이 - 15번

🎧 MP3 IM2_74~78

인사말
- 안녕 에바, 난 들었어 네가 **영화 보는 것**을 좋아한다고. 맞아? 뭐 좀 물어봐도 돼?
  Hi Eva, I heard that you like **watching movies,** Is it right? Can I ask you something?

질문
- 첫 번째로, 가장 큰 이유가 뭐야? **영화를 보는**.
  First of all, what's the main reason you like **watching movies**?

- 그리고 또한, 누구와 보통 **영화를 봐**?
  And also, who do you normally **watch movies** with?

- 마지막으로, 어디서 **영화를 봐**?
  Lastly, where do you **go and watch movies**?

마무리
- 알겠어 에바, 나중에 봐.
  Okay Eva, see you later.

롤플레이 답변 준비 – 시험화면

난이도 4 설정 시, 롤플레이가 나오는 번호를 실제 시험화면으로 익숙해져야 합니다.

난이도 4 설정 시, 롤플레이 질문은 총 3문제(11, 12, 15번)가 출제됩니다.

1. 이미 유형을 알고 있기에 'Play' 버튼 클릭 전, 사용할 롤플레이의 종류를 결정합니다.

2. 전화 통화 같은 자연스러운 연기 연습을 간단히 합니다.

3. 'Play' 버튼 클릭 후, 첫 번째 문제에서 롤플레이 질문의 키워드를 집중해서 듣습니다.

4. 'Replay' 버튼 클릭 후, 두 번째 문제는 듣지 않고 답변 Format을 다시 준비합니다.

5. 오른쪽 상단의 'Recording' 버튼 생성 시, '롤플레이 답변 Format' 대로 답변합니다.

 문제를 집중하여 듣고, 필히 실제 연기를 하는 것과 같은 자연스러운 답변!

롤플레이 질문 파악 전략 – 예시

질문 듣기 전, 이미 유형을 알기에 자연스러운 연기 연습에 집중해야 합니다.

정보 요청 예시 질문 - 콘서트

• I'd like to give you a situation and ask you to act it out. You want to buy the tickets for the **concert** tonight. Call the ticket office and ask **two to three questions** about how to get tickets.

① concert 키워드 캐치 → ② 답변 Format 준비 → ③ 답변

문제 해결 예시 질문 - 콘서트

• Unfortunately, you are not able to go to a concert since you are so **sick.** Call your friend, explain the situation and offer **two to three alternatives** to solve this problem.

① sick 키워드 캐치 → ② 답변 Format 준비 → ③ 답변

단순 질문 예시 질문 - 국내여행

• I love **traveling** around my country. Please ask me **three to four questions** about **why** I love traveling around the United States so much.

① traveling, why 키워드 캐치 → ② 답변 Format 준비 → ③ 답변

자연스러운 '연기'를 위한 답변 Format 작성을 훈련합니다.

ⓐ **인사말/상황설명**
　　문제에 따라 다른 상대, 롤플레이 종류에 따라 다른 인사말/상황설명으로 실제 전화통화같은 답변으로 시작합니다.

ⓑ **질문/대안**
　　제공하는 답변 Format을 사용하며, 묘사, 경험에서 훈련한 문장들을 사용하여 질문/대안을 만듭니다.

ⓒ **마무리 문장**
　　실제 전화통화를 하다 끊는 듯한 자연스러운 연기로 마무리를 짓습니다.

• 진짜녀석들 OPIc 묘사, 경험 답변 훈련과 같이 모든 단락에 <u>본인 실력 문장</u>을 필히 포함해 주시기 바랍니다.

롤플레이 답변 전략 – 예시(정보요청 롤플레이)

OPIc은 면접과 흡사한 시험으로 서론, 본론, 결론을 명확하게 지키며 답변합니다.

Q

I'm going to give you a situation and ask you to act it out. You want to **order some concert tickets** on the phone. Call the ticket office and ask some questions in order to buy the tickets.

상황을 드릴 테니 연기해보세요. 당신은 전화로 콘서트 티켓을 구매하고 싶습니다. 티켓 오피스에 전화하여 콘서트 티켓 구매에 대한 질문을 하세요.

예시 답변 - 콘서트 티켓 구매 정보요청

서론
인사말/10%

- Hi there, I would like to ***order some <u>concert</u> tickets.*** Could I ask you some <u>questions</u>?

본론
질문/80%

- **First of all,** <u>how</u> much is the ticket?
  - Actually, I take a <u>bunch</u> of my friends.
  - Can I get a <u>discount</u>?

- **Secondly,** <u>where</u> is the concert hall? I <u>heard</u> that it is close to <u>Seoul</u> station.
  - And <u>also</u>, it's a <u>3</u>-story building which is in the <u>middle</u> of the town. Is it <u>right</u>?

- **Lastly,** Is there a <u>restaurant</u> near the concert hall?
  - Because, I <u>always</u> eat out at a restaurant <u>before</u> the concert.

결론
마무리문장/10%

- **Alright then,** <u>thanks</u> a lot. See you later.

정보 요청 롤플레이 답변의 고득점을 향한 스피킹 방법을 훈련합니다.

ⓐ 서론 – 인사말
대상이 누구인지를 파악하고 필요하다면 대상에 맞는 키워드를 추가해줍니다.
실제 전화 통화같은 자연스러움이 묻어 있게 연기해야 합니다.

ⓑ 본론 – 질문
진짜녀석들 OPIc 롤플레이 질문으로 답변을 구성합니다. 다만, 제시 대안으로 대체가 되지 않을 시, 배웠던 묘사, 경험에서 암기한 문장들을 사용하여 대안을 구성해줍니다.

ⓒ 결론 – 마무리 문장
실제 전화 통화를 마무리하는 것과 같은 연기로 자연스럽게 마무리합니다.

- 진짜녀석들 OPIc 묘사, 경험 답변 훈련과 같이 모든 단락에 **본인 실력 문장**을 필히 포함해 주시기 바랍니다.

롤플레이 답변 전략 – 예시(문제 해결 롤플레이)

OPIc은 면접과 흡사한 시험으로 서론, 본론, 결론을 명확하게 지키며 답변합니다.

Q

Unfortunately, you have a problem which you need to resolve. **You are sick** on the day of the concert. Call your friend, explain the situation, and offer two to three alternatives to **resolve** the problem.

안타깝게도 해결해야 할 문제가 생겼습니다. 당신은 콘서트 당일 날 아픕니다. 친구에게 전화하여 상황을 설명하고 2-3 가지 대안을 제시하여 문제를 해결하세요.

예시 답변 – 콘서트 못 가는 문제해결

서론
상황설명/10%

- **Hey,** I need to tell you something. <u>Actually</u>, I feel <u>awful</u> today. I don't think I can go to the <u>concert</u> today.

본론
대안/80%

- **So my <u>option</u> is,** maybe, I can call the ticket company and get a <u>refund</u>.
  - How about <u>that</u>?

- **Or,** why don't you <u>ask</u> one of your friends?
  - You know, I <u>heard</u> that your friend is an <u>outgoing</u> person, and likes <u>socializing</u>.
  - Or, going to the concert <u>alone</u> is one of the <u>best</u> ways to make friends.

- **Well or,** let's go <u>later</u>. How about next <u>concert</u>?

결론
마무리문장/10%

- <u>Once</u> again, I'm <u>so</u> sorry. Let me know what's <u>best</u> for you.

문제 해결 롤플레이 답변의 고득점을 향한 스피킹 방법을 훈련합니다.

ⓐ **서론 – 상황설명**
문제에 따라 상황설명이 주어지거나, 주어지지 않기도 합니다. 문제에서 상황설명이 주어진다면 문제에서 나온 상황설명을 사용하며, 주어지지 않는다면 진짜녀석들 OPIc에서 제공하는 상황설명으로 구성합니다. 상황에 걸맞는 연기가 더해져야 보다 더 자연스러운 시작이 됩니다.

ⓑ **본론 – 대안**
진짜녀석들 OPIc 롤플레이 대안으로 답변을 구성합니다. 다만, 제시 대안으로 대체가 되지 않을 시, 배웠던 묘사, 경험에서 암기한 문장들을 사용하여 대안을 구성해줍니다.

ⓒ **결론 – 마무리 문장**
실제 전화 통화를 마무리하는 것과 같은 연기로 자연스럽게 마무리합니다.

- 진짜녀석들 OPIc 묘사, 경험 답변 훈련과 같이 모든 단락에 <u>본인 실력 문장</u>을 필히 포함해 주시기 바랍니다.

롤플레이 답변 전략 – 예시(단순질문 롤플레이)

OPIc은 면접과 흡사한 시험으로 서론, 본론, 결론을 명확하게 지키며 답변합니다.

Q

I also love listening to music. Ask me three to four questions about **what types of music I like to listen to.**

저도 음악 듣는 것을 좋아합니다. 저에게 어떤 종류의 음악을 좋아하는지 3-4개의 질문을 해주세요.

예시 답변 – 좋아하는 음악 단순 질문

서론
인사말/10%

본론
질문/80%

결론
마무리문장/10%

• Hi Eva, I <u>heard</u> that you like listening to <u>music</u>, Is it right? Can I ask you <u>something</u>?

• <u>First of all,</u> what <u>types</u> of music do you like to listen to?
  - For <u>me</u>, I love listening <u>all</u> kinds of music.
  - How about <u>K</u>-POP?
  - I heard that K-POP is getting <u>increasingly</u> popular.

• **And <u>also,</u>** what's the main <u>reason</u> you like listening to <u>music</u>?
  - When it comes to <u>music</u>, I listen to <u>various</u> types of music because it helps me <u>release</u> stress.

• **Lastly,** who do you <u>normally</u> listen to <u>music</u> with?
  - In <u>my</u> case, I always listen to music with my friend <u>Amy</u>.
  - When we listen to music, we <u>always</u> dance, jump and we lose <u>control</u>.

• <u>Okay</u> Eva, see you later.

단순 질문 롤플레이 답변의 고득점을 향한 스피킹 방법을 훈련합니다.

ⓐ **서론 – 인사말**
면접관인 Eva와의 실제 전화통화처럼 자연스럽게 시작해야 합니다.

ⓑ **본론 – 질문**
단순 질문은 쉬운 '롤플레이 종류'로 하나의 문제가 출제되기에 필히 물어본 질문의 답변을 먼저 한 다음, 추가 질문은 리얼 오픽 롤플레이 질문으로 답변을 구성합니다. 제시 질문으로 대체가 되지 않을 시, 배웠던 묘사, 경험에서 암기한 문장들을 사용하여 대안을 구성합니다.

ⓒ **결론 – 마무리 문장**
실제 전화 통화를 마무리하는 것과 같은 연기로 자연스럽게 마무리합니다.

• 진짜녀석들 OPIc 묘사, 경험 답변 훈련과 같이 모든 단락에 **본인 실력 문장**을 필히 포함해 주시기 바랍니다.

21 강   유형 04 (롤플레이)

암기문장 활용

조동사 의문문

의문사 + be동사 의문문

Thanks a lot

I feel awful

등위접속사

관용어구 (+ why)

How about~?

I'm so sorry

I heard that~

의문사 + 일반동사 의문문

롤플레이의 암기문장(정보요청)   조동사 의문문

롤플레이의 문법을 정확히 배우고 응용해 보세요.

Hi there, I would like to buy an MP3 player. Could I ask you some questions?

• [조동사 의문문] Could + 주어 + 동사 ~? : ~해도 되나요?

01.   'Can', 'Could' 조동사를 넣어 질문을 만들 땐 '~해도 됩니까?' 로 해석되어 상대에게 허락, 가능을 물어볼 때 쓰임
02.   'Could' 가 조금 더 정중한 표현
03.   '조동사 + 주어 + 동사원형' 의 형태
04.   Should, Will, May, Could 등의 다양한 조동사로 문장의 의미를 다채롭게 만들 수 있음

사용 방법

조동사 + 주어 + 동사원형 ~?

활용 및 응용

• Could I ask you some questions?

• How much is it? Can you give me a discount?

• May I have chicken with French fries?

MEMO

롤플레이의 암기문장(정보요청)　의문사 + be동사 의문문

롤플레이의 문법을 정확히 배우고 응용해 보세요.

First of all, where is it? I heard that it is close to Seoul station. Is it right?

• [의문사+be동사 의문문] Where is it? : 어디에 있나요?

01. 'be' 동사를 넣어 질문을 만들 땐 'be동사 + 주어'의 형태
02. 구체적인 질문을 할 때는 의문사를 질문의 가장 처음에 위치
03. 의문사 종류에 다양한 서술형 질문 사용 가능!
04. am – I / are – you, 복수 주어 / is – 단수 주어
05. 과거의 경우 : am, is > was / are > were

사용 방법

의문사 + be동사 + 주어 ~?

활용 및 응용

• First of all, where is it?

• What are your opening hours like? Are you open 24/7?

• What is the main reason you like watching movies?

MEMO

롤플레이의 암기문장(정보요청)   Thanks a lot

롤플레이의 문법을 정확히 배우고 응용해 보세요.

Alright then, thanks a lot. See you later.

• [Thanks a lot] : 감사합니다

01.   영어에는 감사를 표현하는 방법이 굉장히 다양함
02.   감사를 표현하는 다른 방법

    a. Thank you

    b. Thank you very much

    c. I appreciate it

    d. Thank you for + 명사

사용 방법

감사한 상황에서 사용

활용 및 응용

• Thanks a lot.

• Thank you very much for the information!

• I appreciate your help!

MEMO

롤플레이의 암기문장(문제해결) I feel awful

롤플레이의 문법을 정확히 배우고 응용해 보세요.

Hey, I need to tell you something. Actually, I feel awful today. I don't think I can meet you today.

• [I feel awful] : 나 몸이 너무 안좋아

01. 'awful'은 '끔찍한'이라는 의미로 기분이나 몸 상태를 나타낼 때는 동사 'feel'과 자주 함께 사용됨

02. 일상 회화에서 몸이나 컨디션이 좋지 않을 때 사용할 수 있는 표현

03. 동일한 표현 : I'm not feeling well / I don't feel good / I feel sick

사용 방법

몸 상태가 좋지 않음을 상대에게 알릴 때 사용

활용 및 응용

• I feel awful today.

• I had to see the doctor because I wasn't feeling well.

• I feel sick because I drank too much last night.

MEMO

롤플레이의 암기문장(문제해결)　등위접속사

롤플레이의 문법을 정확히 배우고 응용해 보세요.

Maybe, I can call the ticket company and get a refund.

• [등위접속사] and : 그리고

01. '**등위접속사**'는 단어와 단어, 문장과 문장을 연결해주는 '**접속사**'의 역할을 하지만 중요한 것은 앞 뒤 문장을 '**동일하게**' 이어주는 것

02. 따라서 앞 뒤 문장에서 사용된 명사나 동사의 형태를 반드시 통일 시켜주는 것이 중요!

03. '등위접속사'로는 **and, but, or** 등

사용 방법

문장과 문장 / 단어와 단어 사이에 and

* 반드시 등위접속사로 이어진 두 문장, 단어는 동사나 명사의 형태 통일!

활용 및 응용

• I can call the ticket company and get a refund.

• I went to the café and ordered coffee.

• Let's do things like swimming, snorkeling, and diving.

MEMO

롤플레이의 암기문장(문제해결)　관용어구 (+why)

롤플레이의 문법을 정확히 배우고 응용해 보세요.

Or why don't you ask one of your friends?

• [관용어구] Why don't you ~? : ~ 하는게 어때?

01. 'why don't you + 동사원형' 형태의 문장은 관용어구로서 의견을 제시하는 뉘앙스
02. 'how about', 'what about'과 동일한 의미
03. 'why'가 들어간 관용어구 중 자주 쓰이는 표현으로는
　　a. Why not? : 좋아! (안될 게 뭐야)
　　b. Why bother? : 뭐 하러 그래? 굳이?

사용 방법

Why don't + 주어 + 동사원형 ~?

* 자주 쓰이는 관용어구 'why not?' 'why bother?'는 보통 이 자체로만 사용

활용 및 응용

• Why don't you ask your friend?

• Why don't we go to the beach next weekend?

• Call her again? Eh, why bother?

MEMO

롤플레이의 암기문장(문제해결)　How about~?

롤플레이의 문법을 정확히 배우고 응용해 보세요.

Well, or let's do it later. How about next week?

• [How about ~?] : ~ 하는게 어때?

01. **'How about + 명사'** 형태의 문장은 상대에게 무언가 제안하며 상대의 의견을 묻는 뉘앙스

02. 'What about'과 동일한 의미를 지님

03. **'~하는게 어때?'** 로 해석하며 뒤에는 '명사 / 동명사'를 취급하지만 실제 회화에서는 문장으로 나타내는 경우도 종종 보임

사용 방법

How about + 명사/동명사 ~?

= What about + 명사/동명사?

활용 및 응용

• How about next Tuesday?

• How about just watching movies at my place?

• What about Jade? She knows a lot about music!

MEMO

롤플레이의 암기문장(문제해결) I'm so sorry

롤플레이의 문법을 정확히 배우고 응용해 보세요.

Once again, I'm so sorry. Let me know what's best for you.

• [I'm so sorry] : 정말 미안해

01. 엉어회화에서 가장 기초가 되는 '**사과**'의 표현!

02. 늘 익숙하게만 사용했던 표현 외에 다채롭게 표현 가능

03. 동일한 의미의 다른 표현으로는

    a. My apologies

    b. I am terribly sorry

    c. I feel so bad

사용 방법

상대에게 미안한 마음을 표현할 때 사용

활용 및 응용

• I'm so sorry.

• You know, it's my fault. I am terribly sorry.

• My apologies and I feel so bad. I wanna make it up to you.

MEMO

롤플레이의 암기문장(단순질문)   I heard that~

롤플레이의 문법을 정확히 배우고 응용해 보세요.

Hi Eva, I heard that you like watching movies, Is it right? Can I ask you something?

• [I heard that ~] : 저는 ~라고 들었어요

01.   소식을 전하거나 들었던 이야기를 다시 전달할 때 사용되는 표현

02.   'I heard that' 다음에는 반드시 '**주어+동사**'의 절을 취급

03.   'heard' 발음 주의

사용 방법

I heard that + 주어 + 동사

활용 및 응용

• I heard that you like watching movies, right?

• I heard that you bought a new laptop.

• I heard that you live with your family in Canada.

MEMO

롤플레이의 암기문장(단순질문) 의문사 + 일반동사 의문문

롤플레이의 문법을 정확히 배우고 응용해 보세요.

And also, who do you normally watch movies with?

• [의문사+일반동사 의문문] who do you : 누구와 ~을 하나요?

01. '일반동사'를 넣어 질문을 만들 땐 '**do동사**'가 필요
02. 일반동사 의문문의 형태: '**Do동사 + 주어 + 동사원형?**'
03. '**Do동사**'는 주어나 시제에 따라 변경

   3인칭 단수 : does / 과거 : did / 그 외 : do
04. 구체적인 질문을 할 때는 '의문사'를 질문의 가장 처음에 위치
05. 의문사 종류에 다양한 서술형 질문 사용 가능!

사용 방법

의문사 + do동사 + 주어 + (일반)동사원형 ~ ?

   do : 주어가 1, 2인칭, 복수 일 때

   does : 주어가 3인칭 단수 일 때

   did : 시제가 과거일 때

활용 및 응용

• Who do you normally watch movies with?

• Where do you go and watch movies?

• Why did you like to watch movies?

MEMO

22강

유형 04 (롤플레이)

암기문장 쉐도잉

1단계 : 사전학습

2단계 : 딕테이션

3단계 : 문장 끊어 읽기

4단계 : 전체 문장 읽기

5단계 : 반복 학습

암기문장 쉐도잉

암기문장 쉐도잉은 총 5단계로 나누어져 있습니다.
진짜녀석들 OPIc의 암기문장을 반복듣기 하면서 쉐도잉을 진행합니다.

| 1단계 사전학습 | 문장을 들은 후, 주어진 암기문장을 억양, 강세를 고려하여 큰소리로 읽습니다. ex.) Actually, **It** is incredibly **beautiful** and **peaceful.** |

| 2단계 딕테이션 | 문장을 들은 후, 밑줄 친 부분을 적습니다. ex.) Actually, ___ is incredibly _____ and _____. |

| 3단계 문장 끊어 읽기 | 문장을 들은 후, 청크 단위로 끊어 읽어 봅니다. ex.) Actually, / **It** is incredibly **beautiful** / and **peaceful.** |

| 4단계 전체 문장 읽기 | 문장을 들은 후, 3단계를 여러 번 반복한 후, 전체 문장을 한숨에 읽어 봅니다. ex.) Actually, **It** is incredibly **beautiful** and **peaceful.** |

| 5단계 반복학습 | 위 단계를 반복하여, 영어의 어순으로 된 한글 해석을 보며, 쉐도잉 연습을 합니다. ex.) 사실, **그곳은** 숨막히게 **아름다워** 그리고 **평화로워.** |

암기문장 쉐도잉

정보요청 롤플레이 문장의 쉐도잉 연습을 하세요.

🎧 MP3 IM2_64~68

1단계 : 사전학습

문장을 들은 후, 주어진 암기문장을 억양, 강세를 고려하여 큰소리로 읽습니다.

- 🎧 IM2_64 • **Hi there,** I would like to buy **an MP3 player.** Could I ask you some questions?
- 🎧 IM2_65 • **First of all,** where is it? I heard that it is close to **Seoul station.** Is it right?
- 🎧 IM2_66 • **And also,** how much is it? Can you give me a discount?
- 🎧 IM2_67 • **Lastly,** what are your opening hours like? Are you open 24/7?
- 🎧 IM2_68 • **Alright then,** thanks a lot. See you later.

2단계 : 딕테이션

문장을 들은 후, 밑줄 친 부분을 적습니다.

- **Hi there,** I would like to buy _____. Could I ask you some questions?
- **First of all,** where is it? I heard that it is close to _____. Is it right?
- **And also,** how much is it? Can you give me a discount?
- **Lastly,** what are your opening hours like? Are you open 24/7?
- **Alright then,** thanks a lot. See you later.

3단계 : 문장 끊어 읽기

문장을 들은 후, 청크 단위로 끊어 읽어 봅니다.

- **Hi there,** / I would like to buy / **an MP3 player.** / Could I ask you some questions?
- **First of all,** / where is it? / I heard that / it is close to **Seoul station.** / Is it right?
- **And also,** / how much is it? / Can you give me a discount?
- **Lastly,** / what are your opening hours like? / Are you open 24/7?
- **Alright then,** / thanks a lot. / See you later.

4단계 : 전체 문장 읽기

문장을 들은 후, 3단계를 여러 번 반복한 후, 전체 문장을 한숨에 읽어 봅니다.

- **Hi there,** I would like to buy **an MP3 player.** Could I ask you some questions?
- **First of all,** where is it? I heard that it is close to **Seoul station.** Is it right?
- **And also,** how much is it? Can you give me a discount?
- **Lastly,** what are your opening hours like? Are you open 24/7?
- **Alright then,** thanks a lot. See you later.

5단계 : 반복 학습

위 단계를 반복하여, 영어의 어순으로 된 한글 해석을 보며, 쉐도잉 연습을 합니다.

- 안녕, 난 사고 싶어 **MP3 플레이어**를. 뭣 좀 물어봐도 돼?
- 첫 번째로, 어디에 있어? 내가 듣기론, 가깝다고 하던데 **서울역**과, 맞아?
- 그리고, 얼마야? 받을 수 있어 할인을?
- 마지막으로, 운영 시간은 어떻게 돼? 연중무휴야?
- 알겠어 그럼, 많이 고마워. 나중에 보자.

암기문장 쉐도잉

문제해결 롤플레이 문장의 쉐도잉 연습을 하세요.

🎧 MP3 IM2_69~73

1단계 : 사전학습

문장을 들은 후, 주어진 암기문장을 억양, 강세를 고려하여 큰소리로 읽습니다.

🎧 IM2_69 • **Hey,** I need to tell you something. Actually, I feel **awful** today. I don't think I can meet you today.

🎧 IM2_70 • **Maybe,** I can call **the ticket company** and get a refund.

🎧 IM2_71 • **Or,** why don't you ask one of your friends?

🎧 IM2_72 • **Well or,** let's do it later. How about **next week**?

🎧 IM2_73 • **Once again,** I'm so sorry. Let me know what's best for you.

2단계 : 딕테이션

문장을 들은 후, 밑줄 친 부분을 적습니다.

• **Hey,** I need to tell you something. Actually, I feel _____ today. I don't think I can meet you today.

• **Maybe,** I can call _____ and get a refund.

• **Or,** why don't you ask one of your friends?

• **Well or,** let's do it later. How about _____?

• **Once again,** I'm so sorry. Let me know what's best for you.

3단계 : 문장 끊어 읽기

문장을 들은 후, 청크 단위로 끊어 읽어 봅니다.

• **Hey,** / I need to tell you something. / Actually, I feel **awful** today. / I don't think I can / meet you today.

• **Maybe,** / I can call **the ticket company** and / get a refund.

• **Or** why don't you ask / one of your friends?

• **Well, or** let's do it later. / How about **next week**?

• **Once again,** I'm so sorry. / Let me know what's best for you.

4단계 : 전체 문장 읽기

문장을 들은 후, 3단계를 여러 번 반복한 후, 전체 문장을 한숨에 읽어 봅니다.

• **Hey,** I need to tell you something. Actually, I feel **awful** today. I don't think I can meet you today.

• **Maybe,** I can call **the ticket company** and get a refund.

• **Or,** why don't you ask one of your friends?

• **Well or,** let's do it later. How about **next week**?

• **Once again,** I'm so sorry. Let me know what's best for you.

5단계 : 반복 학습

위 단계를 반복하여, 영어의 어순으로 된 한글 해석을 보며, 쉐도잉 연습을 합니다.

• **있잖아,** 할 말이 있어. 사실, 나 **많이 아파** 오늘. 못 만날 것 같아 오늘.

• **그럼,** 내가 **티켓 회사** 전화해서 환불을 할 수 있어.

• **아니면,** 물어보지 그래? 너의 친구들 중 한명에게.

• **아니면,** 나중에 하자. **다음주**는 어때?

• **다시 한번,** 많이 미안해. 생각해보고 알려줘.

암기문장 쉐도잉

단순질문 롤플레이 문장의 쉐도잉 연습을 하세요.

🎧 MP3 IM2_74~78

1단계 : 사전학습

문장을 들은 후, 주어진 암기문장을 억양, 강세를 고려하여 큰소리로 읽습니다.

🎧 **IM2_74** • Hi Eva, I heard that you like <u>watching movies</u>, Is it right? Can I ask you something?

🎧 **IM2_75** • First of all, what's the main reason you like <u>watching movies</u>?

🎧 **IM2_76** • And also, who do you normally <u>watch movies</u> with?

🎧 **IM2_77** • Lastly, where do you <u>go and watch movies</u>?

🎧 **IM2_78** • Okay Eva, see you later.

2단계 : 딕테이션

문장을 들은 후, 밑줄 친 부분을 적습니다.

• Hi Eva, I heard that you like _____, Is it right? Can I ask you something?

• First of all, what's the main reason you like _____?

• And also, who do you normally _____ with?

• Lastly, where do you _____?

• Okay Eva, see you later.

3단계 : 문장 끊어 읽기

문장을 들은 후, 청크 단위로 끊어 읽어 봅니다.

• Hi Eva, **/** I heard that you like **/** <u>watching movies</u>, Is it right? **/** Can I ask you something?

• First of all, **/** what's the main reason you like **/** <u>watching movies</u>?

• And also, **/** who do you normally **/** <u>watch movies</u> with?

• Lastly, **/** where do you <u>go and</u> **/** <u>watch movies</u>?

• Okay Eva, **/** see you later.

4단계 : 전체 문장 읽기

문장을 들은 후, 3단계를 여러 번 반복한 후, 전체 문장을 한숨에 읽어 봅니다.

• Hi Eva, I heard that you like <u>watching movies</u>, Is it right? Can I ask you something?

• First of all, what's the main reason you like <u>watching movies</u>?

• And also, who do you normally <u>watch movies</u> with?

• Lastly, where do you <u>go and watch movies</u>?

• Okay Eva, see you later.

5단계 : 반복 학습

위 단계를 반복하여, 영어의 어순으로 된 한글 해석을 보며, 쉐도잉 연습을 합니다.

• 안녕 에바, 난 들었어 네가 <u>영화 보는 것</u>을 좋아한다고. 맞아? 뭐 좀 물어봐도 돼?

• 첫 번째로, 가장 큰 이유가 뭐야? <u>영화를 보는</u>.

• 그리고 또한, 누구와 보통 <u>영화를 봐</u>?

• 마지막으로, 어디서 <u>영화를 봐</u>?

• 알겠어 에바, 나중에 봐.

23강

유형 04 (롤플레이)

리스닝 훈련

롤플레이 질문 리스트

정보요청 롤플레이

문제해결 롤플레이

단순질문 롤플레이

롤플레이 질문 리스트

진짜녀석들 OPIc의 다양한 롤플레이 질문들의 MP3를 듣고 키워드 캐치를 훈련하세요.

🎧 MP3 IM2_Q_61~69

**정보 요청
롤플레이**

I'm going to give you a situation and ask you to act it out. **You are invited to a party** from your friend. Call your friend and ask some questions about the party.

I'm going to give you a situation and ask you to act it out. **You are planning to go on a trip** with your friends. Call a travel agent to discuss the type of vacation that you and your friends want to have. Ask three or four questions to complete your plans for the vacation.

I'm going to give you a situation and ask you to act it out. **You see an advertising poster about a new TV,** and you want to buy it. Call the store and ask a lot of questions about the product.

- -

**문제 해결
롤플레이**

Unfortunately, you are not able to join the party because **something has happened to you.** Call your friend, explain the situation and offer two or three options to **solve** this problem.

Unfortunately, you were supposed to go on a trip with your family but **something urgent has come up.** Call one of your family members, explain the situation and offer three or four suggestions on how to **deal** with the problem.

You bought a new TV and took it home, but **you found out that it is broken.** Call the store and tell the sales representative about the problem. Explain the situation and offer some options to **deal** with this problem.

- -

**단순 질문
롤플레이**

You indicated in the survey that **you like listening to music.** I also enjoy listening to music. Ask me three to four questions about **what types of music I like to listen to.**

You indicated in the survey that **you like jogging.** I also enjoy jogging. Ask me three to four questions about **why I like to jog.**

You indicated in the survey that **you like going to the park.** I also enjoy going to the park. Ask me three to four questions about **my favorite park.**

정보요청 롤플레이

진짜녀석들 OPIc의 정보요청 롤플레이 질문들의 MP3를 듣고 키워드 캐치를 훈련하세요.

🎧 MP3 IM2_Q_61

돌발 / 파티

파티 초대 정보요청

I'm going to give you a situation and ask you to act it out. You are invited to a party from your friend. Call your friend and ask some questions about the party.

/ KEYWORD

🎧 MP3 IM2_Q_62

서베이 / 여행

여행가기 전 여행사에 정보요청

I'm going to give you a situation and ask you to act it out. You are planning to go on a trip with your friends. Call a travel agent to discuss the type of vacation that you and your friends want to have. Ask three or four questions to complete your plans for the vacation.

/ KEYWORD

🎧 MP3 IM2_Q_63

돌발 / 전자기기

TV 구매를 위한 정보요청

I'm going to give you a situation and ask you to act it out. You see an advertising poster about a new TV, and you want to buy it. Call the store and ask a lot of questions about the product.

/ KEYWORD

문제해결 롤플레이

진짜녀석들 OPIc의 문제해결 롤플레이 질문들의 MP3를 듣고 키워드 캐치를 훈련하세요.

🎧 MP3 IM2_Q_64

돌발 / 파티

일이 생겨 파티에 못 가는 문제해결

Unfortunately, you are not able to join the party because something has happened to you. Call your friend, explain the situation and offer two or three options to solve this problem.

/ KEYWORD

🎧 MP3 IM2_Q_65

서베이 / 여행

여행 못 가는 문제해결

Unfortunately, you were supposed to go on a trip with your family but something urgent has come up. Call one of your family members, explain the situation and offer three or four suggestions on how to deal with the problem.

/ KEYWORD

🎧 MP3 IM2_Q_66

돌발 / 전자기기

새로 구매한 TV가 고장 난 문제해결

You bought a new TV and took it home, but you found out that it is broken. Call the store and tell the sales representative about the problem. Explain the situation and offer some options to deal with this problem.

/ KEYWORD

단순질문 롤플레이

진짜녀석들 OPIc의 단순질문 롤플레이 질문들의 MP3를 듣고 키워드 캐치를 훈련하세요.

🎧 MP3 IM2_Q_67

서베이 / 음악

Eva에게 좋아하는 음악에 대한 단순질문

You indicated in the survey that you like listening to music. I also enjoy listening to music. Ask me three to four questions about what types of music I like to listen to.

/ KEYWORD

🎧 MP3 IM2_Q_68

서베이 / 조깅

Eva가 왜 조깅을 좋아하는 지 단순질문

You indicated in the survey that you like jogging. I also enjoy jogging. Ask me three to four questions about why I like to jog.

/ KEYWORD

🎧 MP3 IM2_Q_69

서베이 / 공원

Eva가 좋아하는 공원에 대한 단순질문

You indicated in the survey that you like going to the park. I also enjoy going to the park. Ask me three to four questions about my favorite park.

/ KEYWORD

24강

유형 04 (롤플레이)

스크립트 훈련1

정보요청 롤플레이

문제해결 롤플레이

Q61

I'm going to give you a situation and ask you to act it out. **You are invited to a party** from your friend. Call your friend and ask some questions about the party.

상황을 드릴 테니 연기해보세요. 당신은 친구로부터 파티에 초대받았습니다. 친구에게 전화하여 파티에 대해 물어보세요.

서론
인사말/10%

본론
질문/80%

결론
마무리문장/10%

- <u>Hi</u> there, I <u>heard</u> that *you are having a party.* Could I ask you some <u>questions</u>?

- <u>First of all,</u> <u>where</u> is the party at? I <u>heard</u> that it is close to <u>Seoul</u> station. Is it <u>right</u>?
  - You know, I think it's about <u>200</u>m from my place.

- And <u>also,</u> <u>how</u> much is the ticket? Can you give me a <u>discount</u>?
  - You know, I have a <u>membership</u> card.

- <u>Lastly,</u> <u>how</u> many people are going?
  - <u>Actually,</u> I think it's one of the <u>best</u> ways to make friends.

- <u>Alright then,</u> <u>thanks</u> a lot. See you later.

- -

- 안녕, **거기에 파티가 있다고 들었는데,** 뭐 좀 물어봐도 되지?

- 첫 번째로, 파티는 어디서 열려? 서울역에서 가깝다고 들었는데, 맞지?
  - 내가 생각하기에 거기는 우리 집에서 약 200m 정도 떨어져 있는 것 같아서.

- 그리고 또한, 티켓 가격은 어떻게 돼? 할인을 받을 수 있어?
  - 있잖아, 나 멤버십 카드가 있거든.

- 마지막으로, 몇 명이 거기에 가?
  - 실제로, 친구를 사귀기에 가장 좋은 방법 중에 하나라고 생각하거든.

- 알겠어 그럼, 고마워. 나중에 보자.

어휘 및 표현
I heard that you are having a party? 파티가 열린다고 들었는데　**where is the party at?** 파티는 어디서 열려?
how many people are going? 몇 명이나 가?

정보 요청 롤플레이   여행가기 전 여행사에 정보요청

Q62   🎧 MP3 IM2_Q_62

I'm going to give you a situation and ask you to act it out. **You are planning to go on a trip** with your friends. Call a travel agent to discuss the type of vacation that you and your friends want to have. Ask three or four questions to complete your plans for the vacation.

상황을 드릴 테니 연기해보세요. 당신은 친구와 여행을 가려 합니다. 여행사에 전화하여 가고자 하는 휴가 종류를 설명하세요. 휴가 계획을 완성하기 위해서 3-4개 질문을 하세요.

🎧 MP3 IM2_A_62

서론
인사말/10%

본론
질문/80%

결론
마무리문장/10%

- <u>Hi</u> there, *I would like to go on a trip.* Could I ask you some <u>questions</u>?

- **First of all,** I want to go to <u>Hawaii</u>.
  - I <u>heard</u> that the beaches in Hawaii are undeniably <u>beautiful</u>. Is it right?

- **And also,** <u>how</u> much is the flight ticket? Can you give me a <u>discount</u>?
  - You know, I have an <u>airline</u> membership card.

- **Lastly,** <u>how</u> much are the <u>taxi</u> fares in Hawaii?
  - Because I prefer taking <u>cabs</u> over the bus.

- **Alright then,** <u>thanks</u> a lot. See you later.

- -

- 안녕하세요, **제가 여행을 가고 싶은데요.** 뭐 좀 여쭤봐도 되죠?

- 첫 번째로, 저는 하와이를 가고 싶습니다.
  - 하와이에 있는 해변이 정말 아름답다고 들었거든요. 맞죠?

- 그리고 또한, 항공 티켓 가격은 어떻게 되죠? 제가 할인을 받을 수 있나요?
  - 저는 항공사 멤버십 카드가 있습니다.

- 마지막으로, 하와이 택시 요금은 얼만가요?
  - 왜냐하면 저는 버스보다는 택시 타는 것을 선호합니다.

- 그럼 알겠습니다. 감사합니다. 곧 뵐게요.

어휘 및 표현
I would like to go on a trip 여행을 가고 싶어요   the flight ticket 항공 티켓   I have an airline membership card 항공사 멤버십 카드가 있어요
taxi fare 택시 요금

정보 요청 롤플레이 TV 구매를 위한 정보요청

Q63 ———————————————————

I'm going to give you a situation and ask you to act it out. **You see an advertising poster about a new TV,** and you want to buy it. Call the store and ask a lot of questions about the product.

상황을 드릴 테니 연기해보세요. 당신은 TV를 선전하는 광고 포스터를 보고 구매를 하고 싶습니다. 상점에 전화하여 제품에 대해 여러가지 질문을 하세요.

서론
인사말/10%

• <u>Hi</u> there, *I would like to buy a <u>new</u> TV.* Could I ask you some <u>questions</u>?

본론
질문/80%

• <u>First</u> of all, I want to buy a TV to watch <u>movies</u>.
  - I <u>heard</u> that your TV has <u>powerful</u> speakers. Is it right?

• And <u>also,</u> <u>how</u> much is the TV? Can you give me a <u>discount</u>?
  - You know, I have a discount <u>voucher</u>.

• <u>Lastly,</u> what are your <u>opening</u> hours like? Are you open 24/<u>7</u>?
  - And I <u>heard</u> that your store is close to <u>ABC</u> station. Is it right?

결론
마무리문장/10%

• <u>Alright</u> then, <u>thanks</u> a lot. See you later.

• 안녕하세요, **제가 TV를 사고 싶은데요.** 뭐 좀 여쭤봐도 되나요?

• 첫 번째로, 저는 영화를 보기 위해 TV를 사고 싶습니다.
  - 강력한 스피커를 가진 TV를 팔고 있으시다고 들었는데, 맞죠?

• 그리고, TV 가격은 어떻게 되죠? 제가 할인을 받을 수 있나요?
  - 저는 할인 쿠폰을 가지고 있습니다.

• 마지막으로, 영업시간은 몇 시인가요? 연중무휴로 영업하시나요?
  - 그리고 가게가 ABC 역과 가깝다고 들었는데, 맞나요?

• 그럼 알겠습니다. 감사합니다. 곧 뵐게요.

어휘 및 표현
I would like to buy a new TV 새로운 TV를 사고 싶어요   **powerful speakers** 강력한 스피커   **I have a discount voucher** 할인 쿠폰을 가지고 있어요

문제 해결 롤플레이 파티 못 가는 문제 해결

Q64 ━━━━━━━━━━━━━━━━━━━━━━ 🎧 MP3 IM2_Q_64

Unfortunately, you are not able to join the party because **something has happened to you.** Call your friend, explain the situation and offer two or three options to **solve** this problem.

안타깝게도 해결해야 할 문제가 생겼습니다. 당신은 어떤 일이 발생하여 파티에 참여를 못하게 되었습니다. 친구에게 전화를 하여 상황을 설명하고 2 – 3개의 대안을 제시하여 문제를 해결하세요.

━━━━━━━━━━━━━━━━━━━━━━━━━━━━ 🎧 MP3 IM2_A_64

서론
상황설명/10%

- **Hey,** I need to tell you something. ***Actually, I feel awful today.*** I don't think I can meet you today.

본론
대안/80%

- **Maybe,** I can call the ticket company and get a refund.
  - Like I told you, I'm so sick today.

- **Or,** why don't you ask one of your friends?
  - I heard that one of your friends is an outgoing person and likes socializing. Right?

- **Well or,** let's go later. How about the next party?
  - I heard that the next party is on next Saturday. What do you think?

결론
마무리문장/10%

- **Once again,** I'm so sorry. Let me know what's best for you.

- -

- 안녕, 나 할 말이 있는데. **사실, 오늘 몸이 많이 안 좋아.** 오늘 못 만날 것 같아.

- 아마, 내가 아마 티켓 구매한 곳에 전화해서 환불할 수 있어.
  - 내가 말했듯이, 오늘 몸이 너무 아파.

- 아니면, 다른 친구에게 전화해서 물어보는 게 어때?
  - 네 친구 중에 한 명이 활발하고 사람 만나는 것을 좋아한다고 들었는데 맞지?

- 음 아니면, 나중에 가자. 다음 파티는 어때?
  - 다음 파티는 다음 주 토요일이라고 들었어. 어떻게 생각해?

- 다시 한번, 정말 미안해. 어느 게 너한테 최선인지 말해줘.

어휘 및 표현
I feel awful today 몸이 안 좋아   Like I told you 내가 말했듯   the next party 다음 파티   on next Saturday 다음 주 토요일
What do you think? 어떻게 생각해?

문제 해결 롤플레이 여행 못 가는 문제 해결

Q65 ─────────────── 🎧 MP3 IM2_Q_65

Unfortunately, you were supposed to go on a trip with your family but **something urgent has come up.** Call one of your family members, explain the situation and offer three or four suggestions on how to **deal** with the problem.

안타깝게도 해결해야 할 문제가 생겼습니다. 당신은 가족들과 여행을 가려 했지만 급한 일이 생겼습니다. 가족 중 한 명에게 전화하여 상황을 설명하고 3 – 4개의 대안을 제시하여 문제를 해결하세요.

🎧 MP3 IM2_A_65

서론
상황설명/10%

- **Hey** mom, I need to tell you something. _**Actually**, I feel _awful_ today._
  I don't think I can go to Hawaii today.

본론
대안/80%

- **Maybe,** I can call the travel agency and get a refund.
  - Like I told you, I'm so sick today.

- **Or,** why don't you ask uncle?
  - I heard that uncle wanted to visit Hawaii.
  - And also, he is an outgoing person, and likes socializing. Right?

- **Well or,** let's go later. How about next month?
  - What do you think?

결론
마무리문장/10%

- **Once again,** I'm so sorry. Let me know what's best for you.

- -

- 엄마, 저 할 말이 있는데요. **사실, 오늘 몸이 안 좋아요.** 오늘 하와이 못 갈 것 같아요.

- 아마도, 제가 여행사에 전화해서 환불할 수 있을 것 같아요.
  - 제가 말했듯이, 오늘 몸이 많이 안 좋아요.

- 아니면, 삼촌한테 물어보는 건 어때요?
- 삼촌이 하와이를 가고 싶어한다고 들었거든요.
  - 그리고 삼촌은 활발하고 사람 만나는 걸 좋아하잖아요. 맞죠?

- 음 아니면, 나중에 가요. 다음 달은 어때요?
  - 어떻게 생각하세요?

- 다시 한번, 정말 죄송해요. 어느 게 최선인지 알려주세요.

어휘 및 표현

call the travel agency 여행사에 전화하다   **next month** 다음 달

문제 해결 롤플레이 새로 구매한 TV가 고장 난 문제 해결

Q66 ──────────────────────────── 🎧 MP3 IM2_Q_66

You bought a new TV and took it home, but **you found out that it is broken.** Call the store and tell the sales representative about the problem. Explain the situation and offer some options to **deal** with this problem.

당신은 새 TV를 사서 집에 가지고 왔습니다. 하지만 TV가 부서져 있습니다. 상점에 전화하여 직원에게 이 문제를 말하세요. 상황을 설명하고 몇 개의 대안을 제시하여 문제를 해결하세요.

────────────────────────────────── 🎧 MP3 IM2_A_66

서론
상황설명/10%

• **Hi there,** I bought a new _TV_ at your store, but _**I found** out that my TV was **broken.**_

본론
대안/80%

• **You know,** I'm _so_ mad because it's a _new_ TV!
  - And I want to ask you for a _refund_.

• **Or,** can you _fix_ this?
  - Maybe, the engineer can come and _fix_ it.

결론
마무리문장/10%

• **What do you _think_?**

- -

• 안녕하세요, 새 TV를 당신의 가게에서 샀는데요, 근데 TV가 고장 났다는 것을 확인했습니다.

• 있잖아요, 이건 새 TV인데 정말 화나네요!
  - 환불을 요청하고 싶습니다.

• 아니면, 당신이 이걸 고칠 수 있나요?
  - 기사님이 오셔서 고쳐도 됩니다.

• 어떻게 생각하세요?

──────────────────────────────────

어휘 및 표현
I bought a new TV 새 TV를 샀어요   **I found out that my TV was broken** TV가 고장 난 걸 확인했어요

25강

유형 04 (롤플레이)

스크립트 훈련2

단순질문 롤플레이

단순 질문 롤플레이 Eva에게 좋아하는 음악에 대한 단순 질문

Q67 ────────────────────────────── 🎧 MP3 IM2_Q_67

You indicated in the survey that **you like listening to music.** I also enjoy listening to music. Ask me three to four questions about **what types of music I like to listen to.**

당신은 음악을 좋아한다고 했습니다. 저 또한 음악을 좋아합니다. 저에게 어떤 종류의 음악을 좋아하는지 3 – 4개의 질문을 하세요.

────────────────────────────── 🎧 MP3 IM2_A_67

서론
인사말/10%

- **Hi Eva,** I <u>heard</u> that you like *<u>listening to music,</u>* Is it right? Can I ask you something?

본론
질문/80%

- **First of all,** what types of <u>music</u> do you like to <u>listen</u> to?
  - In <u>fact</u>, I love listening to <u>all</u> kinds of music.

- **And also,** what's the <u>main</u> reason you like listening to music?
  - Well, I listen to music because listening to music helps me <u>release</u> stress.

- **Lastly**, who do you <u>normally</u> listen to music with?
  - I <u>always</u> listen to music alone.
  - <u>Actually</u>, whenever I listen to music <u>alone</u>, it makes me feel <u>so</u> great.

결론
마무리문장/10%

- **Okay** Eva, see you later.

- -

- 안녕 에바, **음악 감상을 좋아한다고 들었어.** 맞지? 뭐 좀 물어봐도 돼?

- 첫 번째로, 어떤 종류의 음악을 좋아해?
  - 사실, 난 모든 종류의 음악을 좋아하거든.

- 그리고, 음악을 좋아하는 가장 큰 이유는 뭐야?
  - 음, 난 음악을 듣는 게 스트레스 푸는 데 도움이 되기 때문에 음악 듣는 걸 좋아하거든.

- 마지막으로, 보통 누구와 함께 음악을 들어?
  - 난 항상 음악을 혼자 들어.
  - 사실, 음악을 혼자 들을 때마다, 기분이 좋아져.

- 오케이 에바, 곧 보자.

어휘 및 표현
what types of music do you like to listen to 어떤 종류의 음악을 들어?　　**I always listen to music alone** 난 항상 혼자 음악을 들어
whenever I listen to music alone 혼자 음악을 들을 때

단순 질문 롤플레이 Eva에게 왜 조깅을 좋아하는지 단순 질문

Q68 ──────────────── 🎧 MP3 IM2_Q_68

You indicated in the survey that **you like jogging.** I also enjoy jogging. Ask me three to four questions about **why I like to jog.**

당신은 조깅을 좋아한다고 했습니다. 저 또한 조깅을 좋아합니다. 저에게 왜 조깅을 좋아하는지 3 – 4개의 질문을 하세요.

🎧 MP3.IM2_A_68

서론
인사말/10%

• **Hi Eva,** I <u>heard</u> that you like ***jogging,*** Is it right? Can I ask you something?

본론
질문/80%

• **First of all,** <u>why</u> do you like jogging?
 - Well, I think <u>jogging</u> helps me <u>release</u> stress. How about <u>you</u>?

• **And <u>also</u>,** <u>where</u> do you normally jog?
 - You know, there is a <u>huge</u> park in my town.
 - <u>Also</u>, there is a <u>huge</u> running track.
 - So, I <u>always</u> jog there.

• **Lastly,** <u>who</u> do you normally jog with?
 - I <u>always</u> jog with my friend because he is a <u>personal</u> trainer.
 - Do you want to <u>jog</u> with me sometime?

결론
마무리문장/10%

• **Okay Eva,** see you later.

• 안녕 에바, **조깅을 좋아한다고** 들었어. 뭐 좀 물어봐도 돼?

• 첫 번째로, 왜 조깅을 좋아해?
 - 음, 난 조깅이 스트레스를 해소하는 데 도움이 된다고 생각해. 넌 어떻게 생각해?

• 그리고, 보통 조깅을 어디서 해?
 - 우리 동네에는 큰 공원이 있어
 - 또한, 큰 러닝 트랙도 있어.
 - 그래서 난 항상 거기서 조깅을 해.

• 마지막으로, 조깅을 보통 누구와 해?
 - 난 항상 친구와 함께 조깅을 하는데, 왜냐하면 친구는 개인 트레이너이거든.
 - 나랑 함께 가끔 조깅을 하지 않을래?

• 오케이 에바, 나중에 봐.

어휘 및 표현
How about you? 넌 어때?　 **I always jog there** 그 곳에서 항상 조깅해　 **he is a personal trainer** 그는 개인 트레이너야

단순 질문 롤플레이 Eva가 좋아하는 공원에 대한 단순 질문

Q69

🎧 MP3 IM2_Q_69

You indicated in the survey that **you like going to the park.** I also enjoy going to the park. Ask me three to four questions about **my favorite park.**

당신은 공원에 가는 것을 좋아한다고 했습니다. 저 또한 공원에 가는 것을 좋아합니다. 제가 좋아하는 공원에 대해서 3 – 4개의 질문을 하세요.

🎧 MP3 IM2_A_69

서론
인사말/10%

• **Hi Eva,** I <u>heard</u> that you like **_going to the park,_** Is it right? Can I ask you something?

본론
질문/80%

• **First of all,** <u>why</u> do you like going to the park?
  - For me, I love going to the park since the park is a <u>well</u>-known spot for just sitting and <u>relaxing</u>.

• **And also,** is it <u>always</u> filled with lots of people?
  - <u>Why</u> don't you go to the park at <u>night</u>?
  - You know, when you go there at <u>night</u>, there is <u>absolutely</u> nobody around.

• **Lastly,** <u>who</u> do you normally go to the park with?
  - I <u>always</u> go to the park with my friends because we can play sports <u>together</u>.
  - How about <u>you</u>?

결론
마무리문장/10%

• **Okay Eva,** see you later.

- -

• 안녕 에바, **공원을 가는 걸 좋아한다고** 들었어, 맞지? 뭐 좀 물어봐도 돼?

• 첫 번째로, 왜 공원 가는 것을 좋아해?
  - 난 공원이 그냥 앉아서 쉬기에 잘 알려진 장소이기 때문에 공원 가는 것을 좋아하거든.

• 그리고, 공원은 항상 사람이 많아?
  - 밤에 공원 가는 건 어때?
  - 있잖아, 밤에 공원을 가면, 주변에 정말 아무도 없거든.

• 마지막으로, 누구와 주로 공원에 가?
  - 난 항상 친구와 가는데, 우린 같이 운동을 하기 때문이지.
  - 넌 어때?

• 오케이 에바, 또 보자.

어휘 및 표현
why do you like going to the park? 왜 공원가는 것을 좋아하나요?   **at night** 밤에   **we can play sports together** 우린 함께 운동할 수 있어

26강

유형 04 (롤플레이)

모의고사

롤플레이 모의고사 준비

난이도 4 설정 시, 롤플레이 질문은 총 3문제(11, 12, 15번)가 출제됩니다.

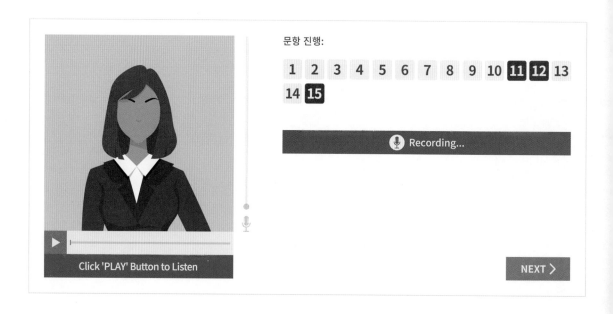

유형	롤플레이
주제	<u>11번: 알 수 없음 & 12,15번: 이미 알고 있음</u>
준비시간	20초
답변Format	인사말/상황설명 – 질문/대안 – 마무리 문장
집중내용	자연스러운 연기

롤플레이 모의고사

실제 시험처럼 각 문제의 MP3를 듣고, 훈련을 해보세요.

🎧 **MP3 IM2_Q_70~79**

Q70
롤플레이 11번

I'm going to give you a situation and ask you to act it out. **You want to order some concert tickets on the phone.** Call the ticket office and ask some questions in order to buy the tickets.

Q71
롤플레이 12번

Unfortunately, you have a problem which you need to resolve. **You are sick on the day of the concert.** Call your friend, explain the situation, and offer two to three alternatives to **resolve** the problem.

Q72
롤플레이 11번

I'm going to give you a situation and ask you to act it out. **You want to visit a coffee shop** that has recently opened in your area. Call the coffee shop and ask three to four questions about their menu.

Q73
롤플레이 12번

Unfortunately, you have ordered a coffee but when you got your coffee, **you found out that it was the wrong coffee.** Call one of the staff members and explain the situation. Then, offer two to three alternatives to **solve** the problem.

Q74
롤플레이 11번

I'm going to give you a situation and ask you to act it out. **You would like to book a hotel for your trip.** Call a hotel and ask three or four questions about that hotel.

Q75
롤플레이 12번

I'm sorry, but there is a problem that needs to be resolved. **You have checked in, but the room is not cleaned up properly.** Call the front desk, explain the situation, and offer two to three options to **resolve** this matter.

Q76
롤플레이 11번

I'm going to give you a situation and ask you to act it out. **You have a job interview tomorrow at a company,** but you don't have enough information about the company. Call the company and ask some questions about that company.

Q77
롤플레이 12번

Unfortunately, you are not able to make it to the interview since **something urgent has happened to you.** Call the company, explain the situation, and offer two to three alternatives to **handle** this problem.

Q78
롤플레이 15번

You indicated in the survey that **you like traveling.** I also enjoy traveling around my country. Ask me three to four questions about **why I like traveling around my country.**

Q79
롤플레이 15번

You indicated in the survey that **you like staying at home during your vacation.** I also enjoy spending time at home during my vacation. Ask me three to four questions about **what I usually do on vacation at home.**

롤플레이 모의고사(11번) 콘서트 티켓 구매에 관한 정보요청

Q70 ———— 🎧 MP3 IM2_Q_70

I'm going to give you a situation and ask you to act it out. **You want to order some concert tickets on the phone.** Call the ticket office and ask some questions in order to buy the tickets.

상황을 드릴 테니 연기해보세요. 당신은 전화로 콘서트 티켓 주문을 하고 싶습니다. 티켓 오피스에 전화하여 티켓을 구매하기 위해 여러가지 질문을 하세요.

———— 🎧 MP3 IM2_A_70

서론
인사말/10%

- <u>Hi</u> there, *I would like to buy some <u>concert</u> tickets.* Could I ask you some questions?

본론
질문/80%

- <u>First</u> of all, I <u>heard</u> that it is a <u>rock</u> concert.
  - How many people are <u>going</u>?
  - Is it <u>always</u> filled with lots of <u>people</u>?

- And <u>also,</u> <u>how</u> much is the <u>concert</u> ticket? Can you give me a <u>discount</u>?
  - You know, I have a <u>student</u> ID card.

- <u>Lastly,</u> <u>where</u> is the concert hall?
  - I <u>heard</u> that it is in the <u>middle</u> of the town. Is it right?

결론
마무리문장/10%

- <u>Alright</u> **then,** <u>thanks</u> a lot. See you later.

- -

- 안녕하세요, **콘서트 티켓을 사고 싶은데요.** 뭐 좀 여쭤봐도 될까요?

- 첫 번째로, 락 콘서트라고 들었는데요.
  - 몇 명이 콘서트에 가죠?
  - 사람들이 항상 가득 차 있나요?

- 그리고, 콘서트 티켓 가격은 어떻게 되죠? 할인을 받을 수 있나요?
  - 저는 학생증이 있습니다.

- 마지막으로, 콘서트홀은 어디죠?
  - 제가 듣기론 시내 중심이라고 하던데, 맞나요?

- 그럼 알겠습니다. 감사합니다. 곧 뵐게요.

어휘 및 표현
I would like to buy some concert tickets 콘서트 티켓을 사고 싶어요   it is a rock concert 락 콘서트야
How many people are going? 인원은 얼마나 되요?   the concert ticket 콘서트 티켓

롤플레이 모의고사(12번) 콘서트 못 가는 상황의 문제해결

Q71 ───────────────────────
🎧 MP3 IM2_Q_71

Unfortunately, you have a problem which you need to resolve. **You are sick on the day of the concert.** Call your friend, explain the situation, and offer two to three alternatives to **resolve** the problem.

안타깝게도 해결해야 할 문제가 생겼습니다. 당신은 콘서트 당일에 아픕니다. 친구에게 전화하여 상황을 설명하고, 상황을 해결하기 위해 2 - 3개의 대안을 제시하세요.

───────────────────────────
🎧 MP3 IM2_A_71

서론
상황설명/10%

- <u>Hey</u> **buddy,** I need to tell you something. ***Actually, I feel awful today.*** I don't think I can go to the <u>concert</u> today.

본론
대안/80%

- <u>Maybe,</u> I can call the ticket company and get a <u>refund</u>.
  - Like I <u>told</u> you, I'm <u>so</u> sick today.

- <u>Or,</u> why don't you <u>ask</u> one of your friends?
  - I <u>heard</u> that one of your friends is a <u>party</u> goer.
  - And <u>also,</u> he is an <u>outgoing</u> person, and likes <u>socializing</u>. Right?
  - Why don't you go with <u>him</u>?

- **Well <u>or,</u>** let's go <u>later</u>. How about the next <u>concert</u>?
  - What do you <u>think</u>?

결론
마무리문장/10%

- <u>Once</u> **again,** I'm <u>so</u> sorry. Let me know what's <u>best</u> for you.

- -

- 안녕, 나 할 말이 있어. **사실 나 오늘 몸이 안 좋아.** 오늘 콘서트에 못 갈 것 같아.

- 아마, 내가 티켓 판매 회사에서 전화해서 환불받을 수 있을 것 같아
  - 말했듯이, 오늘 정말 아파.

- 아니면, 다른 친구에게 물어보는 게 어때?
  - 네 친구 중에 한 명이 파티를 좋아한다고 들었어.
  - 그리고 그는 활발하고 사람 만나는 것을 좋아하잖아. 맞지?

- 음 아니면, 나중에 가자. 다음 콘서트는 어때?
  - 어떻게 생각해?

- 다시 한번, 정말 미안해. 어느 게 너한테 최선인지 말해줘.

───────────────────────────

어휘 및 표현
I don't think I can go to the concert today 오늘 콘서트 못 갈 것 같아   party goer 파티를 좋아하는 사람   the next concert 다음 콘서트
What do you think? 어떻게 생각해?

롤플레이 모의고사(11번) 새로 오픈한 커피숍에 대한 정보요청

Q72 ──────────

🎧 MP3 IM2_Q_72

I'm going to give you a situation and ask you to act it out. **You want to visit a coffee shop** that has recently opened in your area. Call the coffee shop and ask three to four questions about their menu.

상황을 드릴 테니 연기해보세요. 당신은 집 근처에 새로 생긴 커피숍을 방문하고 싶습니다. 커피숍에 전화하여 메뉴에 대해 3 – 4개의 질문을 하세요.

🎧 MP3 IM2_A_72

서론
인사말/10%

• <u>Hi</u> there, *I <u>heard</u> that your <u>coffee</u> shop has recently opened.* Could I ask you some questions?

본론
질문/80%

• <u>First of all,</u> what kind of <u>coffee</u> do you have?
  - In <u>fact</u>, I love <u>all</u> kinds of coffee.

• <u>And also,</u> I heard that it's a <u>well</u>-known spot for just sitting and <u>relaxing</u> at night.
  - <u>Also</u>, I heard that there is <u>absolutely</u> nobody around at night.
  - Is it right?

• <u>Lastly,</u> what are your <u>opening</u> hours like? Are you open 24/<u>7</u>?
  - Like I <u>told</u> you, I want to go there at <u>night</u>.

결론
마무리문장/10%

• <u>Alright</u> then, <u>thanks</u> a lot. See you later.

- -

• 안녕하세요, **커피숍이 최근이 오픈했다는 말을 들었습니다.** 뭐 좀 여쭤봐도 되나요?

• 첫 번째로, 어떤 종류의 커피가 있나요?
  - 사실, 저는 모든 종류의 커피를 좋아하긴 하는데요.

• 그리고, 저는 거기가 밤에 그냥 앉아서 쉬기에 잘 알려진 장소라고 들었어요.
  - 또한, 밤에 아무도 없다고 들었는데요.
  - 맞죠?

• 마지막으로, 영업시간은 몇 시인가요? 연중무휴로 영업하시나요?
  - 제가 말씀드렸듯이, 저는 밤에 가고 싶습니다.

• 그럼 알겠습니다. 감사합니다. 곧 뵐게요.

어휘 및 표현
your coffee shop has recently opened 커피숍에 최근에 오픈했어   what kind of coffee do you have 어떤 종류의 커피가 있어?
Like I told you 내가 말했듯

롤플레이 모의고사(12번) 잘못 받은 커피에 대한 문제 해결

Q73 ───────────────────── 🎧 MP3 IM2_Q_73

Unfortunately, you have ordered a coffee but when you got your coffee, **you found out that it was the wrong coffee.** Call one of the staff members and explain the situation. Then, offer two to three alternatives to solve the problem.

안타깝게도 해결해야 할 문제가 생겼습니다. 주문한 커피 대신 다른 커피가 나왔습니다. 직원에게 상황을 설명하고 2 – 3개의 대안을 제시하여 상황을 해결하세요.

───────────────────────────────── 🎧 MP3 IM2_A_73

서론
상황설명/10%

- <u>Hi</u> there, you know, *I've got the <u>wrong</u> coffee.*
  - I mean, I <u>ordered</u> an iced <u>Americano</u>, but I got a Latte.

본론
대안/80%

- **You know,** I'm so <u>mad</u> because I was waiting in a <u>long</u> line for <u>30</u> minutes.
  - So I want to ask you for a <u>refund</u>.

- <u>Or,</u> I'll just keep the <u>Latte</u>.
  - But, can you give me a discount <u>voucher</u> or something?

결론
마무리문장/10%

- **What do you <u>think</u>?**

- -

- 안녕하세요, **잘못된 커피를 받았는데요.**
  - 제 말은, 제가 아이스 아메리카노를 주문했는데, 라테를 받았습니다.

- 제가 30분을 기다려서 받았는데 정말 화가 납니다.
  - 그래서 환불을 요청하고 싶습니다.

- 아니면, 제가 그냥 라테를 마실게요.
  - 근데 할인 쿠폰 같은 걸 주실 수 있나요?

- 어떻게 생각하세요?

어휘 및 표현
I've got the wrong coffee 잘못된 커피를 받았어   I ordered an iced Americano 난 아이스 아메리카노를 주문했어   Latte 라테
I want to ask you for a refund 환불을 원해요   a discount voucher 할인 쿠폰

롤플레이 모의고사(11번) 여행을 위해 호텔 예약하는 정보요청

Q74 ━━━━━━━━━━━━━━━━━━━━━━━━━

I'm going to give you a situation and ask you to act it out. **You would like to book a hotel for your trip.** Call a hotel and ask three or four questions about that hotel.

상황을 드릴 테니 연기해보세요. 당신은 여행을 위해 호텔을 예약하려 합니다. 호텔에 전화하여 호텔에 관하여 3 – 4개의 질문을 하세요.

━━━━━━━━━━━━━━━━━━━━━━━━━

서론
인사말/10%

• <u>Hi</u> there, *I would like to book a <u>room</u>.* Could I ask you some questions?

본론
질문/80%

• Well, <u>first</u> of all, <u>where</u> is it? I heard that it is close to the <u>airport</u>. Is it right?
  - You know, I prefer taking the <u>cab</u> over the bus from the airport.
  - So, how <u>far</u> is it from the <u>airport</u>?

• Also, <u>how</u> much is the <u>suite</u> room?
  - And um, do <u>you</u> have central heating and air-conditioning?
  - You know, I have a VIP <u>membership</u> card.
  - So, can you give me a <u>discount</u>?

결론
마무리문장/10%

• <u>Alright</u> then, <u>thanks</u> a lot. See you later.

- -

• 안녕하세요, **방을 예약하고 싶은데요.** 뭐 좀 여쭤봐도 될까요?

• 첫 번째로, 위치가 어떻게 되나요? 공항에서 가깝다고 들었는데, 맞나요?
  - 전 공항에서 버스보단 택시를 타는 것을 선호하는데요.
  - 공항에서 얼마나 거리가 되나요?

• 또한, 스위트룸 가격은 어떻게 되죠?
  - 그리고 음, 중앙난방과 에어컨이 있나요?
  - 저는 VIP 멤버십 카드를 가지고 있는데요.
  - 그래서, 제가 할인을 받을 수 있을까요?

• 그럼 알겠습니다. 감사합니다. 곧 뵐게요.

어휘 및 표현
I would like to book a room 객실 예약을 하고 싶어요   **from the airport** 공항으로 부터   **the suite room** 스위트 룸
VIP membership card VIP 멤버십 카드

롤플레이 모의고사(12번) 객실 청소가 제대로 되어 있지 않은 문제 해결

Q75 ──────────────

🎧 MP3 IM2_Q_75

I'm sorry, but there is a problem that needs to be resolved. **You have checked in, but the room is not cleaned up properly.** Call the front desk, explain the situation, and offer two to three options to **resolve** this matter.

안타깝게도 해결해야 할 문제가 생겼습니다. 체크인을 했는데, 객실 청소가 제대로 되어있지 않습니다. 프론트 데스크에 전화하여 상황을 설명하고, 2 – 3개의 대안을 제시하여 상황을 해결하세요.

────────────────────────

🎧 MP3 IM2_A_75

서론
상황설명/10%

- **Hey,** I need to tell you something. You know, *my room is not cleaned up properly.*

본론
대안/80%

- **You know,** I'm so mad because I paid more than $300 for this room.
  - So I want to ask you for a refund.

- **Or,** can you give me a free room upgrade?
  - How about a suite room with an ocean view?

결론
마무리문장/10%

- **What do you think?**

- -

- 안녕하세요, 드릴 말씀이 있는데요. **제 객실 청소가 제대로 되어있지 않습니다.**

- 저는 이 객실에 대해 300불 넘게 지불했기 때문에 정말 화가 납니다.
  - 그래서 환불을 받고 싶습니다.

- 아니면, 무료 룸 업그레이드를 해줄 수 있나요?
  - 오션뷰가 있는 스위트룸은 어떤가요?

- 어떻게 생각하세요?

어휘 및 표현
my room is not cleaned up properly 객실 청소가 제대로 되지 않았어요   **I'm so mad** 난 너무 화가나   **I paid more than $300** 300불 넘게 지불했어
free room upgrade 무료 객실 업그레이드   **ocean view** 바다 전망

롤플레이 모의고사(11번) 면접 볼 회사에 전화하는 정보요청

Q76

I'm going to give you a situation and ask you to act it out. **You have a job interview tomorrow at a company,** but you don't have enough information about the company. Call the company and ask some questions about that company.

상황을 드릴 테니 연기해보세요. 당신은 내일 회사 면접이 있습니다. 하지만 그 회사에 대한 정보를 많이 가지고 있지 않습니다. 회사에 전화하여 회사에 대한 여러가지 질문을 하세요.

MP3 IM2_A_76

서론
인사말/10%

- <u>Hi</u> there, *I have a <u>job</u> interview tomorrow at your <u>company</u>.* Could I ask you some questions?

본론
질문/80%

- Well <u>first</u> of all, <u>where</u> is it? I heard that it is close to <u>Seoul</u> station.
  - You know, I think it's about <u>200</u>m from my place.
  - So, how far is it from the <u>Seoul</u> station?

- And <u>also,</u> I heard that it's in a <u>10</u>-story building which is in the <u>middle</u> of the town.
  - So, <u>which</u> floor is it?
  - And um, on the <u>first</u> floor, I know that there is a <u>reception</u> desk.
  - Do <u>I</u> need to bring my ID?

결론
마무리문장/10%

- <u>Alright</u> then, <u>thanks</u> a lot. See you later.

- 안녕하세요, 제가 내일 회사 면접이 있습니다. 뭐 좀 여쭤봐도 될까요?

- 음 첫 번째로, 회사 위치가 어딘가요? 저는 회사가 서울역과 가깝다고 들었습니다.
  - 저희 집에서 200m쯤 떨어진 것 같습니다.
  - 그래서, 서울역에서 거리가 얼마나 떨어져 있나요?

- 그리고, 도심 중앙에 있는 10층짜리 건물 안이라고 들었습니다.
  - 그래서 몇 층이죠?
  - 그리고, 1층에는 안내 데스크가 있다고 알고 있습니다.
  - 제가 신분증을 가져가야 할까요?

- 그럼 알겠습니다. 감사합니다. 곧 뵙겠습니다.

어휘 및 표현

job interview 면접　　at your company 당신 회사에서　　how far is it from the Seoul station? 서울역에서 얼마나 걸려요?
which floor is it? 몇 층이죠?　　Do I need to bring my ID? 신분증을 가지고 가야 하나요?

258

롤플레이 모의고사(12번) 일이 생겨 면접을 못 보는 문제 해결

Q77 ———————————————————— 🎧 MP3 IM2_Q_77

Unfortunately, you are not able to make it to the interview since **something urgent has happened to you.** Call the company, explain the situation, and offer two to three alternatives to **handle** this problem.

안타깝게도 해결해야 할 문제가 생겼습니다. 당신은 급한일이 생겨 면접에 임하지 못하는 상황이 발생했습니다. 회사에 전화하여 상황을 설명하고, 2 - 3개의 대안을 제시하여 문제를 해결하세요.

🎧 MP3 IM2_A_77

서론
상황설명/80%

- <u>Hi there,</u> I need to tell you something. <u>Actually,</u> *I had an <u>accident</u> today.*
  I don't think I can make it to the <u>interview</u>.
  - <u>Actually,</u> on the <u>way</u> to the interview, I don't know why, but I felt the <u>back</u> pain.
  - So, I lost my <u>balance</u> and fell <u>over</u>.
  - So, someone took me to the <u>hospital</u>.

본론
대안/10%

- **Well,** can I <u>postpone</u> the interview for <u>next</u> week?

결론
마무리문장/10%

- **Once <u>again</u>,** I'm <u>so</u> sorry. Let me know what's <u>best</u> for you.

- 안녕하세요, 드릴 말씀이 있는데요. 사실, **제가 오늘 사고를 당했습니다.** 면접에 가지 못할 것 같습니다.
  - 사실, 지금 인터뷰에 가는 길인데 이유는 모르겠지만 허리 통증을 느꼈습니다.
  - 그래서 제가 균형을 잃고 넘어졌습니다.
  - 그래서 누군가가 저를 병원으로 데리고 갔어요.

- 음, 제가 다음 주로 면접을 미룰 수 있을까요?

- 다시 한번, 죄송합니다. 어떻게 하면 좋으실지 말씀해 주세요.

어휘 및 표현
I had an accident 사고가 났어요   **make it to the interview** 인터뷰에 임하다   **on the way to the interview** 인터뷰를 보러 가는 도중에
can I postpone the interview 인터뷰를 미룰 수 있나요?

롤플레이 모의고사(15번) Eva가 여행을 왜 좋아하는지에 대한 단순질문

Q78 ──────────────────────────────── 🎧 MP3 IM2_Q_78

You indicated in the survey that **you like traveling.** I also enjoy traveling around my country. Ask me three to four questions about **why I like traveling around my country.**

당신은 여행을 좋아한다고 했습니다. 저 또한 우리나라 여행하는 것을 좋아합니다. 제가 왜 우리나라 여행을 좋아하는지 3 – 4개의 질문을 하세요.

── 🎧 MP3 IM2_A_78

서론
인사말/10%

- **Hi Eva,** I <u>heard</u> that you like ***traveling around your <u>country</u>,*** Is it right? Can I ask you something?

본론
질문/80%

- **First of all,** <u>why</u> do you like traveling around your <u>country</u>?
  - For me, I love <u>traveling</u> because it helps me <u>release</u> stress.

- **And <u>also</u>,** I'm an <u>outgoing</u> person, and like <u>socializing</u>.
  - So, <u>I</u> think, traveling is one of the <u>best</u> ways to make <u>friends</u>.
  - How about <u>you</u>?
  - Are <u>you</u> an outgoing person?

- **Lastly,** <u>where</u> do you normally travel around your <u>country</u>?
  - For me, I love going to <u>beaches</u> because whenever I go <u>there</u>, it makes me feel <u>so</u> great.
  - What about <u>you</u>? Where do you <u>normally</u> travel?

결론
마무리문장/10%

- **Okay Eva,** see you later.

- -

- 안녕 에바, **국내 여행을 좋아한다고 들었는데,** 뭐 좀 물어봐도 돼?

- 첫 번째로, 왜 국내 여행을 좋아해?
  - 난 스트레스 해소에 도움이 되기 때문에 여행을 좋아하거든.

- 그리고 또한, 난 활발한 사람이고, 사람 만나는 것을 좋아해.
  - 그래서 내가 생각하기에, 여행은 친구를 사귈 수 있는 가장 좋은 방법 중에 하나야.
  - 어떻게 생각해?
  - 넌 활발한 사람이야?

- 마지막으로, 주로 국내 중 어디를 여행해?
  - 난 해변에 가는 것을 좋아해. 왜냐하면 내가 거기에 갈 때마다 기분이 좋아지기 때문이거든.
  - 넌 어때? 주로 어디를 여행해?

- 오케이 에바. 곧 또 보자.

어휘 및 표현
traveling around your country 당신 나라를 여행하는 것   **How about you?** 넌 어때?   **Are you an outgoing person?** 넌 긍정적인 사람이야?
For me 나의 경우는   **What about you?** 넌 어때?

롤플레이 모의고사(15번) Eva가 집에서 휴가를 보낼 때 무엇을 하는지에 대한 단순질문

Q79 ──────────────── 🎧 MP3 IM2_Q_79

You indicated in the survey that **you like staying at home during your vacation.** I also enjoy spending time at home during my vacation. Ask me three to four questions about **what I usually do on vacation at home.**

당신은 휴가 때 집에서 쉬는 것을 좋아한다고 했습니다. 저 또한 집에서 휴가를 보내는 것을 좋아합니다. 저에게 집에서 휴가를 보낼 때 주로 무엇을 하는지 3 – 4개의 질문을 하세요.

🎧 MP3 IM2_A_79

서론
인사말/10%

- **Hi Eva,** I <u>heard</u> that you like ***staying at <u>home</u> during your vacations,*** Is it <u>right</u>?
  Can I ask you something?

본론
질문/80%

- **First of all,** what do you <u>usually</u> do at home?
  - Well, when it <u>comes</u> to vacations at <u>home</u>, I try to listen to <u>various</u> types of music.
  - And <u>also</u>, I call my friends and grab a beer.
  - I mean, we drink like there's <u>no</u> tomorrow.
  - How about <u>you</u>?

- **And <u>also</u>,** <u>why</u> do you like staying at home during your <u>vacations</u>?
  - For me, I love staying at home because it's the <u>perfect</u> way to <u>release</u> stress.
  - In <u>fact</u>, I love watching <u>all</u> kinds of movies.
  - So, I <u>usually</u> watch movies at home <u>during</u> my vacations.

결론
마무리문장/10%

- <u>Okay</u> Eva, see you later.

- -

- 안녕 에바, **휴가 동안 집에 있는 것을 좋아한다고 들었어.** 맞지? 뭐 좀 물어봐도 돼?

- 첫 번째로, 집에서 주로 뭐해?
  - 음, 집에서 보내는 휴가라면, 난 다양한 음악을 들어보려고 해.
  - 그리고 또한, 난 친구를 불러서 맥주를 마셔.
  - 내 말은, 우리는 내일이 없는 것처럼 마셔.
  - 넌 어때?

- 그리고, 왜 집에서 휴가를 보내?
  - 나 같은 경우에는, 집에 있는 것이 스트레스를 해소하는 완벽한 방법이기 때문이거든.
  - 사실, 난 모든 종류의 영화를 보는 것을 좋아해.
  - 그래서, 난 휴가 동안 보통 집에서 영화를 봐.

- 오케이 에바, 나중에 봐.

어휘 및 표현
staying home during your vacations 휴가 때 집에 있는 것   **I call my friends** 친구를 불러   **For me** 나의 경우는   **during my vacations** 휴가 때

27강

돌발

돌발의 이해 및 훈련

돌발의 이해 및 종류

OPIc 질문들 중 Background Survey에서 선택하지 않았음에도 불구하고 출제 가능한 질문들을
'돌발 질문'이라 합니다. 하지만 돌발 질문들도 유형별로 출제되므로 지금까지 배우셨던 진짜녀석들 OPIc
의 문장들로 대체 가능합니다.

어떤 돌발이 나올지 예측 불가하지만, 배운 유형대로 출제됩니다.

돌발 질문 리스트

진짜녀석들 OPIc의 다양한 돌발 질문들의 MP3를 듣고 키워드 캐치를 훈련하세요.

🎧 MP3 IM2_Q_80~91

돌발 세트 1
산업
묘사 – 세부묘사 – 경험

Talk about **one of the rising industries or companies in your country.** Why is that industry or company famous, and what is so special about it? Do you personally want to work in that industry or company? If so, why? Please tell me all the details.

I would like to ask you about a promising company in that industry you mentioned above. Tell me about **the benefits the industry is providing.** What kind of benefits does it bring?

Please talk about **some difficulties or challenges of that industry faced** before. **What** were the challenges that this industry dealt with? **How** did that industry **solve** the problem? Please tell me everything about that story in as much detail as possible.

돌발 세트 2
날씨
묘사 – 세부묘사 – 경험

What is **the weather like in each season?** Which season do you like? Please tell me in detail.

Please tell me about **some activities that you enjoy doing during your favorite season.** What do you usually do? Also, what activities do people in your country usually do during this season?

I want to ask you about a memorable incident related to severe weather. **Where** were you and **who** were you with? **What** was the problem and **how** did you **solve** that situation? Please tell me in as much detail as you can.

돌발 세트 3
전자기기
묘사 – 경험– 경험

I would like to know **what you like most about your cell phone.** Why is that? Please tell me all the details.

Now, please tell me about a time when you had trouble using your cell phone. **When** was it? **What** happened? Please tell me about that time in as much detail as you can.

What was your first cell phone experience like? What was **the difference between the phone you used back then** and **the cell phone you use now?**

돌발 세트 4
건강
묘사 – 경험 – 경험

I would like to know **some things that you usually do to stay healthy.** For example, do you work out or try eating anything different to become healthier? Tell me everything about the things you do to stay healthy.

Now, please tell me about something that you tried for your health that turned out to be effective. **What** did you do? What kind of **effects** did it have on your health? Give me all the details.

Some health problems can be occurred. Have you ever had any health **problems** before? **How** did you **fix** it? Please tell me about that story from the beginning to the end.

돌발 세트1-1산업(묘사) 우리나라에서 유명해지고 있는 산업 혹은 회사 묘사

Q80

Talk about **one of the rising industries or companies in your country.** Why is that industry or company famous, and what is so special about it? Do you personally want to work in that industry or company? If so, why? Please tell me all the details.

당신 나라에서 성장하고 있는 산업 혹은 회사 중 한 곳에 대해 말해주세요. 왜 그 산업 혹은 회사가 유명한가요? 또한 무엇이 특별한가요? 개인적으로 당신은 그 회사에서 일하고 싶나요? 만약 그렇다면, 이유는 무엇인가요? 상세히 말해주세요.

서론
시작문장/10%

- Well, *one of the <u>rising</u> industries or <u>companies</u> in my country?* You know,
  it <u>has</u> to be the <u>movie</u> industry.

본론
단락별 핵심문장/80%

- In <u>fact,</u> Koreans love watching <u>all</u> kinds of movies.
  - <u>Actually</u>, it's one of the <u>best</u> ways to <u>release</u> stress.

- And <u>also,</u> the movie theaters are in <u>huge</u> shopping malls.
  - You know, it is <u>always</u> filled with <u>lots</u> of people.
  - Because there are <u>lots</u> of restaurants, coffee shops and <u>bars</u>.
  - So, I can see lots of people enjoying their <u>free</u> time.

- When it comes to <u>careers</u>, I would love to work at a <u>movie</u> theater.
  - Because I'm an <u>outgoing</u> person, and like <u>socializing</u>.
  - <u>Plus</u>, I try to watch <u>various</u> types of movies.

결론
마무리문장/10%

- Um, <u>yeah</u>, this is about *one of the rising <u>industries</u> or <u>companies</u> in my country.*

- 음, 성장하고 있는 사업 또는 회사? 그건 영화 사업이야.

- 사실, 한국인들은 모든 종류의 영화 보는 것을 좋아해.
  - 사실, 영화 보는 것은 스트레스를 해소하는 가장 좋은 방법 중에 하나야.

- 그리고 또한, 영화관들은 큰 쇼핑몰 안에 있어.
  - 있잖아, 항상 사람으로 가득 차 있지.
  - 왜냐하면 거기에는 많은 레스토랑, 커피숍, 바가 있기 때문이야.
  - 그래서, 나는 여가시간을 즐기고 있는 많은 사람들을 볼 수 있어.

- 커리어에 관해서는, 나는 영화관에서 일하고 싶어.
  - 왜냐하면 나는 활발하고, 사람 만나는 것을 좋아하기 때문이야.
  - 추가로, 나는 다양한 종류의 영화를 보려고 노력해.

- 음, 이게 **우리나라에서 성장하고 있는 사업 또는 회사 중에 하나**에 관한 거야.

어휘 및 표현
one of the rising industries or companies in my county 우리나라에서 성장하고 있는 산업 혹은 회사
When it comes to careers 직업에 대해 말한다면   **I would love to work at~** 난 ~에서 일하고 싶어

돌발 세트1-2산업(세부묘사) 전도유망한 회사가 주는 이점 세부묘사

Q81 ━━━━━━━━━━━━━━━━━━━━━━━━━━━━ 🎧 MP3 IM2_Q_81

I would like to ask you about a promising company in that industry you mentioned above. Tell me about the benefits **the industry is providing.** What kind of benefits does it bring?

당신이 언급한 전도유망한 산업의 회사에 대해 묻고 싶습니다. 그 산업이 제공하는 이점에 대해 말해주세요. 어떤 이점을 가져다 주나요?

━━━ 🎧 MP3 IM2_A_81

서론
시작문장/10%

본론
단락별 핵심문장/80%

- Oh <u>yeah</u>, *the <u>benefits</u> that industry is <u>providing</u>?* I got it Eva.

- **As <u>I</u> mentioned before,** the <u>movie</u> theaters are in <u>huge</u> shopping malls which are in the <u>middle</u> of the towns.
  - You know what? I can see <u>lots</u> of people enjoying their <u>free</u> time in the shopping mall.

- **When you watch <u>movies</u> there,** people get discount <u>vouchers</u>.
  - I mean, they can use vouchers in <u>restaurants</u>, spa, coffee shops and so on.

- <u>Before</u> **the movie,** people can <u>eat</u> out at restaurants and <u>after</u> the movie, people can have some <u>coffee</u>.

결론
마무리문장/10%

- Well, <u>okay</u> Eva, this is <u>pretty</u> much about ***the benefits that <u>industry</u> is providing.***

- **그래, 그 산업이 제공하는 이점?** 알겠어 에바.

- 내가 전에도 언급했듯이, 영화관들은 도심 중앙에 있는 큰 쇼핑몰에 있어.
  - 그거 알아? 나는 쇼핑몰에서 자유시간을 보내고 있는 많은 사람들을 볼 수 있어.

- 네가 거기에서 영화를 보면, 할인 쿠폰을 받을 수 있어.
  - 내 말은, 쿠폰을 레스토랑, 스파, 커피숍 등에서 사용할 수 있어.

- 영화 보기 전에, 사람들은 주로 레스토랑에서 외식을 할 수 있고, 영화 후에는 커피를 마실 수 있어.

- 음, 오케이 에바, **그 산업이 제공하는 이점**에 대해 꽤 많이 말한 거야.

어휘 및 표현
the benefits that industry is providing 산업이 제공하는 이점   people get discount vouchers 사람들은 할인 쿠폰을 받는다
people can have some coffee 사람들은 커피를 마실 수 있어

돌발 세트1-3산업(경험) 전도유망한 회사가 겪은 문제와 해결 경험

Q82

Please talk about **some difficulties or challenges of that industry faced** before. **What** were the challenges that this industry dealt with? **How** did that industry **solve** the problem? Please tell me everything about that story in as much detail as possible.

해당 산업이 직면한 어려움에 대해 말해주세요. 어떤 문제가 있었나요? 어떻게 해결했나요? 해당 이야기에 대해 상세히 말해주세요.

서론
시작문장/10%

• <u>Great</u>, you mean *some <u>difficulties</u> or challenges of that industry <u>dealt</u> with?* Sure, I got it.

본론
했던 일/20%

• <u>Frankly</u> speaking, the <u>main</u> problem facing that industry was the <u>ticket</u> price.
  - You know, the movie ticket price was too <u>expensive</u>.

본론
결과/60%

• Well, in <u>order</u> to fix the problem, the movie theaters gave some discount <u>vouchers</u> to the <u>customers</u>.
  - As <u>I</u> mentioned before, the <u>movie</u> theaters are normally in huge <u>shopping</u> malls.
  - And in the shopping malls, there are <u>many</u> restaurants, spa, coffee shops and so on.
  - So, people could use discount <u>vouchers</u> there.

결론
마무리문장/10%

• Um, <u>yeah</u>, this is about *some <u>difficulties</u> or <u>challenges</u> of that industry dealt with.*

• 좋아, **해당 산업이 직면한 어려움이나 문제** 말하는 거지? 그래, 알겠어.

• 솔직히 말하면, 그 사업이 직면한 가장 큰 문제는 영화 티켓 가격이야.
  - 있잖아, 영화티켓은 너무 비싸거든.

• 음, 이 문제를 해결하기 위해, 영화관은 고객들에게 할인 쿠폰을 주었어.
  - 내가 전에 언급한 것처럼, 영화관은 주로 큰 쇼핑몰들에 있어.
  - 쇼핑몰에는 많은 레스토랑, 스파, 커피숍 등이 있어.
  - 그래서 사람들은 그 쿠폰을 거기서 사용할 수 있어.

• 음 그래, 이건 **해당 산업이 직면한 어려움이나 문제**에 관한 거야.

어휘 및 표현
some difficulties or challenges of that industry dealt with? 해당 산업이 직면한 어려움 혹은 문제
the movie ticket price was too expensive 그 영화 티켓 가격은 너무 비쌌어   to the customer 고객에게

돌발 세트2-1날씨(묘사) 우리나라 날씨 및 계절 묘사

Q83 ━━━━━━━━━━━━━━━━ 🎧 MP3 IM2_Q_83

What is **the weather like in each season?** Which season do you like? Please tell me in detail.

당신 나라의 각 계절마다의 날씨는 어떤가요? 당신은 어느 계절을 좋아하나요? 상세히 말해주세요.

━━━━━━━━━━━━━━━━━━━━━━━━━━━━━━━ 🎧 MP3 IM2_A_83

서론
시작문장/10%

- That's a good question, *the weather and seasons in my country?* Sure, I got it.

본론
단락별 핵심문장/80%

- In fact, Korea has 4 distinct seasons.
  - As you can expect, it is hot during summer and cold during winter.

- When it comes to my favorite season, it has to be summer.
  - You know what? I can see lots of people enjoying their free time at the beach during summer.
  - In addition, the beaches in Korea are undeniably beautiful.
  - Also, in summer, people come out to play sports, listen to music and stuff like that.

결론
마무리문장/10%

- Okay Eva, this is *the weather and seasons in my country.*

- -

- 좋은 질문이야, **우리나라 날씨와 계절?** 응 알았어.

- 사실, 한국은 뚜렷한 4계절이 있어.
  - 네가 예상할 수 있듯이, 여름에 덥고, 겨울은 추워.

- 내가 제일 좋아하는 계절은 여름이야.
  - 나는 여름에 해변에서 여가 시간을 즐기는 많은 사람들을 볼 수 있거든.
  - 게다가, 한국에 있는 해변들은 정말 아름다워.
  - 또한 여름에는, 사람들은 밖으로 나와서 스포츠를 하고 음악을 듣는 등의 활동을 해.

- 오케이 에바, 이건 **우리나라의 날씨와 계절**에 관한 거야.

어휘 및 표현
the weather and seasons in my country 우리나라 날씨와 계절　Korea has 4 distinct seasons 우리나라는 4계절이 있어
it is hot during summer 여름에 더워　it is cold during winter 겨울에 추워　it has to be summer 여름이어야 해

돌발 세트2-2날씨(세부묘사) 좋아하는 계절에 하는 행동 세부묘사

Q84 ───────────────────────
🎧 MP3 IM2_Q_84

Please tell me about **some activities that you enjoy doing during your favorite season.** What do you usually do? Also, what activities do people in your country usually do during this season?

당신이 좋아하는 계절에 주로 하는 행동들에 대해 말해주세요. 무엇을 주로 하나요? 또한, 당신 나라 사람들은 그 계절에 주로 무엇을 하나요?

───────────────────────
🎧 MP3 IM2_A_84

서론
시작문장/10%

• Well, *some activities that I enjoy doing during my favorite season?* You know, I do lots of things in summer.

본론
단락별 핵심문장/80%

• First of all, I usually go to the park or the beach during summer.
  - I mean, the parks and the beaches are well-known spots for just sitting and relaxing.
  - Plus, whenever I go there, it makes me feel so great.

• And also, I can see lots of people enjoying their free time at the parks and the beaches.
  - Actually, people come out to play sports, swim, listen to music and stuff like that.
  - Also, there is a huge running track at the park.
  - So, I can see lots of people running.
  - I mean, it is the perfect way to release stress.

결론
마무리문장/10%

• Well, okay Eva, this is pretty much about *some activities that I enjoy doing during my favorite season.*

- -

• **음, 가장 좋아하는 계절에 주로 하는 활동들?** 여름에 난 많은 것들을 해.

• 첫 번째로, 난 여름에 공원 또는 해변에 주로 가.
  - 내 말은, 공원과 해변은 그냥 앉아서 쉬기에 잘 알려진 장소들이야.
  - 추가로, 내가 거기 갈 때마다 난 기분이 좋아져.

• 그리고 또한, 공원과 해변에서 여가시간을 보내는 많은 사람들을 볼 수 있어.
  - 사실은, 사람들은 나와서 스포츠, 수영, 음악 감상 등의 활동을 해.
  - 추가로, 공원에는 큰 러닝 트랙이 있어.
  - 그래서 나는 러닝을 하는 많은 사람들을 볼 수 있어.
  - 내 말은, 이건 스트레스를 해소하는 완벽한 방법이야.

• 음, 오케이 에바, **내가 제일 좋아하는 계절에 주로 하는 활동들**에 대한 거야.

───────────────────────

어휘 및 표현
some activities that I enjoy doing during my favorite season 좋아하는 계절에 하는 행동   during summer 여름에
I can see lots of people running 뛰고 있는 많은 사람들을 볼 수 있어

돌발 세트2-3날씨(경험) 극한 날씨에 관한 경험

Q85
🎧 MP3 IM2_Q_85

I want to ask you about a memorable incident related to severe weather. **Where** were you and **who** were you with? **What** was the problem and **how** did you **solve** that situation? Please tell me in as much detail as you can.

극한 날씨에 대해 기억에 남는 경험을 묻고 싶습니다. 당신은 어디에 있었고, 누구와 함께 있었죠? 어떤 문제가 발생했으며, 어떻게 문제를 해결했나요? 상세히 말해주세요.

🎧 MP3 IM2_A_85

서론
시작문장/10%

- **Why not?** Let me tell you *my park experience.*

본론
했던 일/60%

- **You know,** I went to the park with my friends last week.
- Well, I think the park was about 200m from my place.
- In addition, the park was undeniably beautiful.
- So, we sat down and listened to music together.

- **Like you can imagine,** we danced, jumped, and we lost control. I mean we went crazy.
- After, we grabbed a beer together. It was the perfect way to release stress.

본론
반전/20%

- **But you know what happened?** It rained so hard! I mean, the weather was so nice but, it poured!
- Guess what! We were completely soaked, and we just decided to go home.

결론
마무리문장/10%

- **Um yeah,** I think this is all I remember Eva. Thank you.

- **공원에서 있었던 경험**에 대해 말해줄게.

- 있잖아, 난 저번 주에 내 친구들과 함께 공원에 갔어.
  - 음, 공원은 우리 집에서 약 200m쯤 떨어져 있었어.
  - 추가로, 공원은 정말 아름다웠어.
  - 그래서, 우리는 앉아서 음악을 함께 들었어.

- 네가 상상하다시피, 우리는 춤을 췄고, 뛰었고, 통제력을 잃었어. 내 말은 진짜 미쳤지.
  - 끝나고, 우리는 맥주를 함께 마셨어. 그건 스트레스를 해소할 수 있는 완벽한 방법이었어.

- 근데 무슨 일이 있은 줄 알아? 비가 엄청 많이 왔어! 내 말은, 날씨가 좋았었는데, 비가 갑자기 퍼부었어!
  - 우리는 완벽히 젖었고, 호텔로 돌아가기로 결정했어.

- 음, 이게 내가 기억하는 전부야 에바. 고마워.

어휘 및 표현
we sat down and listen to music 앉아서 음악을 들었어   **we grabbed a beer** 술을 마셨어

돌발 세트3-1전자기기(묘사) 사용하는 전화기에 대한 묘사

Q86

I would like to know **what you like most about your cell phone.** Why is that? Please tell me all the details.

당신이 사용하는 핸드폰에 대해 가장 좋은 점에 대해 묻고 싶습니다. 이유는 무엇인가요? 자세히 말해주세요.

MP3 IM2_A_86

시작문장/10%

단락별 핵심문장/80%

- Oh <u>yeah</u>, *what I like <u>most</u> about my cell phone?* You know, it has a <u>powerful</u> speaker.

- <u>First</u> of all, I use a cell phone when <u>I</u> want to listen to <u>music</u>.
  - When it comes to <u>music</u>, I try to listen to <u>various</u> types of music.
  - And I love my <u>phone</u> because it has a <u>powerful</u> speaker.

- <u>Plus</u>, I love watching <u>all</u> kinds of movies.
  - So, I sometimes <u>watch</u> movies using my cell phone.

마무리문장/10%

- Um, <u>yeah</u>, this is about *what I like most about my <u>cell</u> phone.*

- -

- 오 예, **내 핸드폰에서 가장 좋은 점?** 있잖아, 그건 강력한 스피커야.

- 첫 번째로, 난 음악을 듣고 싶을 때 핸드폰을 사용해.
  - 음악에 대해 말한다면, 나는 다양한 종류의 음악을 들으려고 해.
  - 그리고 내 핸드폰은 강력한 스피커가 있어서 너무 좋아.

- 추가로, 나는 모든 종류의 영화를 보는 것을 좋아해.
  - 그래서, 나는 때때로 내 핸드폰으로 영화를 봐.

- 음 그래, 이게 **내가 핸드폰에서 가장 좋아하는 점**이야.

어휘 및 표현

what I like most about my cell phone 핸드폰에 대해 내가 가장 좋아하는 점   **it has a powerful speaker** 강력한 스피커가 있어

돌발 세트3-2 전자기기(경험) 전화기 사용 도중 문제가 발생한 경험

Q87 ──────────────
🎧 MP3 IM2_Q_87

Now, please tell me about a time when you had trouble using your cell phone. **When** was it? **What** happened? Please tell me about that time in as much detail as you can.

자, 당신이 핸드폰을 사용하면서 문제가 발생했던 적을 말해주세요. 언제였나요? 무슨 일이 있었죠? 해당 경험에 대해 자세히 말해주세요.

🎧 MP3 IM2_A_87

서론
시작문장/10%

- Okay Eva, *a time when I had trouble using my cell phone?* Sure.

본론
했던 일/40%

- **In fact,** I love watching all kinds of movies.
  - And I usually go to the nearest park to watch a movie alone.
  - Because when you go to the park at night, there is absolutely nobody around.
  - So, I went there and watched a movie alone.
  - You know, it was very quiet, and it was the perfect way to release stress.

본론
반전/20%

- But Jesus Christ, the cell phone just stopped working!
  - I was so mad because it was a new cell phone!
  - So, I quickly called the service center.

본론
결과/20%

- **Well,** the engineer fixed it in like 20 minutes.
  - But you know, I had to pay like $150.

결론
마무리문장/10%

- Okay Eva, this is about *a time when I had trouble using my cell phone.*

- -

- 그래 에바, 내가 **핸드폰을 사용하면서 문제가 발생했던 경험?** 물론이지.

- 사실, 난 모든 종류의 영화 보는 것을 좋아해.
  - 그리고, 나는 영화를 혼자 보러 가기 위해 가장 가까운 공원으로 보통 가.
  - 왜냐하면 밤에 공원을 가면, 주변에 아무도 없어.
  - 그래서, 나는 공원에 갔고, 혼자 영화를 봤어.
  - 공원은 매우 조용했고, 스트레스를 해소할 수 있는 완벽한 방법이었어.

- 근데 갑자기 핸드폰이 작동을 멈췄어!
  - 이게 첫 핸드폰이었기 때문에 난 엄청 화가 났어!
  - 그래서, 난 즉시 서비스 센터에 전화했어.

- 음, 기사님이 20분 안에 고쳐주셨어.
  - 근데, 난 150불 정도를 지불해야 했어.

- 오케이 에바, 이게 **내가 첫 핸드폰을 사용하면서 문제가 발생했던 경험**이야.

어휘 및 표현
a time when I had trouble using my cell phone 핸드폰 사용하면서 문제가 생긴 경험　　watch a movie alone 혼자 영화를 보다
I had pay like $150 150불 정도를 지불해야 했어

돌발 세트3-3전자기기(경험) 전에 사용하던 전화기와 현재 사용중인 전화기 비교

Q88

What was your first cell phone experience like? What was **the difference between the phone you used back then** and **the cell phone you use now?**

처음 사용한 핸드폰은 어땠나요? 처음 사용했던 핸드폰과 현재 사용중인 핸드폰의 차이점은 무엇인가요?

🎧 MP3 IM2_A_88

서론
시작문장/10%

• **Great,** you mean *the __difference__ between the phone I used __back__ then and the cell phone I use __now__?*

본론
했던 일/80%

• **When I was little,** I __used__ to use a __cell__ phone.
 - I mean, just a __flip__ phone.
 - I could call someone and send text __messages__.
 - That was __all__.

• **But __now__,** I use a __smartphone__.
 - When it comes to a __smartphone__, I can listen to __music__, watch __movies__, play __games__ and so on.
 - So, whenever I have some __free__ time, I use my smart phone and watch __movies__ alone.
 - __Especially__, I go to the park alone and watch __movies__.
 - Because the park is a __well__-known spot for just sitting and __relaxing__.

결론
마무리문장/10%

• __Alright Eva,__ I guess this is __pretty__ much about *the __difference__.*

- -

• 좋아, 이전에 **사용했던 핸드폰과 현재 사용하고 있는 핸드폰의 차이** 말이지?

• 내가 어렸을 때, 난 핸드폰을 사용했어.
 - 내 말은 그냥 폴더폰이었어.
 - 누군가에게 전화를 걸고 문자 보내는 정도였지.
 - 그게 다였어.

• 하지만 지금은, 난 스마트폰을 사용해.
 - 스마트폰에 대해 말한다면, 음악을 들을 수 있고, 영화를 볼 수도 있고, 게임 등을 할 수 있어.
 - 그래서, 좀 쉬는 시간이 있을 때마다, 난 핸드폰을 사용해서 혼자 영화를 봐.
 - 특히, 난 공원에 혼자 가서 영화를 봐.
 - 왜냐하면 공원은 그냥 앉아서 쉬기에 잘 알려진 장소이거든.

• 알겠어 에바, 차이에 대해서 꽤 많이 말한 것 같아.

어휘 및 표현

the difference 차이점   I used to use a cell phone 핸드폰을 사용했어   a flip hone 폴더폰   send text messages 문자를 보내다
I use a smartphone 스마트폰을 사용하다   Especially 특별히

돌발 세트4-1건강(묘사) 건강하기 위해 하는 행동 묘사

Q89 ──────────── 🎧 MP3 IM2_Q_89

I would like to know **some things that you usually do to stay healthy.** For example, do you work out or try eating anything different to become healthier? Tell me everything about the things you do to stay healthy.

당신이 건강하기 위해 하는 것들에 대해 묻고 싶습니다. 예를 들어, 운동을 하거나, 건강하기 위해 먹는 것이 있나요? 건강을 유지하기 위해 하는 것들에 대해 모두 말해주세요.

🎧 MP3 IM2_A_89

서론
시작문장/10%

- That's a good question, *things that I usually do to stay healthy?* Sure, I got it.

본론
단락별 핵심문장/80%

- **First of all,** I enjoy working out at the park.
  - Well, there is a huge running track at the nearest park.
  - And I go there at night to run because there is absolutely nobody around at night.

- **Plus,** listening to music helps me release stress and stay healthy.
  - Because, when I listen to music, I dance, jump and sing.

결론
마무리문장/10%

- Alright Eva, this is all I can say about *things that I usually do to stay healthy*.

- -

- 좋은 질문이야, **내가 건강을 유지하기 위해 보통 하는 것들?** 알겠어.

- 첫 번째로, 난 공원에서 운동하는 것을 좋아해.
  - 음, 가까운 공원에 큰 러닝 트랙이 있거든.
  - 그리고 나는 밤에 거기에 가 왜냐하면 밤에는 거기에 아무도 없거든.

- 추가로, 음악 듣는 건 내가 스트레스를 해소하고 건강할 수 있게 해줘.
  - 왜냐하면 내가 음악을 들을 때 춤추고, 뛰고, 노래 부르거든.

- 알겠어 에바, **내가 건강을 유지하기 위해 보통 하는 것들**이야.

어휘 및 표현
things that I usually do to stay healthy 건강하기 위해 하는 것들　　at the nearest park 가까운 공원

Q90 ───

Now, please tell me about something that you tried for your health that turned out to be effective. **What** did you do? What kind of **effects** did it have on your health? Give me all the details.

자, 당신이 건강을 위해 했던 것들 중 효과를 본 것에 대해 말해주세요. 무엇을 했나요? 당신 건강에 어떤 효과가 있었나요? 자세히 말해주세요.

서론
시작문장/10%

- **Why not?** Let me tell you *my first running experience.*

본론
했던 일/70%

- **Well,** there was a huge running track at the nearest park.
  - Moreover, it was like 20 minutes walking distance from my place.
  - Actually, running was one of the best ways to stay healthy.
  - So I went to the park and ran with my friend.
  - You know, he was a personal trainer.
  - And running also helped me release stress.

본론
결과/10%

- **Well,** in order to stay healthy, I think we need to run.

결론
마무리문장/10%

- **Um yeah,** I think this is all I remember Eva. Thank you.

- -

- 내 **처음 조깅 경험**에 대해 말해줄게.

- 음, 가까운 공원에 큰 러닝트랙이 있었어.
  - 게다가, 우리 집에서 걸어서 20분 거리였어.
  - 사실은, 뛰는 게 건강을 유지하기 위해 가장 좋은 방법 중에 하나였지.
  - 그래서 나는 공원에 갔고 친구와 달리기를 했어.
  - 있잖아, 내 친구는 개인 트레이너였어.
  - 달리기는 내가 스트레스를 해소하는 데 도움이 됐어.

- 음, 건강을 유지하기 위해, 우리는 달릴 필요가 있다고 생각해.

- 음, 이게 내가 기억하는 전부야 에바, 고마워.

어휘 및 표현
my first running experience 내 첫 번째 조깅 경험   he was a personal trainer 그는 개인 트레이너였어

돌발 세트4-3건강(경험) 건강상 문제가 생겨 해결한 경험

Q91 — 🎧 MP3 IM2_Q_91

Some health problems can be occurred. Have you ever had any health **problems** before? **How** did you **fix** it? Please tell me about that story from the beginning to the end.

건강 문제가 발생하기도 합니다. 당신은 건강의 문제가 발생한 적이 있나요? 어떻게 고쳤나요? 해당 경험에 대해 처음부터 끝까지 자세히 말해주세요.

🎧 MP3 IM2_A_91

서론
시작문장/10%

- <u>Okay</u> Eva, *any health problems I had?* Sure, I got it.

본론
했던 일/40%

- **Frankly** speaking, the <u>main</u> health problem facing us is <u>stress</u>.
  - When I was <u>25</u>, I used to work <u>late</u>.
  - <u>Actually</u>, I was <u>always</u> tired.
  - <u>One</u> day, I was <u>walking</u> on the street.

본론
반전/20%

- **I don't know why,** but I had a <u>headache</u>. So, I lost my <u>balance</u> and fell <u>over</u>.
  - And someone took me to the <u>hospital</u>.

본론
결과/20%

- **Well, in <u>order</u> to fix this problem,** I try to listen to <u>various</u> types of music.
  - Because, listening to <u>music</u> helps me <u>release</u> stress.

결론
마무리문장/10%

- <u>Alright</u> Eva, I guess this is <u>pretty</u> much about it.

- 그래 에바, **내가 겪었던 건강 문제에 대한 경험?** 그래, 알겠어.

- 솔직히 말하면, 우리에게 닥친 가장 큰 건강 문제는 스트레스야.
  - 내가 25살이었을 때, 나는 늦게까지 일하곤 했어.
  - 사실은, 난 항상 피곤했어.
  - 어느 날, 난 길을 걸어가고 있었어.

- 이유는 모르겠지만, 나는 머리가 아팠어. 그리고 균형을 잃고 쓰러졌어.
  - 그리고 누가 나를 병원으로 데려갔어.

- 음, 이 문제를 해결하기 위해, 나는 다양한 종류의 음악을 들으려고 노력해.
  - 왜냐하면 음악을 듣는 건 내가 스트레스 해소하는 데 도움이 되거든.

- 알겠어 에바, 질문에 대해 꽤 많이 말한 것 같아.

어휘 및 표현
health problem 건강 문제   I used to work late 밤 늦게까지 일하다   I was always tired 항상 피곤했어
I was walking on the street 길을 걷고 있었어

28강

시험 전 정리

시험 준비

시험 화면

시험 준비

실제 시험과 같은 순서로 준비하였습니다.

1. 첫 화면

2. Background Survey

1. 어느 분야에 종사하고 계십니까?
   - ■ 일 경험 없음

2. 학생이십니까?
   - ■ 아니오
   - ■ 수강 후 5년 이상 지남

3. 어디에서 살고 계십니까?
   - ■ 개인 주택이나 아파트에 홀로 거주

4. 여가 활동으로 무엇을 하십니까?
   - ■ 콘서트 보기   ■ 공원 가기   ■ 해변 가기
   - ■ 술집/바에 가기   ■ 카페/커피전문점 가기   ■ 쇼핑하기

5. 취미나 관심사는 무엇입니까?
   - ■ 음악 감상하기

6. 주로 어떤 운동을 즐기십니까?
   - ■ 조깅   ■ 걷기

7. 어떤 휴가나 출장을 다녀온 경험이 있습니까?
   - ■ 집에서 보내는 휴가   ■ 국내 여행   ■ 해외 여행

3. Self Assessment

희망 등급	난이도
IL	**난이도 1** 나는 10단어 이하의 단어로 말할 수 있습니다. **난이도 2** 나는 기본적인 물건, 색깔, 요일, 음식, 의류, 숫자 등을 말할 수 있습니다. 나는 항상 완벽한 문장을 구사하지 못하고 간단한 질문도 하기 어렵습니다.
IM1	**난이도 3** 나는 나 자신, 직장, 친한 사람과 장소, 일상에 대한 기본적인 정보를 간단한 문장으로 전달할 수 있습니다. 간단한 질문을 할 수 있습니다.
IM2	**난이도 4** 나는 나 자신, 일상, 일/학교와 취미에 대해 간단한 대화를 할 수 있습니다. 나는 이 친근한 주제와 일상에 대해 쉽게 간단한 문장들을 만들 수 있습니다. 나는 또한 내가 원하는 질문도 할 수 있습니다.
IM3 – AL	**난이도 5** 나는 친근한 주제와 가정, 일, 학교, 개인과 사회적 관심사에 대해 자신 있게 대화할 수 있습니다. 나는 일어난 일과 일어나고 있는 일, 일어날 일에 대해 합리적으로 자신 있게 말할 수 있습니다. 필요한 경우 설명도 할 수 있습니다. 일상 생활에서 예기치 못한 상황이 발생하더라도 임기응변으로 대처할 수 있습니다. **난이도 6** 나는 개인적, 사회적 또는 전문적 주제에 나의 의견을 제시하여 토론할 수 있습니다. 나는 다양하고 어려운 주제에 대해 정확하고 다양한 어휘를 사용하여 자세히 설명할 수 있습니다.

4. Pre-Test Setup

5. 시험 시작!

시험 화면(15개 문제 준비)

실제 시험 화면과 비슷한 이미지로 구성하였습니다.

A. 준비시간 – 20초

(매 문제마다 'Play' 버튼 클릭 전 20초간 문제의 유형, 답변 Format을 생각하는 시간을 가집니다.)

B. 답변 시간 – 30초 ~ 1분 30초

(답변 시간이 중요하진 않지만 적어도 30초, 최대 1분 30초간 답변 Format을 생각하시며 답변하시기 바랍니다.)

1번 – 자기소개
흔히 스피킹 시험의 첫 번째 문제는 긴장하여 망칠 확률이 높으므로 굳이 자기소개를 위한 스크립트 준비는 필요가 없습니다. 다만 배운 문장들을 토대로 즉흥적으로 답변합니다.

2번 – 묘사
묘사 유형임을 인지하고 'Play' 버튼 클릭 전, 3가지 묘사 종류를 생각합니다. 답변 Format을 생각하거나 시작문장의 연습을 해도 괜찮습니다.

3번 – 세부묘사
2번에서 이미 주제를 알았기에 세부묘사의 준비는 해당 주제와 관련된 묘사 문장을 생각합니다.

4번 – 경험
이 또한 주제를 이미 알고 있기에 'Play' 전 어떤 경험을 사용할지, 답변 Format을 제대로 짠 후 답변합니다.

5번 – 묘사
다시 새로운 주제의 묘사 유형입니다. 마찬가지로 'Play' 버튼 클릭 전 묘사 종류를 생각합니다.

6번 – 세부묘사
5번에서 이미 주제를 알았기에 세부 묘사의 준비는 해당 주제와 관련된 묘사 문장을 생각합니다.

7번 – 경험
이 또한 주제를 이미 알고 있기에 'Play' 전 어떤 경험을 사용할지, 답변 Format을 제대로 짠 후 답변합니다.

8번 – 묘사
다시 새로운 주제의 묘사 유형입니다. 마찬가지로 'Play' 버튼 클릭 전 묘사 종류를 생각합니다.

9번 – 경험
이 또한 주제를 이미 알고 있기에 'Play' 전 어떤 경험을 사용할지, 답변 Format을 제대로 짠 후 답변합니다.

10번 – 경험
같은 주제의 추가 경험이므로 'Play' 전 어떤 경험을 사용할지, 답변 Format을 제대로 짠 후 답변합니다.

11번 – 정보요청 롤플레이
인사말 – 질문 – 마무리문장의 Format을 잘 생각한 후, 'Play' 버튼 클릭 후, 문제의 키워드를 잘 캐치합니다.

12번 – 문제해결 롤플레이
상황설명 – 대안 – 마무리문장의 Format을 잘 생각한 후, 'Play' 버튼 클릭 후, 문제의 키워드를 잘 캐치합니다.

13번 – 문제해결 경험
12번 문제해결 롤플레이와 연관성이 있는 문제해결 경험으로 필히 해결점을 제시해 줍니다. (다만, 문제해결 경험이 아닌 단순 경험으로 출제될 수도 있습니다.)

14번 – 묘사
다시 새로운 주제의 묘사 유형입니다. 마찬가지로 'Play' 버튼 클릭 전 묘사 종류를 생각합니다.

15번 – 단순질문 롤플레이
에바에게 질문하는 롤플레이로 'Play' 버튼 클릭 후, 문제의 키워드를 잘 캐치합니다. 필히 물어본 주제에 대한 질문을 먼저 해줍니다.

APPENDIX

진짜녀석들 OPIc IM2 MP3 질문 리스트
진짜녀석들 OPIc IM2 암기 문장 리스트
진짜녀석들 OPIc IM2 어휘 및 표현 리스트

진짜녀석들 OPIc IM2 MP3 질문 리스트(유형)

묘사 질문 MP3

🎧 MP3 IM2_Q_1~20

개방공간 묘사

You indicated in the survey that you go to **the parks** with your friends. Please tell me about one of the parks that you usually visit. Where is it located? What does it look like? Please describe your favorite park in detail.

You indicated in the survey that you like to go to **the beach**. Describe your favorite beach for me. Where is it? What does it look like? How often do you visit that beach? Please tell me in detail.

You indicated in the survey that you go on **international trips**. I would like you to describe one of the countries or cities you usually visit. What does the place look like? How are the people like there? Please tell me in detail.

I would like you to describe **the geography of your country**. Are there mountains, lakes or rivers? Please describe the geographical features of your country in as much detail as possible.

I would like to ask you about **a country that is nearby your country**. What is the name of that country? What is special about that country? How are the people there? Please give me all the details.

독립공간 묘사

You indicated in the survey that you go to **cafes or coffee shops**. What cafes or coffee shops are there in your neighborhood? Which café do you like to go to and why? Please describe one of your favorite cafes in detail.

A lot of people like to eat out during the weekends. I would like to know **one of your favorite restaurants** in your area. Where is it located? What does it look like? Also, what kind of food do they serve and why do you like to visit there? Please tell me in detail.

I would like to ask you about your **favorite shopping mall**. Where is it located and what does it look like? Describe one of your favorite shopping malls in as much detail as possible.

You indicated in the survey that you go to **the bars**. Describe one of your favorite bars that you usually visit. What does it look like? Why do you like to visit that bar? Please tell me everything about that place in detail.

I would like to ask you about **the banks in your country**. What do they typically look like? Where are they usually located? Please tell me about the banks in your country.

일반적 묘사

You indicated in the survey that you like **listening to music**. What kind of music do you listen to? Who are some of your favorite musicians or composers?

What kind of **furniture** do you have at home? Tell me about different types of furniture at home. What is your favorite piece of furniture and why? Tell me in as much detail as possible.

I would like to ask you about **how people in your country dress**. What kind of clothes do they wear? Tell me about fashion styles in your country in as much detail as possible.

I'd like you to describe **a healthy person you know of**. Who is he or she? What makes that person healthy? Why do you think that way? Please tell me everything about the things that make that person healthy.

How do people in your country move around? What **kind of transportation** do people usually use? Why do they use that type of transportation? Please tell me how people move around.

I would like to ask you about **how recycling is practiced in your country**. What do people especially do? Please tell me about all the different kinds of items that you recycle.

What do people normally **do on the Internet**? Do they play games, listen to music, or watch movies? Please tell me about the things people do online.

I would like to ask you about **phone calls that you usually make**. Do you usually call your parents or friends? What kind of topics do you talk about with them? Please tell me in detail.

Please tell me about **some holidays in your country**. What do people in your country do to celebrate these holidays? Please tell me about some holidays in your country.

I would like you to **describe one of your family members or friends**. What is he or she like? What is special about that person?

진짜녀석들 OPIc IM2 MP3 질문 리스트(유형)

세부 묘사 질문 MP3

하는 일 바에 가서 하는 일	I would like to know **what you usually do** when you go to the bars. Who do you usually go with? When do you go to the bars? What do you usually do at the bars?
하는 일 공원에서 하는 일	**What do you usually do** when you go to the park? What kind of activities do you do? Who do you usually go with and why?
하는 일 집에서 하는 일	I would like to ask you **the things that you do at home.** What is your normal daily routine at home?
사용 매일 사용하는 전자기기	**What kind of technology** do you use in your day to day life? Do you use computers or cell phones? Tell me about how technology helps you in your daily life.
유지 방법 건강하기 위해 하는 것들	Now, tell me about **things that you usually do to stay healthy.** For example, do you eat any healthy food, or do you work out everyday?
전과 후 콘서트 전과 후의 행동	Tell me about the typical day when you go to a concert. What do you do **before and after the concert?**
준비물 여행 시, 준비물	When you plan to go on a trip, what kinds of things do you **usually prepare?** What items do you put in your bag?
비교 음악 혹은 가수 비교	Think about two different types of music or singers you like. What are **the differences between them?** How do you feel when you listen to each type of music?
비교 예전과 지금 집 비교	Think about the time when you first moved into your house. How has your **house changed since then?**
계기 인터넷 처음 사용 계기	I would like to ask you **how you got to use that website** in the first place. Who introduced you to that website? What was the first thing you did on that website?

진짜녀석들 OPIc IM2 MP3 질문 리스트(유형)

묘사 모의고사 질문 MP3

묘사

You indicated in the survey that you like to **take a walk.** Where do you normally take a walk? What does the place look like? And where is it located? Please describe the place you normally take a walk.

세부묘사

Please tell me about **some good things when you take a walk.** Also, is there anything that you need **to be careful when you take a walk?**

묘사

You indicated in the survey that you **go on international trips.** I would like you to describe one of the countries or cities you usually visit. What is it like over there? Why do you like to visit there? Tell me in detail.

세부묘사

Please tell me **what kind of things tourists normally do** during their overseas trips and where they normally go.

묘사

You indicated in the survey that you **have vacations at home.** Who do you usually invite at home and what do you do with them when you spend vacations at home? Tell me everything in detail.

세부묘사

Please tell me **what you used to do at home** during your vacation **when you were little** and what you usually do **now.**

묘사

I would like to know about **the geography of your country.** Describe the geographical features of your country such as mountains, rivers and waters in as much detail as possible.

세부묘사

Please tell me one of **the geographically unique areas** in your country. Where is it located and what does it look like? Tell me all the details.

묘사

I would like to know **how recycling is practiced in your country.** What kind of items do people recycle? When do they recycle?

세부묘사

How do you recycle at home? Tell me all the steps you do in as much detail as possible.

진짜녀석들 OPIc IM2 MP3 질문 리스트(유형)

경험 질문 MP3

최초 경험

Do you remember your first trip abroad when you were little? **Where** did you go and **who** did you go with? **What** did you do or see during that trip?

Do you remember the first time you went to a park? **When** was it and **Who** were you with? **What** happened? Please tell me the story from the beginning to the end.

최근 경험

Please tell me about the time you went to listen to some live music. Perhaps it was at a concert or a live cafe. **Who** did you go there with and **how** did you like the music?

When was the last time you went to a beach? **Where** did you go? **Who** were you with? **What** happened there? I would like you to tell me the story from the beginning to the end.

인상 깊었던 경험

I want to know about a memorable experience that had occurred in your house. **When** was it? **What** happened? **Why** was it so memorable? Tell me about this experience in as much detail as you can.

Have you ever had a special experience while walking? **When** did it happen and **where** was it? **What** exactly happened there? Discuss the experience from the beginning to the end.

Please tell me about the most memorable holiday you spent with your friends. **When** was it? **Where** did you go? **What** exactly happened and **why** was it so memorable? Please tell me everything from the beginning to the end.

Please tell me about a memorable incident that happened at a bar. **When** was it and **who** were you with? **What** happened there? And **why** was it so special? Please tell me everything from the beginning to the end.

문제 해결 경험

Have you ever had any problems at a bank? What kind of **problem** did you have, and how did you **solve** that problem? Tell me about the experience in detail.

Have you ever broken something that you borrowed from someone else? **When** was it and **what** happened? How did you **handle** the situation? Please tell me the story from the beginning to the end.

진짜녀석들 OPIc IM2 MP3 질문 리스트(유형)

경험 모의고사 질문 MP3

경험 모의고사
세트 1

When was the first time you started jogging? **Why** did you decide to jog? **What** things have changed from the first time to now? Tell me all the details.

There must always be a risk of injury while running or jogging. Have you ever **got injured** while jogging? **When** was it and **what** happened? Tell me the story from the beginning to the end.

- -

경험 모의고사
세트 2

Please tell me about your first experience of surfing the Internet. **What** was the name of that website? **What** did you do? How has Internet usage **changed** over the years?

I would like to ask you one of the unforgettable experiences you had while using the Internet. **When** was it and **why** was it so unforgettable? Please tell me all the stories from the beginning to the end.

- -

경험 모의고사
세트 3

Think about the cities or countries that you have visited when you were little. **Where** did you go? **Who** were you with? Were there **any special events** going on? Tell me all the stories.

Can you tell me your most memorable experience while traveling overseas? Maybe **something funny** or **unexpected** happened. Please tell me the story from the beginning to the end.

- -

경험 모의고사
세트 4

Think back to your childhood. Please tell me about one of the most memorable holidays you had. **Where** did you go and **what** happened there? **Why** was it so special? Please tell me about the experience in detail.

Let's talk about the most recent holiday you had spent. Perhaps you spent that holiday with your family or friends. **Why** was that holiday so memorable? Please tell me why that holiday was particularly unforgettable.

- -

경험 모의고사
세트 5

Do you remember **the first time you used a technological device?** It might be a cellular phone, laptop computer or other devices. Please tell me about your experience in detail.

Tell me about an experience you had when your technology was **not working properly.** **Where** were you? **What** happened and how did you **solve** the problem? Tell me in detail.

진짜녀석들 OPIc IM2 MP3 질문 리스트(유형)

롤플레이 질문 MP3

🎧 MP3 IM2_Q_61~69

정보요청 롤플레이

I'm going to give you a situation and ask you to act it out. **You are invited to a party** from your friend. Call your friend and ask some questions about the party.

I'm going to give you a situation and ask you to act it out. **You are planning to go on a trip** with your friends. Call a travel agent to discuss the type of vacation that you and your friends want to have. Ask three or four questions to complete your plans for the vacation.

I'm going to give you a situation and ask you to act it out. **You see an advertising poster about a new TV,** and you want to buy it. Call the store and ask a lot of questions about the product.

- -

문제해결 롤플레이

Unfortunately, you are not able to join the party because **something has happened to you.** Call your friend, explain the situation and offer two or three options to **solve** this problem.

Unfortunately, you were supposed to go on a trip with your family but **something urgent has come up.** Call one of your family members, explain the situation and offer three or four suggestions on how to **deal** with the problem.

You bought a new TV and took it home, but **you found out that it is broken.** Call the store and tell the sales representative about the problem. Explain the situation and offer some options to **deal** with this problem.

- -

단순질문 롤플레이

You indicated in the survey that **you like listening to music.** I also enjoy listening to music. Ask me three to four questions about **what types of music I like to listen to.**

You indicated in the survey that **you like jogging.** I also enjoy jogging. Ask me three to four questions about **why I like to jog.**

You indicated in the survey that **you like going to the park.** I also enjoy going to the park. Ask me three to four questions about **my favorite park.**

진짜녀석들 OPIc IM2 MP3 질문 리스트(유형)

롤플레이 모의고사 질문 MP3

🎧 MP3 IM2_Q_70~79

롤플레이 11번	I'm going to give you a situation and ask you to act it out. **You want to order some concert tickets on the phone.** Call the ticket office and ask some questions in order to buy the tickets.
롤플레이 12번	Unfortunately, you have a problem which you need to resolve. **You are sick on the day of the concert.** Call your friend, explain the situation, and offer two to three alternatives to **resolve** the problem.
롤플레이 11번	I'm going to give you a situation and ask you to act it out. **You want to visit a coffee shop** that has recently opened in your area. Call the coffee shop and ask three to four questions about their menu.
롤플레이 12번	Unfortunately, you have ordered a coffee but when you got your coffee, **you found out that it was the wrong coffee.** Call one of the staff members and explain the situation. Then, offer two to three alternatives to **solve** the problem.
롤플레이 11번	I'm going to give you a situation and ask you to act it out. **You would like to book a hotel for your trip.** Call a hotel and ask three or four questions about that hotel.
롤플레이 12번	I'm sorry, but there is a problem that needs to be resolved. **You have checked in, but the room is not cleaned up properly.** Call the front desk, explain the situation, and offer two to three options to **resolve** this matter.
롤플레이 11번	I'm going to give you a situation and ask you to act it out. **You have a job interview tomorrow at a company,** but you don't have enough information about the company. Call the company and ask some questions about that company.
롤플레이 12번	Unfortunately, you are not able to make it to the interview since **something urgent has happened to you.** Call the company, explain the situation, and offer two to three alternatives to **handle** this problem.
롤플레이 15번	You indicated in the survey that **you like traveling.** I also enjoy traveling around my country. Ask me three to four questions about **why I like traveling around my country.**
롤플레이 15번	You indicated in the survey that **you like staying at home during your vacation.** I also enjoy spending time at home during my vacation. Ask me three to four questions about **what I usually do on vacation at home.**

진짜녀석들 OPIc IM2 MP3 질문 리스트(유형)

돌발 질문 MP3

돌발 세트 1
산업
묘사 – 세부묘사 – 경험

Talk about **one of the rising industries or companies in your country.** Why is that industry or company famous, and what is so special about it? Do you personally want to work in that industry or company? If so, why? Please tell me all the details.

I would like to ask you about a promising company in that industry you mentioned above. Tell me about **the benefits the industry is providing.** What kind of benefits does it bring?

Please talk about **some difficulties or challenges of that industry faced** before. **What** were the challenges that this industry dealt with? **How** did that industry **solve** the problem? Please tell me everything about that story in as much detail as possible.

돌발 세트 2
날씨
묘사 – 세부묘사 – 경험

What is **the weather like in each season?** Which season do you like? Please tell me in detail.

Please tell me about **some activities that you enjoy doing during your favorite season.** What do you usually do? Also, what activities do people in your country usually do during this season?

I want to ask you about a memorable incident related to severe weather. **Where** were you and **who** were you with? **What** was the problem and **how** did you **solve** that situation? Please tell me in as much detail as you can.

돌발 세트 3
전자기기
묘사 – 경험– 경험

I would like to know **what you like most about your cell phone.** Why is that? Please tell me all the details.

Now, please tell me about a time when you had trouble using your cell phone. **When** was it? **What** happened? Please tell me about that time in as much detail as you can.

What was your first cell phone experience like? What was **the difference between the phone you used back then** and **the cell phone you use now?**

돌발 세트 4
건강
묘사 – 경험 – 경험

I would like to know **some things that you usually do to stay healthy.** For example, do you work out or try eating anything different to become healthier? Tell me everything about the things you do to stay healthy.

Now, please tell me about something that you tried for your health that turned out to be effective. **What** did you do? What kind of **effects** did it have on your health? Give me all the details.

Some health problems can be occurred. Have you ever had any health **problems** before? **How** did you **fix** it? Please tell me about that story from the beginning to the end.

진짜녀석들 OPIc IM2 핵심 암기 문장 리스트

진짜녀석들 OPIc의 유형별 암기 문장을 모아두었으니 적어도 80% 이상은 암기하시기 바랍니다.

🎧 MP3 IM2_1~78

**묘사,
세부묘사**

1. That's a good question, <u>my favorite coffee shop</u>? Sure, I got it.
2. Well, <u>music</u>? You know, I <u>listen to music in my free free time</u>.
3. Oh yeah, <u>vacation</u>? You know, I love <u>traveling around my country</u>.
4. Alright Eva, this is all I can say about <u>my favorite beach</u>. Thank you.
5. Well, okay Eva, this is pretty much about it.
6. Um, yeah, this is about <u>my favorite park</u>.
7. You know, I think it's about <u>200m</u> from <u>my place</u>.
8. Moreover, it's like <u>20</u> minutes walking distance.
9. When you go at night, there is absolutely nobody around.
10. I mean, it's a well-known spot for just <u>sitting and relaxing</u>.
11. Plus, whenever I go <u>there</u>, it makes me feel <u>so great</u>.
12. Also, there is a huge <u>running track</u>.
13. You know, people do all kinds of things such as~
14. And um, people come out to <u>play sports</u>, <u>listen to music</u> and stuff like that.
15. In addition, <u>the beach</u> is undeniably beautiful.
16. Actually, <u>the sand</u> is very comfortable to <u>walk on</u>.
17. You know, it's a <u>3-story building</u> which is in the middle of the town.
18. And um, on the first floor, there is <u>a reception desk</u>.
19. Also, on the second floor, there is <u>a gym</u> and <u>a spa</u>.
20. As you can expect, on the third floor, there are lots of <u>restaurants</u>.
21. Lastly, on the top floor, there is <u>a coffee shop</u> and <u>a cozy bar</u>.
22. Well, when you go there, you can find lots of <u>ATMs</u>.
23. Yeah, it has <u>a smart door lock</u> so it's handy.
24. You know, it has central heating and air-conditioning.
25. You know what? I can see lots of people <u>enjoying their free time</u>.
26. But you know, it is always filled with lots of people.
27. You know, I'm <u>an outgoing</u> person, and like <u>socializing</u>.
28. Actually, it's one of the best ways to <u>make friends</u>.
29. And um, I enjoy <u>working out</u> cuz it keeps me fit.
30. Well, I recycle trash such as <u>paper</u>, <u>glass</u>, <u>plastic</u> and so on.
31. Hey, I can get a discount since I <u>have a membership card</u>.
32. In fact, I love <u>watching</u> all kinds of <u>movies</u>.
33. Look, I need to <u>work out</u> because I need to lose weight.
34. Well, <u>listening to music</u> helps me release stress.
35. Let's say <u>K-POP</u> since it's getting increasingly popular.
36. You know, I prefer <u>taking the cab</u> over the <u>bus</u>.
37. When I was little, I used to <u>live in a studio apartment</u>, but now I <u>live in a 3-story house</u>.
38. Before <u>the concert</u>, I <u>eat out at a restaurant</u> and after <u>the concert</u>, I <u>grab a beer</u> with my friends.
39. Frankly speaking, the main problem facing us is <u>the ticket price</u>.
40. Well, in order to <u>fix the problem</u>, we need to <u>be more careful</u>.
41. When it comes to <u>music</u>, I try to <u>listen to various types of music</u>.

경험

42. I got it Eva, experience about <u>my trip</u>? Sure, I'm gonna tell you about <u>my trip to Hawaii</u>.
43. Great, you mean <u>my beach experience</u>? Sure, I got it.
44. Why not? Let me tell you about <u>my first concert experience</u>.
45. Um yeah, this is all I remember Eva. Thank you.
46. Okay Eva, this is <u>my park experience</u>.
47. Alright Eva, I guess this is pretty much about it.
48. Like you can imagine, we <u>danced</u>, <u>jumped</u>, and we lost control. I mean we went crazy.
49. After, we <u>drank</u> like there was no tomorrow. It was the perfect way to <u>release stress</u>.
50. But you know what happened? It rained so hard! I mean, the weather was so nice but, it poured!
51. Guess what! We were completely soaked, and we just decided <u>to go home</u>.
52. After like 2 hours, I blacked out! Because I drank too much.
53. I'm not going to lie to you. I mean, I couldn't remember half of the night.
54. Well, after <u>2 hours</u>? I realized that I lost <u>my cell phone</u>. I mean, I was definitely sure it was in <u>my pocket</u>.
55. I didn't know what to do, so I searched everywhere for like <u>2 hours</u> and it was in <u>my bag</u>.
56. But all of a sudden, there was a blackout. <u>We</u> were shocked and we couldn't <u>even move</u>.
57. When the power was back, we finished <u>our food</u>. And you know, it was kinda romantic.
58. I don't know why, but I felt the <u>back pain</u>. So, I lost my balance and fell over.
59. You know, it was so painful, so <u>my friend</u> took me to <u>the hospital</u>.
60. But Jesus Christ, <u>the TV</u> just stopped working! So, I quickly called <u>the service center</u>.
61. Well, <u>the engineer</u> came in <u>10</u> minutes. And luckily, he fixed it in like <u>20</u> minutes.
62. Guess what! I found out that <u>my bed</u> was broken! I was so mad because it was a <u>new bed</u>!
63. So, I called <u>the store</u> and asked them for a refund. You know, I'm never going to <u>that store</u> again.

진짜녀석들 OPIc IM2 핵심 암기 문장 리스트

진짜녀석들 OPIc의 유형별 암기 문장을 모아두었으니 적어도 80% 이상은 암기하시기 바랍니다.

🎧 MP3 IM2_1~78

롤플레이

64. **Hi there,** I would like to buy <u>an MP3 player.</u> Could I ask you some questions?
65. **First of all,** where is it? I heard that it is close to <u>Seoul station.</u> Is it right?
66. **And also,** how much is it? Can you give me a discount?
67. **Lastly,** what are your opening hours like? Are you open 24/7?
68. **Alright then,** thanks a lot. See you later.
69. **Hey,** I need to tell you something. Actually, I feel <u>awful</u> today. I don't think I can meet you today.
70. **Maybe,** I can call <u>the ticket company</u> and get a refund.
71. **Or,** why don't you ask one of your friends?
72. **Well or,** let's do it later. How about <u>next week</u>?
73. **Once again,** I'm so sorry. Let me know what's best for you.
74. **Hi Eva,** I heard that you like <u>watching movies,</u> Is it right? Can I ask you something?
75. **First of all,** what's the main reason you like <u>watching movies</u>?
76. **And also,** who do you normally <u>watch movies</u> with?
77. **Lastly,** where do you <u>go and watch movies</u>?
78. **Okay Eva,** see you later.

진짜녀석들 OPIc IM2 어휘 및 표현 리스트

묘사 및 세부묘사 답변에 사용된 유용한 어휘 및 표현들을 암기하시기 바랍니다.

10-story building 10층 건물
3-story house 3층집
a healthy person 건강한 사람
a well-known spot for couples 커플들에게 잘 알려진 장소
after dinner 저녁식사 후에
all kinds of movies 모든 종류의 영화
And also 또한
As I mentioned before 내가 언급했듯
As you can expect 네가 예상하듯
at home 집에서
at that bar 그 바에서
at the bar 바에서
at the park 공원에서
bank tellers 은행원들
be famous for ~ ~로 유명하다
before and after the concert 콘서트 전과 후
cell phone and a laptop computer 핸드폰과 노트북
cool during summer 여름에 시원하다
drinking after the concert 콘서트 후에 마시는 술
during the daytime 낮 시간에
during winter 겨울에
eat out 외식하다
etcetera 기타 등등
every morning 매일 아침
fashion styles in my country 우리나라 패션 스타일
First of all 첫 번째로
for about an hour 약 1시간 동안
Frankly speaking 솔직히 말해서
from my house 우리집으로부터
furniture at home 집안의 가구
go on a trip 여행을 가다
go there at night and run 밤에 가서 뛴다
going to a bar 바에 가는 것
grab a beer 맥주를 마시다
gym clothes 운동복
he is one of the good-looking guys 그는 잘생긴 남자 중 한명이야
he usually goes to the park to run 그는 공원에 뛰러 간다
how I recycle 내가 재활용하는 방법
how my has house changed 우리 집이 얼마나 변했는지
how recycling is practiced in my country? 우리나라 재활용이 어떻게 적용되고 있나고?
I also take a cab 나 또한 택시를 탄다
I always order a coffee there 난 항상 그 곳에서 커피를 주문해
I always prepare ~ ~를 챙긴다
I bring the portable charger 휴대용 충전기를 가지고 가다
I can swim, eat, drink and just relax 난 수영하고, 먹고, 마시고 쉴 수 있어
I do lots of things 난 많은 것들을 해
I do some house chores 난 집안일을 해
I do the dishes 난 설거지를 해
I enjoy drinking 술 마시는 것을 좋아하다
I enjoy going to a rock concert 락 콘서트 가는 것을 즐기다

I go to Olympic park 난 올림픽 공원에 가
I go to the park to run 난 공원에 뛰러 가
I have some coffee 난 커피를 마셔
I invite a bunch of my friends 많은 친구들을 초대하다
I love Australia 난 호주를 좋아해
I love going to ~ ~가는 것을 좋아하다
I love going to HAWOONDAE beach 해운대 해변 가는 것을 좋아해
I love meeting people there 그 곳에서 사람 만나는 것을 좋아하다
I love my friend 난 내 친구를 사랑해
I moved into a 2-story house 2층집으로 이사왔다
I need to wait in a long line 긴 줄을 기다려야 해
I pack lots of things 많은 것들을 챙긴다
I prefer having a coffee 커피를 마시는 것을 좋아하다
I run with him 난 그와 함께 뛴다
I sit on the couch 소파에 앉다
I take a walk in the park 공원에서 산책하다
I try to cook 요리를 해
I used to watch movies 영화를 보곤 했어
I usually buy clothes 난 종종 옷을 사
I usually go there at night 난 종종 그곳에 밤에 가
I usually talk about movies 난 종종 영화에 대해 얘기해
I usually visit there 난 그곳을 종종 방문해
I want to lose weight 살을 빼고 싶다
I want to tell you about~ ~에 대해 말하고 싶어
I work out everyday 난 매일 운동해
if I had to choose one 내가 하나를 골라야 한다면
if we have student ID cards 만약 우리가 학생증이 있다면
In addition 게다가
in my free time 여가시간에
in order to work out harder 내가 언급했듯
international trip 해외 여행
introduce me to~ 나에게 ~을 소개시켜주다
it has a powerful speaker 강력한 스피커가 있어
it has to be ~ ~이어야만 해
it is a new shopping mall 새로 생긴 쇼핑몰이야
it is such a romantic spot 그곳은 로맨틱한 장소야
it is the Philippines 그건 필리핀이야
it is very cheap and reliable 굉장히 저렴하고 믿을 수 있다
it was the free music website 무료 음악 사이트였어
it's so much fun 너무 즐거워
jackets, skirts, sweaters and so on 자켓, 스커트, 스웨터 그리고 등등
kind of technology I use 내가 사용하는 기술/전자기기
Korea is a mountainous country 한국은 산지로 이루어진 국가이다
Koreans enjoy working out 한국사람들은 운동하는 것을 좋아한다
Koreans love going to concerts 한국사람들은 콘서트 가는 것을 좋아한다
Koreans love winter 한국사람들은 겨울을 사랑해
I love going to New Zealand 뉴질랜드 가는 것을 좋아하다
listening to ballad songs 발라드를 듣는 것
lose weight 살을 빼다
my couch 내 소파

294

진짜녀석들 OPIc IM2 어휘 및 표현 리스트

묘사 및 세부묘사 답변에 사용된 유용한 어휘 및 표현들을 암기하시기 바랍니다.

my favorite bar 내가 좋아하는 바
my favorite restaurant 내가 좋아하는 레스토랑
my favorite shopping mall 내가 좋아하는 쇼핑 몰
my normal daily routine at home 나의 집안 일과
nearby my country 우리나라에서 가까운 나라
Normally 일반적으로
on Christmas 크리스마스에
on Monday and Tuesday 월요일과 화요일
on the Internet 인터넷으로
on the phone 전화로
on weekdays 주중에
on YOUTUBE 유튜브로
once or twice a week 한 주에 한번 혹은 두 번
one of the ~ ~중 하나
one of the best food courts in Korea 한국에서 가장 최고의 푸드코트 중 하나
park in my neighborhood 우리 동네에 있는 공원
people are so friendly and positive 사람들은 엄청 친절하고 긍정적이다
people are very nice and kind 사람들은 엄청 좋고 착하다
people love to visit the beaches 사람들은 해변 방문하는 것을 즐겨
people normally recycle 사람들은 주로 재활용을 해
people prefer ~ 사람들은 ~하기를 선호한다
people prefer taking the bus 사람들은 버스 타는 것을 선호한다
people prefer watching video games 사람들은 비디오 게임 보는 것을 선호해
pretty strict 매우 까다롭다/굉장히 엄격하다
read a book or listen to music alone 혼자 책을 읽거나 음악을 들어
recycle plastic, metal and cans 플라스틱, 고철 그리고 캔류를 재활용하다
recycling bin 재활용 통
recycling is mandatory 재활용은 필수야
recycling policy 재활용 정책
romantic spot 로맨틱한 장소
running shoes 러닝화
safety 안전
so quiet and peaceful 엄청 조용하고 평화로워
some good things when I take a walk 걷기의 장점
some holidays in my country 우리 나라 휴일들
some people 일부의 사람들
that's why~ ~하는 이유야
the atmosphere is excellent 분위기가 끝내 준다
the banks in my country have 3 floors 우리 나라 은행은 3층으로 되어 있다
the banks in my country 우리나라 은행
the beach is popular for couples 해변은 커플들에게 인기가 많아
the coffee shop has 3 floors 커피숍은 3층으로 되어 있어
the differences between them 둘의 차이점
the geographically unique area 지형적으로 특색 있는 곳
the geography of my country 우리나라의 지리
the main change is~ 가장 큰 변화는~
the phone calls that I usually make 내가 자주하는 전화통화
the things that I do at home? 내가 집에서 하는 것?
there are lots of ~ ~이/가 많이 있다
there are lots of mountains/parks/beaches 산들/공원들/해변들이 많이 있어

there are lots of recycling centers 많은 재활용 센터들이 있어
There are many people at the beach 해변에는 많은 사람들이 있어
there are three steps 3 단계가 있어
there is a comfortable couch 편안한 소파가 있다
there is a huge lake in the park 공원에 큰 호수가 있어
there is a small lake 작은 호수가 있어
these days 요즘에
they are usually located~ 대부분 ~에 위치해 있다
they do lots of things 그들은 많은 것들을 해
they love listening to all kinds of music 그들은 모든 종류 음악을 듣는 것을 좋아해
things I usually prepare before the trip 여행 전에 보통 준비하는 것들
things that I usually do to stay healthy 내가 건강을 유지하기 위해 하는 것들
T-shirts and Jeans 티셔츠와 청바지
type of transportation 교통 수단 종류
vacations at home 집에서 보내는 휴가
vacuum 진공청소기로 청소하다
various types of food 많은 종류의 음식
very quiet and peaceful 매우 조용하고 평화로운
warm during winter 겨울에 따뜻하다
wear all kinds of clothes 모든 종류의 옷을 입는다
what I do at home during my vacations 휴가 때 집에서 하는 나의 행동
what I do at the bar? 내가 바에서 하는 행동?
what I do at the park? 내가 공원에서 하는 행동?
what I used to do and now 과거에 했던 것과 지금 하는 것
what kinds of things tourist normally do 관광객들이 주로 하는 것들
what people do on the Internet 사람들이 인터넷으로 하는 것들
When it comes to ~ ~에 대해 얘기한다면
when it comes to food 음식에 관해서 말한다면
when it comes to unique area 특색있는 곳에 대해 말한다면
when they go to concerts 그들이 콘서트를 갈 때
when they work out 그들이 운동할 때
When you go there in the morning 아침에 가면
whenever I'm with her 내가 그녀와 함께 있을 땐 언제나
whenever I'm with them 내가 그들과 함께 있을 땐 언제나
where I take a walk 내가 산책하는 장소
you can order your coffee 당신은 당신 커피 주문을 할 수 있어
You know what? 그거 알아?
you need a membership card to get in 입장하기 위해서 멤버십 카드가 필요하다

진짜녀석들 OPIc IM2 어휘 및 표현 리스트

경험 답변에 사용된 유용한 어휘 및 표현들을 암기하시기 바랍니다.

2 weeks ago 2주 전에
a memorable experience at home 집에서 인상 깊었던 경험
a memorable incident at a bar 기억에 남는 바의 사건
After like 2 hours 2시간 후 즈음
all kinds of drinks 많은 종류의 술
As I recall 내 기억으론
As I remember 내가 기억하기엔
but also watch movies 영화도 봐
but it was fun 하지만 즐거웠어
experience at the beach 해변에서의 경험
for like 30 minutes 대략 30분 정도
go back to the hotel 호텔로 돌아가다
have I ever broken something that I borrowed? 내가 빌린 물건을 고장 낸 적이 있냐고?
have I ever got injured while jogging? 내가 조깅하다 다친 적이 있냐고?
I brought my laptop computer 난 노트북을 가지고 갔어
I came back home 난 집에 왔어
I couldn't control my drinking 술 조절을 하지 못했어
I freaked out 정말 깜짝 놀랐어
I had to pay like $50 난 대략 50불 정도를 내야 했어
I had to pay more than $100 $100불 이상을 지불해야 했어
I had to wait for like an hour 대략 1시간 정도 기다려야 했어
I invited lots of people 많은 사람들을 초대했어
I paid like $50 대략 50불 정도를 지불했어
I remember that~ 난 기억해
I started jogging 조깅을 시작했어
I started to listen to music 난 음악을 듣기 시작했어
I still jog at night 아직도 밤에 조깅해
I strongly recommend you visit clubs 클럽 가는 것을 강력히 추천해
I think I was 15 난 아마 15살이었어
I used to visit Thailand 난 태국을 방문하곤 했어
I waited another hour 한시간 더 기다렸어
I was completely soaked 난 완전히 흠뻑 젖었어
I was really lucky 난 진짜 운이 좋았어
I was so ashamed of myself 내 자신이 정말 부끄러웠어
I was so disappointed 너무 실망했어
I was so mad 난 너무 화가 났었어
I went there to jog 조깅하러 갔어
I went to an Eminem concert 에미넴 콘서트에 다녀왔어
I went to one of the clubs 클럽 중 한 곳을 갔어
in my neighborhood 우리 동네에
in my room 내 방에서
it just stopped 그냥 멈췄어
it was a small bar 작은 바였어
it was gone 없어졌어
it was in a 3-story building 3층 건물 안에 있어
It was so much fun 정말 재미 있었어
it was such a huge concert 정말 큰 콘서트였어
it was the worst memory 최악의 경험이었어
Like you can imagine 네가 예상하듯
Luckily 운이 좋게도

my dad took me to the shopping mall 아빠는 날 쇼핑몰에 데려갔다
my first experience of surfing the Internet 처음 인터넷 서핑 경험
my first park experience 나의 첫 번째 공원 경험
my first phone 첫 핸드폰
my first trip abroad 내 첫 번째 해외여행
my laptop computer 노트북
my memorable experience while traveling overseas
해외 여행 중 생긴 인상 깊은 경험
near my house 집 근처에
on a summer vacation 여름 방학 때
on Christmas 크리스마스에
on the Internet 인터넷으로
one of the famous beaches in Korea 한국에서 유명한 해변들 중 하나
one of the most memorable holidays I had 내가 겪은 인상깊은 휴일 경험 중 하나
people not only listen to music 사람들은 음악만 듣지 않아
take out some cash 현금을 인출하다
the first time I started jogging 처음 조깅한 경험
the first time I used my cell phone 핸드폰을 처음 사용한 경험
the food was so good 음식이 너무 맛있었어
the living room was a nice place 거실은 좋은 장소였어
the most memorable holiday 가장 기억에 남는 휴일
the most recent holiday I spent 가장 최근에 보낸 휴일
the name of the website was called~ 웹사이트의 이름은 ~이야
the next day 다음 날
the problem I had at the bank 은행에서 겪은 문제
the time I listened to some live music 라이브 음악을 들었던 경험
they were gifts from my dad 아버지로부터의 선물이야
toy stores 장난감 가게
toys were broken 장난감에 부서졌어
trip to Hawaii 하와이 여행
unforgettable experience I had while using the Internet
인터넷 사용하면서 기억에 남는 경험
Valentine's Day 발렌타인 데이
volleyball 발리볼
we grabbed a beer together 우린 함께 술을 마셨어
we had a beer party 맥주 파티를 했어
we had to wait 우리는 기다려야 했어
we walked for 2 hours 2시간 동안 걸었어
we went to a bar 우리는 바에 갔어
when I took a walk with my friend 내 친구와 산책을 했을 때
when I was 21 내가 21살 때
When I was 25 내가 25살 때

진짜녀석들 OPIc IM2 어휘 및 표현 리스트

롤플레이 답변에 사용된 유용한 어휘 및 표현들을 암기하시기 바랍니다.

a discount voucher 할인 쿠폰
Are you an outgoing person? 넌 긍정적인 사람이야?
at night 밤에
at your company 당신 회사에서
call the travel agency 여행사에 전화하다
can I postpone the interview 인터뷰를 미룰 수 있나요?
Do I need to bring my ID? 신분증을 가지고 가야 하나요?
during my vacations 휴가 때
For me 나의 경우는
free room upgrade 무료 객실 업그레이드
from the airport 공항으로 부터
he is a personal trainer 그는 개인 트레이너야
How about you? 넌 어때?
how far is it from the Seoul station? 서울역에서 얼마나 걸려요?
how many people are going? 몇 명이나 가?
I always jog there 그 곳에서 항상 조깅해
I always listen to music alone 난 항상 혼자 음악을 들어
I bought a new TV 새 TV를 샀어요
I call my friends 친구를 불러
I don't think I can go to the concert today 오늘 콘서트 못 갈 듯해
I feel awful today 몸이 안 좋아
I found out that my TV was broken TV가 고장 난 걸 확인했어요
I had an accident 사고가 났어요
I have a discount voucher 할인 쿠폰을 가지고 있어요
I have an airline membership card 항공사 멤버십 카드가 있어요
I heard that you are having a party? 파티가 열린다고 들었는데
I ordered an iced Americano 난 아이스 아메리카노를 주문했어
I paid more than $300 300불 넘게 지불했어
I want to ask you for a refund 환불을 원해요
I would like to book a room 객실 예약을 하고 싶어요
I would like to buy a new TV 새로운 TV를 사고 싶어요
I would like to buy some concert tickets 콘서트 티켓을 사고 싶어요
I would like to go on a trip 여행을 가고 싶어요
I'm so mad 난 너무 화가나
I've got the wrong coffee 잘못된 커피를 받았어
it is a rock concert 락 콘서트야
job interview 면접
Latte 라테
Like I told you 내가 말했듯
make it to the interview 인터뷰에 임하다
my room is not cleaned up properly 객실 청소가 제대로 되지 않았어요
next month 다음 달
ocean view 바다 전망
on next Saturday 다음 주 토요일
on the way to the interview 인터뷰를 보러 가는 도중에
party goer 파티를 좋아하는 사람
powerful speakers 강력한 스피커
staying home during your vacations 휴가 때 집에 있는 것
taxi fare 택시 요금
the concert ticket 콘서트 티켓
the flight ticketvtvvv항공 티켓

the next concert 다음 콘서트
the next party 다음 파티
the suite room 스위트 룸
traveling around your country 당신 나라를 여행하는 것
VIP membership card VIP 멤버십 카드
we can play sports together 우린 함께 운동할 수 있어
What about you? 넌 어때?
What do you think? 어떻게 생각해?
what kind of coffee do you have 어떤 종류의 커피가 있어?
what types of music do you like to listen to 어떤 종류의 음악을 들어?
whenever I listen to music alone 혼자 음악을 들을 때
where is the party at? 파티는 어디서 열려?
which floor is it? 몇 층이죠?
why do you like going to the park? 왜 공원가는 것을 좋아하나요?
your coffee shop has recently opened 커피숍에 최근에 오픈했어

진짜녀석들 OPIc IM2 어휘 및 표현 리스트

돌발 답변에 사용된 유용한 어휘 및 표현들을 암기하시기 바랍니다.

a flip hone 폴더폰
a time when I had trouble using my cell phone
핸드폰 사용하면서 문제가 생긴 경험
at the nearest park 가까운 공원
during summer 여름에
Especially 특별히
he was a personal trainer 그는 개인 트레이너였어
health problem 건강 문제
I can see lots of people running 뛰고 있는 많은 사람들을 볼 수 있어
I had pay like $150 150불 정도를 지불해야 했어
I use a smartphone 스마트폰을 사용하다
I used to use a cell phone 핸드폰을 사용했어
I used to work late 밤 늦게까지 일하다
I was always tired 항상 피곤했어
I was walking on the street 길을 걷고 있었어
I would love to work at~ 난 ~에서 일하고 싶어
it has a powerful speaker 강력한 스피커가 있어
it has to be summer 여름이어야 해
it is cold during winter 겨울에 추워
it is hot during summer 여름에 더워
Korea has 4 distinct seasons 우리나라는 4계절이 있어
my first running experience 내 첫 번째 조깅 경험
one of the rising industries or companies in my county
우리나라에서 성장하고 있는 산업 혹은 회사
people can have some coffee 사람들은 커피를 마실 수 있어
people get discount vouchers 사람들은 할인 쿠폰을 받는다
send text messages 문자를 보내다
some activities that I enjoy doing during my favorite season
좋아하는 계절에 하는 행동
some difficulties or challenges of that industry dealt with?
해당 산업이 직면한 어려움 혹은 문제
the benefits that industry is providing 산업이 제공하는 이점
the difference 차이점
the movie ticket price was too expensive 그 영화 티켓 가격은 너무 비쌌어
the weather and seasons in my country 우리나라 날씨와 계절
things that I usually do to stay healthy 건강하기 위해 하는 것들
to the customer 고객에게
watch a movie alone 혼자 영화를 보다
we grabbed a beer 술을 마셨어
we sat down and listen to music 앉아서 음악을 들었어
what I like most about my cell phone 핸드폰에 대해 내가 가장 좋아하는 점
When it comes to careers 직업에 대해 말한다면

MEMO

MEMO

MEMO

MEMO

ㄹ진짜 녀석들